首批国家级一流本科课程配套教材

小学语文
教学设计与实施
（第二版）

主　编　赵年秀　蒋福玲　刘月香
副主编　闵海燕　吴计生　黄　瑶

南京大学出版社

内容简介

作为国家级一流本科课程教材，本书依据教育部《义务教育语文课程标准（2022年版）》和统编本小学语文教材编写，除纸质文本外，还配套了丰富的数字资源，充分凸显新时代新形态教材的特点。本书主要内容：(1) 怎样依据课程标准、教材与学情设计小学语文识字与写字课、阅读与鉴赏课、表达与交流课、梳理与探究课？方法策略有哪些？这些方法策略如何运用？(2) 给出教案样例与配套教学视频。(3) 通过每节后的项目实践题掌握理论并形成能力。

本书适合下列三类人学习：(1) 准备拿小学语文教师资格证的考生；(2) 准备参加各类小学语文教师招聘面试并且希望拿到正式编制的应届毕业生或在岗却不在编的教师；(3) 希望系统提升自己关于语文教学设计本领的职后语文教师。

图书在版编目(CIP)数据

小学语文教学设计与实施 / 赵年秀，蒋福玲，刘月香主编. －－2版. －－南京：南京大学出版社，2025.7
 ISBN 978－7－305－27984－3

Ⅰ.①小⋯ Ⅱ.①赵⋯ ②蒋⋯ ③刘⋯ Ⅲ.①小学语文课－教学设计 Ⅳ.①G623.202

中国国家版本馆CIP数据核字(2024)第036256号

出版发行	南京大学出版社
社　　址	南京市汉口路22号　　邮　编　210093
书　　名	小学语文教学设计与实施
	XIAOXUE YUWEN JIAOXUE SHEJI YU SHISHI
主　编	赵年秀　蒋福玲　刘月香
责任编辑	钱梦菊　　　编辑热线　025－83592146
照　　排	南京开卷文化传媒有限公司
印　　刷	南京凯德印刷有限公司
开　　本	787 mm×1092 mm　1/16　印张 17　字数 360千
版　　次	2025年7月第2版　2025年7月第1次印刷
ISBN	978－7－305－27984－3
定　　价	49.00元

网　　址：http://www.njupco.com
官方微博：http://weibo.com/njupco
微信服务号：njuyuexue
销售咨询热线：(025)83594756

＊版权所有，侵权必究
＊凡购买南大版图书，如有印装质量问题，请与所购图书销售部门联系调换

第 2 版前言

《小学语文教学设计与实施》一书于 2019 年 8 月出版。第 1 版共七个部分，两条线索。一条线索旨在初步建构一个小学语文教学设计理论体系与实践体系，一条线索通过编制练习题并提供详细解析的方式满足学习者应对教师资格证与教师编制考试的需要。两条线索既相互呼应，又力求保持各自的独立性。每一章既有理论探讨，也有实践示范，还有极富有挑战性的设计类作业与针对性的点评。全书课型设计示范丰富，生动形象，易学易用。该书出版后被国内 30 余所高校使用，受到许多教学一线老师的好评和同行专家的肯定。

修订第 1 版的主要原因是顺应 2022 年版语文新课标的变化。以 2022 年版语文新课标的新变化为指南修订的《小学语文教学设计与实施》第 2 版较之第 1 版发生了三大显著变化。

第一，强化了课程育人导向。

2022 年版语文新课标注重弘扬中华优秀传统文化、革命文化和社会主义先进文化。顺应这一变化，我们在教材的每一章都增设了"课程思政"栏目；理论探讨部分的每一章与实践示范中的每一个案例，都明文树立"课程思政目标"。

第二，优化了课程内容与结构。

2022 年版语文新课标优化了课程内容结构，各学段要求按"识字与写字、阅读与鉴赏、表达与交流、梳理与探究"提出。本教材第 2 版分论部分也以这四大语文实践活动为抓手依次展开。

2022 年版语文新课标注重听说读写的整合，课程内容主要以学习任务群组织与呈现。顺应这一变化，"是否力求听说读写整合"成了本教材第 2 版设计或遴选每一个"阅读与鉴赏"指导案例时的特别关注点，以此确保不负新课标创设"实用性阅读与交流""文学阅读与创意表达""思辨性阅读与表达"3 个发展型学习任务群之初衷。

2022年版语文新课标研制了学业质量标准,清楚描述了小学各学段的学业质量;并且,相较于学段目标要求,其学业质量描述部分对学习结果有更加明确、更加细致的描述。顺应 2022 年版语文新课标的这一变化,本教材无论是研究识字与写字教学、阅读与鉴赏教学,抑或是表达与交流教学、梳理与探究教学,都以各学段相关质量标准为指南,根据 OBE 理念,并基于现行统编本语文教科书资源条件,逆推教学对策,以此确保小学语文教学与课标及现行统编本语文教科书的一致性。

第三,增强了实践指导力度。

2022年版语文新课标对"课程性质、课程理念、课程目标、课程内容、学业质量、课程实施"都有比较周到、详细的论述。但与生动形象的案例相比,理论终归具有抽象性。为此,本教材通过多条途径增强实践指导力度。一是增加案例的数量,案例全面丰富,是本教材的显性特点。二是尽量选择小学一线名师的优秀案例,增强案例的可示范性。三是当难以找到适配的现成案例时,编者亲自撰写,以保障理论课与实践课之间的内在一致性。四是随案例点评,让学习者不仅知其然,还知其所以然。

此外,第 2 版在体例上,增加了"学习目标、问题探究、思维导图、课程思政、项目实践"等栏目,以突出目标导向、问题导向、思政导向、实践取向与学生需求导向。

编写框架上,本教材与第 1 版一样,仍是总—分—总形式,具体如表 1。但基于"设计"与"实施"之间的融通性,第 2 版三个板块的内容与结构都有较大调整。

表 1 《小学语文教学设计与实施(第 2 版)》基本框架

结构	板 块
总论	板块一:绪论—小学语文教学设计策略指要—小学语文教学实施与评价策略概要。
分论	板块二:识字与写字教学的理论、识字与写字教学的实践—第一学段阅读与鉴赏指导的理论与实践、第二学段阅读与鉴赏指导的理论与实践、第三学段阅读与鉴赏指导的理论与实践—口头表达与交流教学的理论与实践、书面表达与交流教学的理论与实践—梳理与探究教学的理论与实践。
总论	板块三:小学语文教学研究简论。

我们发现,语文教学高手之高主要在于五个方面,一是本身学养深厚,二是能

坚持长期研究,三是课前设计讲求独具匠心、别出心裁,四是课中设计与调整的本领强,五是长期坚持课后反思与再设计。而"深厚的学养"是学习与"研究"的结果,"反思"就是一种研究,所以,第2版仍给"小学语文教学研究"这一内容留下一章的篇幅。"小学语文教学研究"能成为本教材的一方面内容,还源于我们的下列两点看法:第一,懂得一点研究的门径并主动"研究"是产生好的小学语文教学设计作品的前提条件与有力保障;第二,提高研究意识、培养研究型语文教师是本门课程应该分担的责任。

学习任务群是2022年版语文新课标的突出亮点。但是,本教材第2版却不以三大类六小类学习任务群为纲目展开分论部分各章节,理由如下:

(1) 三大类六小类学习任务群是整体教学观视域下的中观层面设计。而本教材侧重引领学习者学习设计中观层面以下的某个单元甚至于某节课的某个环节的设计。

(2) "听说读写"既相互联系,也相互区别。教学"听说读写",既可以侧重关注四者之间的联系,也可以侧重注意各自之间的本质区别与各自不同的学习规律。实际上,2022年版语文新课标中的"实用性阅读与交流""文学阅读与创意表达""思辨性阅读与表达"3个发展型学习任务群只是突出强调了"听说读写"之间相互联系的一面;而现行统编本小学语文教科书则更多地注意到"听说读写"各自之间的本质区别与各自不同的学习规律,故而其习作训练、口语交际训练、综合性学习、整本书阅读分栏设计,梳理与探究活动通过各单元语文园地进行。

(3) 本教材第2版分论部分按"识字与写字、阅读与鉴赏、表达与交流、梳理与探究"依次展开各章节,既与2022年版新版课标提出各学段要求时的体例保持一致,也与现行统编本小学语文教科书的编写思路一致,还与现存的经典教学案例一致,方便学习者体会小学语文课程与教学的基本特点与基本教学规律。

赵年秀

2025年3月于松雅湖畔

配套数字资源使用说明

2019年8月,本人领衔主持建设的《小学语文教学设计》在线开放课程被认定为**湖南省一流在线开放课程**。该课程2020年战"疫"期间,被超星平台制成"示范教学包"免费供全国同行使用,惠及本科和高职院校282所。目前,选课人数达到30284人,累计页面浏览量25280832。课程网址:https://www.xueyinonline.com/detail/236354530。

2020年本人主持的《小学语文教学设计》课程,被教育部认定为"**国家级**线上线下混合式一流**本科课程**"。

一、线上课程数字教材特点

线上课程资源丰富,详见"附录一 理论课系列视频清单""附录二 实践示范课清单"。

理论课视频42个,自成系统,形式丰富多样,除通常的专题讲座式外,还有别出心裁的实体课堂深度对话式和沙龙深度对话式。实体课堂深度对话式理论课充分尊重了学生主体性与主动性,突出了思辨性与高阶性。沙龙深度对话式理论课,一共12堂,三个角色以沙龙形式深度对话,探讨关于小学语文课设计的方方面面问题。三个角色分别为:一腔热血准备去扶贫点执教的大一学妹、博学善思的大四学长与资深教学法教授。这12堂理论课,其对话者、时间上、空间上、内容上都具有连续性,创意源于孔子"三人行,必有我师焉"这一名言。这12堂理论课,不光自成体系,还一律是微视频模式,充分满足学习者泛在学习需要。形式新颖,颇具故事性、隐喻性,彻底摒弃了教师一言堂。

实践课视频一共24个,有真实小学课堂课、模拟课、模拟课+现场点评课、全虚拟课等多种形式。除一线与高校的资深名优教师示范课外,更多的是这些教师亲自指导下的小学一线年轻教师与高校优秀学生的高质量的获奖视频课,其中,模拟课居多。这些模拟课执教者年龄与职前教师接近,小学生由小教专业本课程的大学生扮演。课堂上师生青春洋溢,深度互动。这种样态的示范课,相较于常态实录课,去除芜杂、突显精华与主干,其与师范生教学技能比赛、教师资格证面试及招教面试场景都更为接近。

二、线下教学模式建议

建议线下采用翻转课堂教学模式。譬如《第二学段阅读课设计与实施——以〈去年的树〉为例》一课。前13分钟4个组派代表"说设计",后35分钟3个组的代表展示他们在微格室的模拟教学成果。汇报主体与内容课前随机抽签确定。要求课题计划有理据、片段模拟教学成果展示水准高。这样的课,设计与实施关联训练,教、学、评一体化。"将课评到位"是难点,教师适时提供清晰合理的评价规则和标准,积极创造学生自我评价和同伴互评的机会。这样,整堂课主动靠近"两性一度"金课标准,呈现高认知、高参与面貌。

三、课程评价建议

建议变传统的单一性的终结性评价模式为形成性与终结性结合的多元评价模式,力求专业能力考查与情意态度兼顾,同时突出"理解—应用—分析—评价"这些高阶能力培养。课程总成绩＝平时成绩(50%)＋期末卷面考核成绩(50%)。

平时成绩＝线上学习(50%)＋线下学习(50%)。线上学习成绩是信息技术支持下的伴随式、全程化的自动采集和智能记录。线上学习成绩＝视频观看20%＋章节测验5%＋讨论10%＋作业15%＋考试50%。

线下学习成绩＝微格室模拟教学30%＋书面作业与报告30%＋出勤与课堂内外表现40%。由于当学生积极投入学习并为学习讨论做了大量的准备之时,生师互动的质量就会提高,反之生师互动减少,质量降低。所以,评定线下平时成绩时应该严格区分"咸鱼"与"活鱼"。没有认真学习,对专业课程学习比较敷衍的学生,他们并不是真正参与课堂生师互动,而是为了较为轻松地拿到较高的GPA成绩。而另一部分学生,他们认真观看了MOOC,并用心地完成了课程作业和论文。前者等级控制在中等以下,后者提到优秀等级。

期末卷面考卷结构为:名词解释20%＋简答题30%＋案例评析题10%＋教学设计与实施题40%。基本概念、基础知识考核与实践能力检测兼顾。

显然,我们主张的本课程评价模式是全景视角的课程评价模式。这样,学业评价的证据类型多样、状态多元。

赵年秀

2025年3月于松雅湖畔

目　录

第一章　绪论 ··· 001
 第一节　"语文"的特点、功能与价值 ··· 002
 第二节　语文课程的性质与课程理念 ··· 003
 第三节　语文课标的内容、功能与重要变化 ·· 007
 第四节　语文教材的使用取向与解读方法 ··· 009

第二章　小学语文教学设计策略指要 ··· 012
 第一节　教材分析的策略 ··· 013
 第二节　学情分析的策略 ··· 016
 第三节　教学目标设计的策略 ·· 018
 第四节　教学重点与难点设计的策略 ··· 020
 第五节　教学方法设计的策略 ·· 023
 第六节　教学程序设计的策略 ·· 025
 第七节　板书设计的策略 ··· 027
 第八节　教案编写的策略 ··· 030

第三章　小学语文教学实施与评价策略概要 ·· 036
 第一节　小学语文课堂讲述与讲解的策略 ··· 037
 第二节　小学语文课堂提问与追问的策略 ··· 041
 第三节　小学语文课堂意外情况的理答策略 ·· 045
 第四节　小学语文期末考试命题策略 ··· 049

第四章　小学识字与写字教学的理论 ··· 056
 第一节　小学识字教学的理论 ·· 057

第二节　小学写字教学的理论 ·· 059
　　第三节　小学拼音教学的理论 ·· 061

第五章　小学识字与写字教学的实践 ·· 064
　　第一节　小学识字教学示例 ·· 065
　　第二节　小学写字教学示例 ·· 077
　　第三节　小学汉语拼音教学示例 ·· 082

第六章　第一学段阅读与鉴赏指导的理论与实践 ·································· 090
　　第一节　第一学段阅读与鉴赏指导的理论 ···································· 091
　　第二节　阅读起始单元教学设计示例 ·· 095
　　第三节　革命文化单元教学设计示例 ·· 102
　　第四节　寓言故事教学设计示例 ·· 110

第七章　第二学段阅读与鉴赏指导的理论与实践 ·································· 116
　　第一节　第二学段阅读与鉴赏指导的理论 ···································· 117
　　第二节　古代山水诗教学设计示例 ·· 120
　　第三节　童话故事教学设计示例 ·· 125
　　第四节　神话故事教学设计及评析示例 ······································ 130

第八章　第三学段阅读与鉴赏指导的理论与实践 ·································· 134
　　第一节　第三学段阅读与鉴赏指导的理论 ···································· 135
　　第二节　家国情怀类课文教学示例 ·· 138
　　第三节　散文教学设计示例 ·· 143
　　第四节　小说名著教学示例 ·· 154
　　第五节　其他文体阅读与鉴赏指导示例 ······································ 164

第九章　口头表达与交流教学的理论与实践 ······································ 173
　　第一节　口头表达与交流指导的理论 ·· 174
　　第二节　《用多大的声音说话》教学实录及点评 ······························· 180
　　第三节　《转述》教学设计 ·· 184
　　第四节　《规劝》教学设计 ·· 186

第十章　书面表达与交流教学的理论与实践 ········ 190
- 第一节　书面表达与交流教学的理论 ········ 191
- 第二节　小练笔指导示例 ········ 195
- 第三节　记实作文指导示例 ········ 203
- 第四节　想象作文指导示例 ········ 208
- 第五节　常见应用文指导示例 ········ 213

第十一章　梳理与探究教学的理论与实践 ········ 220
- 第一节　小学语文梳理与探究教学的理论 ········ 221
- 第二节　统编本综合性学习专题指导示例 ········ 225
- 第三节　识字学习中的梳理与探究示例 ········ 231
- 第四节　课文学习中的梳理与探究示例 ········ 233
- 第五节　汉语拼音学习中的梳理与探究示例 ········ 240

第十二章　小学语文教学研究简论 ········ 245
- 第一节　知晓本国语文教育史 ········ 246
- 第二节　了解国际母语教育态势 ········ 250
- 第三节　基于教学岗位开展教学研究 ········ 253
- 第四节　语文教育方向毕业论文的写作 ········ 255

附录一　理论课系列视频清单 ········ 259

附录二　实践示范课视频清单 ········ 260

第一章 绪 论

新学期开始前,要做小学语文学期教学安排,这是比较广义的小学语文教学设计。狭义的小学语文教学设计,俗称备课,是指对某一个小学语文教学主题进行周密细致的考虑并形成教学预设方案的过程。

小学语文教学实施是一个将小学语文教学设计方案付诸现实实践的活动,是一个按计划指导学习者解决某些语文学习问题的过程,也即俗称的上小学语文课。

《小学语文教学设计与实施》课程是一门于2015年前后,在内涵建设与质量提升成为关键词,学科教学设计与实践能力成为教师资格考试及各类招教考试重要考点这一背景下开设的旨在强化学习者小学语文教学设计能力、实施能力与评价能力的理论与实践一体化的教师教育类课程。

本教材为《小学语文教学设计与实施》课程而编写,旨在帮助学习者建构一流语文课程与教学理念,形成语文教育情怀及扎实的小学语文课设计与实践能力。如果学习者为职前教师,我们希望能达成"四会"课程结课目标:会设计语文课、会实施语文课、会评价语文课与学生语文学习情况、会初步研究语文教学问题;并期盼能助力达成"四能"课程远期目标:毕业前能拿到小学语文教师资格证,毕业时能考上教师编制,毕业后在小学语文教学岗位上能"上手快",未来能"发展得好"。

学习目标

1. 重构关于语言文字、语文课程、语文教材与语文课程标准四个方面的知识。包括:明了语文课程的基本性质、统编本语文教材的使用取向、课标的基本功能与价值。
2. 建立基于国家课程标准、统编本教材与学生实际情况开展教学设计的意识。

问题探究

1. 语文是什么?它有何性质与特点?它有哪些功能与价值?
2. 小学语文课程如何"教、学、评"?
3. 统编本小学语文教材如何使用?

思维导图

```
绪论
├── 1. 全面认识"语文"的特点、功能与价值
├── 2. 充分了解语文课程的性质与课程理念
│   ├── 理解语文课程的性质
│   ├── 掌握语文课程理念
│   └── 了解小学语文课与中学语文课的主要区别
├── 3. 知晓语文课标的内容、功能与重要变化
│   ├── 了解语文课标的功能
│   ├── 掌握语文课标的基本框架与内容
│   └── 知晓语文课标的主要变化
└── 4. 掌握语文教材的使用取向与解读方法
    ├── 理解语文教材的内涵
    ├── 知晓语文教材的使用取向
    └── 掌握语文教材的解读方法
```

第一节 "语文"的特点、功能与价值

"语文"这一称谓,有时可以看作"语言文字"这四个字的简称。叶圣陶先生曾做过一个经典解释,他说:"语就是口头语言,文就是书面语言。把口头语言和书面语言连在一起说,就叫语文。""语文"的特点、功能与价值,是我们在正式学习《小学语文教学设计与实施》这门课程前必须结合自我经历弄清楚、想全面的问题。对这一问题认识到位了,我们自身学习语文的兴趣便会浓厚、探究语文运用奥秘的热情便会高涨,还会引发担任语文教师的自豪感。

那么,"语文"究竟是什么呢?

语文是一场游戏。舒庆春,字舍予;查良镛,笔名金庸。这两位大作家玩的都是耐人寻味的拆字游戏。流传的许多佳话与拆字游戏有关,雅趣满满。传说宋朝杜文去磊城赴任,差役踢倒了小孩子垒的石头城墙,那小孩随口吟出:"踢倒磊城三块石",杜文与夫人耳语后对道:"剪断出字两重山"。明代蒋焘的父亲一日有朋友来访,蒋焘端茶待客。客人知其聪敏,即指窗外雪雨,出对试他:"冻雨洒窗,东二点(冻),西三点(洒)。"当时蒋焘之母正切西瓜,他由此对出下联:"切瓜分客,横七刀(切),竖八刀(分)。"

语文是一点情趣。传说1963年1月,87岁的徐特立与朱德登上桂林叠彩山明月峰,朱德即兴赋诗一首:"徐老老英雄,同上明月峰,登高不用杖,脱帽喜东风。"徐特立随即和诗一首:"朱总更英雄,同上先登峰,拿云亭上望,滴水来春风。"

语文是一种智慧。传说,一位财主请一位秀才写对联,要求称赞他的酒好、醋酸、

猪肥、人丁旺,店里没有老鼠。传说这位秀才因为对这位财主不满,于是借文字游戏泄愤,他写的横联为"人多病少财富",上联为"养猪大如山老鼠头头死",下联为"酿酒缸缸好造醋坛坛酸"。

语文还是宣传工具,是播种机,是提醒,是警示,是担当,是责任。一起读读诺贝尔文学奖得主莫言的演讲词:"我们要用我们的文学作品告诉那些暴发户们、投机者们、掠夺者们、骗子们、小丑们、贪官们、污吏们,大家都在一条船上,如果船沉了,无论你身穿名牌、遍体珠宝,还是衣衫褴褛、不名一文,结局都是一样的。""我们要通过文学作品告诉人们,在资本、贪欲、权势刺激下的科学的病态发展,已经使人类生活丧失了许多情趣且充满了危机。"

《义务教育语文课程标准(2022年版)》(以下简称课标)对"语文"的特点、功能与价值,在开篇时便作界定:"语言文字是人类社会最重要的交际工具和信息载体,是人类文化的重要组成部分。语言文字的运用,包括生活、工作和学习中的听说读写活动以及文学活动,存在于人类社会的各个领域。"小学语文教师,从事的是孩子们的语文启蒙教育活动,既是光荣,也是责任和压力。

第二节 语文课程的性质与课程理念

一、语文课程的性质

语文课程的性质是什么?这是开始语文教学设计前首先要弄明白的问题。这一问题,也是课标在开篇部分重点论述的问题。课标指出:"语文课程是一门学习国家通用语言文字运用的综合性、实践性课程。工具性与人文性的统一,是语文课程的基本特点。"

关于"工具性"和"人文性"的内涵,巢宗祺先生曾解释道:"'工具性'着眼于语文课程培养学生语文运用能力的实用功能和课程的实践性特点;'人文性'着眼于语文课程对于学生的思想感情的熏陶感染的文化功能和课程所具有的人文学科的特点。"

1. 语文课程是一门学习语言文字运用的实践性课程

课标指出:"语言文字的运用,包括生活、工作和学习中的听说读写活动以及文学活动,存在于人类社会的各个领域。"这就告诉我们,语文学习的范围很宽广,既包括日常看报、写书信、写便条、活动计划与总结这样一类能解决实际生活问题的本领,也包括非功利的文学作品的鉴赏与创作能力。

那么,怎样才能学到这些本领,怎样才能形成这些能力呢?对这一问题,课标也做了明确回答。课标指出:"语文课程应引导学生热爱国家通用语言文字,在真实的语言运用情境中,通过积极的语言实践,积累语言经验,体会语言文字的特点和运用规律,培养语言文字运用能力。"也就是说,你想通过语文课程培养学生的"通用写作能力"吗?好,你在组织活动提供写作情境的基础上让学生练写,在种种练写活动中"把握各种文章写作的基本规律",这才是形成写作这项生活能力的途径。你想让学生学会欣赏诗歌吗?好,你组织名诗名句推荐活动,让学生在诵读、咀嚼与品评等实践活动中"把握诗歌品读的基本规律",这才是发展"诗歌鉴赏能力"的基本途径。

综上,可以说,"在大量的语文实践中体会、把握运用语文的规律"进而形成"语文实践能力"是课标视点下语文课的着重点,是语文课程区别于其他课程的本质特征,是语文课程的立课之本;语文知识、语文方式方法与语文技能,是语文课的本体性学习内容。通常,"常识课"或"德育课"偏重"语言文字内容"理解,而语文课偏重"语言文字形式"学习。"语言文字形式"是一个相对于"语言文字内容"的概念,具体内涵为字音、字形、字义及组词、造句、构段与谋篇的规律,也即各种语文知识、语文方式方法与语文技能。

有这样两篇一年级课文,一篇是《小蝌蚪找妈妈》,一篇是《小壁虎借尾巴》。亲爱的朋友,你在小学都读过它们。下面列出两道判断题,请你运用上述关于语文课本体性学习内容的知识判断其设计是否正确。

    第一题,《小蝌蚪找妈妈》重点教青蛙的演变知识,《小壁虎借尾巴》重点教小壁虎、鲤鱼、牛与燕子等动物的尾巴的功用与特点。

    第二题,《小蝌蚪找妈妈》一课的教学重点应该放在学习并正确运用"迎、追、蹬、蹦"等词语上。

语文课的着重点应放在"语言形式"的学习上,而第一题的设计者却将教学重点放在课文内容的掌握上了。如果按此设计教学,那么,这两课就都会上成常识课。

学习并正确运用词语是小学低年级常见的语文实践活动。第二题的设计者将教学重点落在语文本体性教学内容上,是正确的。

2. 语文课程是一门学习语言文字运用的综合性课程

语文课程具有"综合性",对这一特点,课标做了多次强调。课标要求语文课程在培养语言文字运用能力的同时,还要"发展思维能力,提升思维品质,形成自觉的审美意识,培养高雅的审美情趣,积淀丰厚的文化底蕴,继承和弘扬中华优秀传统文化、革命文化、社会主义先进文化,增强对习近平新时代中国特色社会主义思想的理解和认识,全面提升核心素养。"课标还指出:"语文课程致力于全体学生核心素养的形成和发展,为学生学好其他课程打下基础;为学生形成正确的世界观、人生观、价值观,形成良好个性和健全人格打下基础;为培养学生求真创新的精神、实践能力和合作交流能力,促进德智体美劳全面发展及学生的终身发展打下基础。语文课程在推广普及国家通用语言文字、增强凝聚力、铸牢中华民族共同体意识、建立文化自信、培育时代新人,实现中华民族伟大复兴等方面具有不可替代的优势。语文课程的多重功能和奠基作用,决定了它在九年义务教育中的重要地位。"这就在告诉我们,所谓语文课程的"综合性"主要表现在下列两个方面:一方面,培养"运用国家通用语言文字进行交流沟通"的能力,是语文课程的立课之本,是语文课程的重要功能所在;另一方面,语文课程还应承担其他多重功能,包括承传中外经典文化,培植正确的世界观、人生观、价值观,陶冶情意人格,发展思维、锻炼生活能力,等等。

二、语文课程理念

理念,即上升到理性高度的观念。语文课程理念从语文教育实践中提炼出来,是对语文教育教学具有指导意义的基本思想。课标明文提出了"立足学生核心素养发展,充分发挥语文课程育人功能""构建语文学习任务群,注重课程的阶段性与发展性""突出课程内容的时代性和典范性,加强课程内容整合""增强课程实施的情境性和实践性,促进学习方式变革""倡导课程评价的过程性和整体性,重视评价的导向作用"五条语文课程理念。

1. 立足学生核心素养发展,充分发挥语文课程育人功能

"素养","平日的修养"。课标指出:"核心素养是学生通过课程学习逐步形成的正确价值观、必备品格和关键能力,是课程育人价值的集中体现。义务教育语文课程培养的核心素养,是学生在积极的语文实践活动中积累、建构并在真实的语言运用情境中表现出来的,是文化自信和语言运用、思维能力、审美创造的综合体现。"课标要求"立足核心素养,彰显教学目标以文化人的育人导向"。

2. 构建语文学习任务群,注重课程的阶段性与发展性

课标指出:"义务教育语文课程内容主要以学习任务群组织与呈现。""语文学习任务群由相互关联的系列学习任务组成,共同指向学生的核心素养发展,具有情境性、实践性、综合性。"课标"分三个层面设置学习任务群,其中第一层设'语言文字积累与梳理'1个基础型学习任务群,第二层设'实用性阅读与交流''文学阅读与创意表达''思辨性阅读与表达'3个发展型学习任务群,第三层设'整本书阅读''跨学科学习'2个拓展型学习任务群"。

课标明文提出了各学习任务群的总目标与各学段目标。

3. 突出课程内容的时代性和典范性,加强课程内容整合

义务教育语文课程内容突出"三性"。一是突出课程内容的时代性。课标要求"充分吸收语言、文学研究新成果,关注数字时代语言生活的新发展,体现学习资源的新变化。"二是突出课程内容的典范性。课标要求围绕"四大主题"精选文质兼美的作品,陶冶思想情感,引领价值取向。"四大主题"分别为:中华优秀传统文化内容主题、革命文化内容主题、社会主义先进文化内容主题与反映世界文明优秀成果、科技进步、日常生活特别是儿童生活等方面的主题。三是突出课程内容的整合性。课标要求语文课程内容要"注重课程内容与生活、与其他学科的联系,注重听说读写的整合,促进知识与能力、过程与方法、情感态度与价值观的整体发展。"

4. 增强课程实施的情境性和实践性,促进学习方式变革

语文教师应基于学生在家庭生活、校园生活、社会生活中产生的语言文字运用的

真实需求创设任务情境，让学生亲历运用语文解决现实生活问题的过程，"在做中学"，"在做中悟"，"在做中获得语文学习的价值性知识"，"在做中习得运用语文的技能、方法并培养运用语文的兴趣与热情"。

小学生的语文运用实践需求包含"识字与写字、阅读与鉴赏、表达与交流、梳理与探究"等多个方面、多个层次，教师可根据学段与学情特点，组织项目式学习。

在强调"两性一度"（"高阶性、创新性、挑战度"）这一新课程背景下，不单要鼓励小学生"自主阅读、自由表达"，还需要组织多种形式的合作学习与探究性学习。

在当前特别提倡"线上线下混合式教学模式"的背景下，语文课程还要积极向"互联网＋"开放，积极建设"线上课程资源"，积极开展线下个别化语文教育，只有这样，语文课程才会更有活力、更有效率。

5. 倡导课程评价的过程性和整体性，重视评价的导向作用

评价是促进学业质量达标、全面达成语文核心素养目标的极其重要的环节。课标坚持过程性评价和终结性评价相结合，指出终结性评价包括学业水平考试和过程性评价的综合结果。重视评价的导向作用，需要做到下列两点。

一是要加强课程评价的针对性、整体性、科学性与规范性。其一，注重语文课程评价的整体性与综合性。课标要求"注重考察学生的语言文字运用能力、思维过程、审美情趣和价值立场，关注学生学习过程和学习进步。"其二，加强评价工具设计和评分标准设立的针对性。教师应基于"教—学—评"一体化意识，坚持"素养立意"原则与"依标命题"原则，针对学习目标、学业质量要求设计合适的评价量表、评分标准、学习任务与过程性作业，旨在全面落实语文课程目标。其三，加强评价工具设计的规范性。课标要求坚持"科学规范"原则，要求学习任务与作业题的表述应简明、规范，要求"评分标准有效反映学生核心素养发展水平，确保测试目的、测试内容、测试形式和评分标准的一致性。"其四，加强评价后指导内容的针对性。课标指出："过程性评价应有助于教与学的及时改进。教师要有意识地利用评价过程和结果发现学生语文学习的特点与问题，提出有针对性的指导意见，促进学生反思学习过程、改进学习方法。"

二是过程性评价贯穿语文学习全过程。课标要求"依据各学段的学习内容和学业质量要求，广泛收集课堂关键表现、典型作业和阶段性测试等数据"，"重点考察学生在语文学习过程中表现出来的学习态度、参与程度和核心素养的发展水平"，"重视增值评价，关注学生个体的进步幅度"，"避免用评价结果的简单比较衡量学生的学业表现"。课标明文提出了过程性评价要遵守的"五原则"，即有助于教与学的及时改进原则，统筹安排评价内容原则，发挥多元评价主体积极作用原则，综合运用多种评价方法原则，拓宽评价视野、倡导学科融合原则。

三、小学语文课与中学语文课的主要区别

"小学语文课与中学语文课的主要区别"这个问题有点大，不过也是从事小学语

文教学前必须思考的问题。一个显著的区别就是开设年级不同,学习内容的深度与广度便有别;义务教育前三个阶段已学的内容模块,如"语言积累、梳理与探究",其第四学段与高中阶段,将会巩固与加深。小学语文课程因为开设在孩童入学初始阶段,所以,按照学理,非得突出其入门性、基础性不可。因此,通常认为,一二年级语文课的重点应在识字、学词与积累句式上。譬如,学习"岸"字,利用音序查字法查找到"岸"的意义后,还要运用这个意义扩词,推出海边的陆地叫"海岸"、江边的陆地叫"江岸"、河边的陆地叫"河岸"、河两边的陆地叫"两岸"、河对面的陆地叫"对岸"。写字则需从训练写字姿势起步,要求"头正肩平脚放稳,端端正正来写字",亦即要突出入门性与基础性。另外,小学生学得快忘得也快,根据遗忘先快后慢的规律,小学教学不光要强调入门性与基础性,还要强调"牢固性"。譬如,学习生字,初读课文后学一次;待到课文能读得通顺流利后,还要抽出来学习一次,这叫"复现"。"复现"的目的是巩固效果,"避免遗忘"。

第三节 语文课标的内容、功能与重要变化

《义务教育课程方案(2022年版)》指出:"国家课程标准规定课程性质、课程理念、课程目标、课程内容、学业质量和课程实施等,是教材编写、教学、考试评价以及课程实施管理的直接依据。"而《义务教育语文课程标准(2022年版)》是国家课程标准。因此,每个小学语文教师都必须认真解读《义务教育语文课程标准(2022年版)》这个文件并依据这个文件从事小学语文教学设计与实施工作。为简洁起见,本书在一般情况下都用"课标"两字来指称这个文件。

课标共六个部分与五个附录。六个部分如下:第一部分,课程性质;第二部分,课程理念;第三部分,课程目标;第四部分,课程内容;第五部分,学业质量;第六部分,课程实施。五个附录,主要内容为:《优秀诗文背诵推荐篇目》《关于课内外读物的建议》《关于语法修辞知识的说明》《识字、写字教学基本字表》《义务教育语文课程常用字表》。

2022年版义务教育语文课程标准修订工作是在2011年版的基础上完成的。义务教育语文课程标准修订组组长、北京师范大学文学院教授郑国民先生认为本次修订的重要变化与主要突破有以下四点:

第一,强调热爱国家通用语言文字,树立中华文化自豪感和自信心。由于语文课程在推广普及国家通用语言文字、增强凝聚力、铸牢中华民族共同体意识,建立文化自信、培育时代新人,实现中华民族伟大复兴等方面具有不可替代的优势,因此,汉语文教育一直有"文以载道""以文化人"的传统,故而2022年版语文新课标在课程理念、目标、内容、学业质量等部分都明确要求,引导学生热爱国家通用语言文字,继承和弘扬中华优秀传统文化、革命文化、社会主义先进文化,提升对中华文化的认同感

和自豪感,建立文化自信。

第二,凝练义务教育阶段语文学科核心素养,构建素养型课程目标。2022年版语文新课标对核心素养的表述,更加强调学生在义务教育阶段语文课程学习过程中所形成的、具有语文课程特点的关键成就表现、应然结果,明确提出义务教育语文课程培养的核心素养包括"文化自信""语言运用""思维能力""审美创造"。"文化自信"强调培养学生认同中华文化,对中华文化的生命力有坚定信心;"语言运用"强调培育学生感受语言文字的丰富内涵,对国家通用语言文字具有深厚感情;"思维能力"强调培养学生好奇心、求知欲、崇尚真知,勇于探索创新;"审美创造"强调涵养高雅情趣、健康的审美意识和正确的审美观念。

2022年版语文新课标基于核心素养四个方面凝练关键要素,统领并呈现义务教育语文课程总目标。同时,在2011年版"识字与写字""阅读""写作""口语交际""综合性学习"学段目标基础上,根据素养型课程目标的综合性、整体性特点和要求,以"识字与写字""阅读与鉴赏""表达与交流""梳理与探究"四类语文实践活动呈现学段要求。

第三,探索结构化的语文课程内容。在2017年版高中语文课程标准的基础上,积极探索并构建了结构化的语文课程内容,设计了"语言文字积累与梳理""实用性阅读与交流""文学阅读与创意表达""思辨性阅读与表达""整本书阅读""跨学科学习"等六个语文学习任务群。每个任务群贯穿四个学段,螺旋发展,体现学段特征;坚持阶段性、层次性与整体性的统一,既突出义务教育阶段的基础性,又与普通高中教育相衔接。

每个语文学习任务群融合了学习主题、学习活动、学习情境和学习资源等关键要素;按照学段呈现学习内容,实现了课程内容的结构化,体现了典型性;引导学生通过典型内容的学习,经历典型的学习过程,掌握典型的方法和策略,获得典型的情感体验,提升学生未来学习、生活和发展所需的核心素养。

第四,突出评价导向,明确学生语文学业成就表现。2022年版语文新课标按照日常生活、文学体验、跨学科学习三类语言运用情境,对每个学段学生语文学业成就表现进行整体刻画。四个学段的语文学业质量之间相互衔接,体现了层次性、整体性,为评价学生核心素养发展提供了基本依据。

课程实施部分的评价建议,从学生核心素养发展出发,对过程性评价应遵循的基本原则,对课堂教学的小组合作和汇报展示,对作业设计、作业数量、作业批改以及作业反馈和讲评,对阶段性评价工具、评价形式,对学业水平考试的命题原则、命题规划、命题要求等都提出了明确具体的要求,同时强调义务教育阶段学生学习态度、意志品质、沟通合作等共同素养的培育。[①]

总而言之,把准课标精神,是做好小学语文教学设计的前提。只有认真解读课

---

① 郑国民.强化语文课程的育人价值取向——《义务教育语文课程标准(2022年版)》的四个重要变化[J].人民教育,2022(13-14):21-22.

标,我们的语文教学和评价才能与语文新课程的先进理念"共舞"。课标对九年义务教育语文课程的设计思路大家要清楚,九年义务教育语文课程总目标及小学各学段要求与内容都要明白。课标对教学与评价的建议、对语文课程资源开发与利用的建议都要熟悉。课标后附录的《优秀诗文背诵推荐篇目》《关于课内外读物的建议》《关于语法修辞知识的说明》《识字、写字教学基本字表》《义务教育语文课程常用字表》,也都要了解。

第四节 语文教材的使用取向与解读方法

经过前面三节的学习,我们对"语文"的特点、功能与价值,对语文课程的性质与课程理念,对语文新课标的内容、功能与重要变化都有了一些了解。教师教学,要使用教材。为提高教材使用效益和效率,这一节,我们探讨小学语文教材的使用取向与解读方法。这些内容也是我们着手进行小学语文教学设计与实施活动前的必备知识。

一、语文教材的内涵

关于"教材"这一概念,《现代汉语词典》的解释为:"有关讲授内容的材料,如书籍、讲义、图片、讲授提纲等。"语文教材的内涵有广义与狭义之别。广义的语文教材指一切可用于语文课程教、学、评的材料,譬如语文课本、语文教参、语文学辅资料,等等。狭义的语文教材单指语文教科书,亦称语文课本。此外,在讨论阅读教学的情境中,语文教材的内涵有时指某一篇具体的课文或一篇课文中的某一具体段落。

语文教科书有不同版本。2001年,《义务教育语文课程标准(实验)》颁布,人民教育出版社、江苏教育出版社、语文教育出版社等各大出版社纷纷出版配套《语文》教材,这些《语文》课本在当时分别被称为人教版国标本《语文》、苏教版国标本《语文》、语文版国标本《语文》,等等。2016年以来,教育部组织编写了与《义务教育语文课程标准(2011年版)》配套的《语文》课本,要求从2017年秋季学期开始,全国范围内各起始年级统一使用这套《语文》教科书,被称为部编版《语文》、统编版《语文》或统编本《语文》。

二、语文教材的使用取向

当前,全国范围内统一使用统编本小学语文教科书。统编本小学语文教科书有三种取向:忠实取向、调试取向和创生取向。

先谈忠实取向。教材具有文本内容价值和工具使用价值。小学语文统编教材,它体现的是国家意志,反映的是社会主义核心价值观和中华优秀传统文化,其教材内容具有科学性和权威性。小学语文教师不仅要对静态的教材内容本身吃透吃准,而且还要吃准吃透统编本教材编者的编写意图和编写的理论根据,在此基础上,一并忠实地执行,不折不扣地教好"统编本上的教材内容"。

再谈调试取向和创生取向。这两种取向主要侧重统编教材内容使用的方式和方法。在"怎么教统编本小学语文课本内容"与"怎么用统编本课本来教其上的内容"上,教师可以适当创新。专家指出,教师在忠实执教统编教材内容的前提下,可以不拘泥于教材编写的模式与内容呈现方式,根据不同的学生群体和不同的教学环境等,对教材内容呈现和使用的方式方法进行适当的调试和创生,包括:对统编教材内容的整合、对现有教材文本以外的课程教学资源的开发与使用、创设教学情境或学习情境、其他教学方法上的调试和创生。[①]

三、语文教材解读方法

吃准吃透教材,得讲方法。语文教材解读方法,简单地说,就是要通览与定点研读相结合。通览是比较宏观的全局性阅读。定点研读是比较微观的精细解读,是锁定聚焦点的细读,其聚焦点可以是某个单元,也可以是某篇课文或课文中的某一段落,等等。

建议任何一位小学语文新手教师都要通览全套小学《语文》课本,做到对小学《语文》课本的整体结构了然于胸,这是最低要求。更高的要求是通览全套九年义务教育《语文》课本。通览的目的是胸有全局。

通览教材要做到纵向解读和横向阅览相结合。譬如,新学期伊始,通过纵向解读,把握一册《语文》课本的教学目标、教学内容、教学重难点;通过横向阅览,弄清各单元在这册教材中的地位与作用,在此基础上把握各单元之间的内在联系和区别。

对整册教材有了一个全局性的了解后,接下来就该研读单元教材了。小学《语文》每册课本一般包含八个单元。每个单元大致由阅读、口语交际、习作与语文园地四个模块构成(低年级课本例外)。研读某个单元时也要做到纵向解读和横向阅览相结合。通过纵向解读,把握这个单元的教学目标、教学内容、教学重难点与主要的教学方式方法;通过横向阅览,弄清各模块在这个单元中的地位与作用,在此基础上把握各模块之间的内在联系和区别。

做了这许多的准备后,接下来就可以将视点锁定在单元中的"某一课"上了。很多新手语文教师都问过我这个问题:"应该怎样解读阅读课的课文呢?"对此我的回答是可以依次按下列三步走。

第一步,把自己当作一个普通读者,把课文当作普通的读物,依据文本体式每次选定一个合适的视点读起,同一个文本,可以根据需要读多次。注意,为了充分尊重自己作为读者的"主体性",这第一步的阅读,是不看课文以外的任何东西的,即便是课文前的"提示语",这一次也不读。此时的阅读,如果读物为中国古代诗歌,譬如李白的《静夜思》和杜甫的《春夜喜雨》,那么,意象、意境、用字、造句、结构与章法都是合

---

① 刘启迪.新时代我国统编教材的使用方略研究[J].当代教育科学,2020(8):24-25.

适的视点。如果读物为散文,譬如巴金的《鸟的天堂》和林清玄的《心田上的百合花开》,那么,写作语境要特别关注,作者要传播的情思韵味、文本的舒缓基调、表达的临场感和用语的朴素与清新等都是合适的视点。如果读物为新闻作品,譬如《人民解放军百万大军横渡长江》和《开国大典》,那么,新闻事实、报道者的意图与倾向以及作品的表现形式都是合适的视点。如果读物为说明文等实用文章,譬如《鲸》和《新型玻璃》,那么,"有用信息"是合适的视点;具体的读法为:跳读法或扫读法。

第二步,以语文教师的身份看课文。可以按教材编排顺序依次读下列内容:① 单元提示语;② 课文前的提示语;③ 课文;④ 课后练习。课标是语文教师的工作指南,所以,语文教师阅读课文时还可从课标各学段目标与内容中找视点。如果课文为叙事性作品,就按课标要求特别关注"场景、人物、细节";如果课文为诗歌,就按课标要求特别关注"诗意、情境、情感";如果课文为说明性文章,就按课标要求特别关注"说明的要点与基本说明方法";课标对每个学段的阅读都提出了标点符号的学习要求,因此,标点符号也可成为语文教师阅读课文时的视点;等等。

第三步,广泛参考课本外的相关优秀资料。包括教学用书上的解读、《名作欣赏》上的解读,其他语文教师的备课心得或教学设计,等等。一份好的参考资料,就如一位良师益友,往往能让自己茅塞顿开。

课程思政

语文教材具有极其重要而特殊的育人功能,有利于更好地强化国家意志、贯彻党的教育方针、落实社会主义核心价值观。因而,作为统编教材,思想政治性是第一位的要求,相应地,语文教材和语文教学也愈加突出政治意识。

项目实践

有感情地朗读统编本五年级课文《慈母情深》,以故事情节为抓手,设计一幅主板书,并仿照课文的写作方法写一写某一位亲人对自己的"深情"。

第二章　小学语文教学设计策略指要

《礼记·中庸》说,"凡事豫则立,不豫则废","豫"是"预备,事先准备"的意思。为争取小学语文教学效果最优化,小学语文教师在课前必须充分发挥主体性,针对教学对象、教学内容、教学目标、教学手段以及自己的教学背景等进行综合考虑并形成具有可操作性的方案。显然,教学设计是一个复杂的系统工程,也是需要许多技术与方法支持的极富个性化的高智慧活动。

学习目标

1. 明了小学语文教学设计的意义,知晓小学语文教学目标设计、教学重难点设计、教学方式方法设计、教学过程设计的基本策略与方法,掌握教案编写的基本知识。
2. 尝试编写项目齐全、内容与形式合乎规范的常态课教案。
3. 在教案设计与评价活动中,强化基于国家课程标准、统编本教材与学生实际情况开展教学设计的意识,培养严谨扎实的工作作风。

问题探究

1. 为什么课前必须备课?
2. 小学语文教学设计的基本依据是什么?
3. 小学语文教学设计的策略有哪些?
4. 教案的编写规范有哪些?

思维导图

小学语文教学设计策略指要
- 1. 教材分析的策略
  - 理解教材分析的目的与意义
  - 掌握"两个结合"的方法:"通览"与"定点细读"结合,"梳理"与"分析与判断"结合
- 2. 学情分析的策略
  - 理解学情分析的理论依据与实践依据
  - 掌握学情分析的方法
- 3. 教学目标设计的策略
  - 知晓定位依据
  - 了解目标陈述的基本要求
- 4. 教学重点与难点设计的策略
  - 掌握教学重点的设计依据
  - 把握教学难点的判断策略
- 5. 教学方法设计的策略
  - 理解教学方法的概念、特点与类型
  - 掌握教学方法的设计策略
- 6. 教学程序设计的策略
  - 掌握识字与写字教学程序设计策略
  - 掌握表达与交流教学程序设计策略
  - 掌握阅读与鉴赏学习程序设计策略
- 7. 板书设计的策略
  - 明了板书设计的要求
  - 掌握板书设计的策略
- 8. 教案编写的策略
  - 了解教案的概念、特点和结构
  - 知晓教案编写的基本要求

第一节 教材分析的策略

一、相关概念界定

"语文要素""语文课程思政点""教学点"是近几年谈论语文教学设计与实施问题时常常使用的三个术语。这三个术语本教材也将使用。

语文要素,一般被用来指称通常所谓的语文知识、方法和技能,其是语文课程在"形式"维度的要素的简称,关于语言文字的知识与关于语文实践策略与方法的知识,都被视作语文要素的构成成分。语文实践策略与方法涵盖面较宽,包括拼音学习的策略与方法、识字的策略与方法、写字的策略与方法、阅读与鉴赏的策略与方法、表达的策略与方法,等等。

语文课程思政点被用来指称语文课程在"内容"维度的要素,是为培养学生适应未来发展的正确价值观、必备品格所需要的关键点,可以细分成文化自信、思维能力、

审美创造、情意熏陶等多个方面。

"教学点"这个概念的外延有时大,有时小。一般情况下可以理解成某一个单元或某一课要新学的知识点;有的属于语文要素一类,有的是课程思政点;有的是重点,有的是难点,有的是一般知识点。特殊语境下,"教学点"就是"教学内容"的别称。

二、教材分析的目的与意义

教材分析的目的主要是弄明白教材编者编排这一单元或这一课在教学目标、教学内容与教学方式方法上的意图。统编本语文教材编写,是奠基工程,是战略工程,体现国家利益,是国家事权。因此,语文教师使用统编本语文教材,在教材内容维度,需持"忠实执行"取向。而"教材分析"这一步则是做到"忠实执行"的关键一步。这一步,任课教师若做好了,那么,其对每个学段、每个年级、每个学期、每个单元需要学习的语文要素、需要落实的课程思政点会有着非常清晰的认识。

三、教材分析的方法

由于缺乏有效方法指导,很多一线教师都做不好教材分析,致使语文教学设计的理性色彩被不同程度地淡化,语文教学的效用被不同程度地减弱。笔者认为应该在课标与整套教材体系的基础上做关于某一课的"教材分析";教材分析要做到"两个结合",即"通览"与"定点细读"结合,"梳理"同"分析与判断"结合。

四、应用举例

1. 识字课《天地人》一课教材分析

识字课《天地人》一课有以下几个特点:① 它是统编本一年级上册语文课本第一单元第一课,汉语拼音学习从第二单元才开始。② 课文插图是傅抱石的水墨画《一望大江开》。课文共两行,第一行是"天地人",第二行是"你我他",都是楷体字。课文后只有一个会认字表,没有会写字表。③ 这一课前有"入学教育"主题与插图,主题分别为:我上学了、我是中国人、我是小学生、我爱学语文。这样一个教材布局与教材内容,决定了该课应该采用一些特殊的教学方法教学一些特殊的教学内容,包括:① 联系"入学教育"中的插图与内容理解人有国别之分、民族之别以及作为小学生应该"爱学习、爱劳动,长大为国立功劳"。② 因为汉语拼音还没有学,所以,不采用根据拼音学字音法,而用传统的跟读法、字理识字法、借助课文插图阅读法和课堂游戏法。③ 这一课学习"天、地、人、你、我、他"6个字并达到"四会":会字音、会字形、会字义、会运用这些字组词说话,但不必学习书写。④ 在运用汉字初形学习课文生字的过程中,初步明白汉字从何而来、古人因何造字、如何造字,初步感受汉字的美,并知晓中国字字体有楷书、行楷、行书、草书之分;在运用生字组词说话的过程中,初步感受汉语的美,初步感受中华文化的基本精神与基本思维方式。

2. 汉语拼音《aoe》一课教材分析

统编本一年级上册语文课本第一单元是识字,该单元收束时巧妙点出了拼音学习的价值——"学了汉语拼音就可以识更多字、读更多书了"。第二、三、四单元是汉语拼音,"aoe"这一课是汉语拼音单元的第一课。这样一个教材布局,就决定了该课的教学点除"aoe"及其四声的发音方法、"aoe"各自的笔画与笔顺外,还包括:① 明了学拼音的意义与作用,消除对中断识字学习改学汉语拼音的抵触感,激发学习汉语拼音的兴趣(课程思政点);② 在结合课文插图运用"aoe"四声组词说话的过程中初步感受拼音字母的意义;③ 认识四线三格;④ 清楚描红是怎么回事。教学方法方面,由于课文匹配了精致的插图,插图上有人物、景物、事物,浮在水面的白鹅形同"e",因此,教学这一课应该借助插图来学发音、记字形并组词说话,结合四幅小车图编儿歌并借助儿歌辅助练习发四声。

3. 阅读课《我们奇妙的世界》教材分析

《我们奇妙的世界》这一课主要"从天空和大地两个方面介绍世界的奇妙与美好",文中关键句有:"一切看上去都是有生命的""你看天空""再看大地"。该课与其他课一样,在课文后安排了"会认字"表与"会写字"表。比较特别的所在是该课课后练习题对单元提示语提示的教学点,具有较强的针对性:练习题 1 呼应单元语文要素1——了解课文是从哪几个方面把事情写清楚的;练习题 2 是对"寻找并感受世界的奇妙"这一单元课程思政点的响应;课后小练笔对应单元语文要素 2——初步学习整合信息,介绍一种事物。此外,该课在设计上也存在一些小不足。一是第二题题干提示的理解课文主旨句的方法比较片面,按照课标要求与文本解读规律,应完善成"结合上下文和生活经验说说你对'一切看上去都是有生命的'这句话的理解。"二是练习题 3 只是简单地要求学生写,失之笼统含糊。为普遍提高学生的写作技能,语文教师不能让"表达形式"处在"秘密"状态;而应引导学生在发现范例"表达上的秘密"的基础上去仿写。因此,练习题 3 可改成:"仿照课文,按照'时间—发现'这一顺序来写一写你发现的普通而美的事物。"综上,《我们奇妙的世界》一课的教学目标、内容与方法可以整理成下面三条:① 会认"呈、幻、辉"等 10 个生字,会写"呈、幻、蜡"等 13 个字;② 运用略读的方法说说课文分别从哪几个方面写出了天空与大地的奇妙;③ 根据课文体会作者从"极普通的事物"中发现的美并仿照课文按照"时间—发现"这一顺序写一写自己从"极普通的事物"中发现的美。

研读教材、分析教材,是职前职后语文教师的难点与盲点所在。为扫除这一难点与盲点,本书不但安排了教材分析实践题,还通过其他章节呈现了为数不小的教材分析样例。建议大家细细阅读并领会。

第二节 学情分析的策略

课标精神与要求明白了，编者视域下当前课文或某个教学主题的教学目标、教学内容与教学方法清楚了之后，接下来要做的设计前的准备工作为调研学情、分析学情。

一、学情的内涵与获得学情的方法与途径

什么是学情呢？一个常见的界定为：所谓学情就是影响学生学习的各种因素，主要包括智力因素和非智力因素；智力因素包括认知方法、认知方式、认知能力、基本知识和生活经验等等；非智力因素主要指动机兴趣与心理状况两个方面。

学情的内涵还可通过其他途径去把握。譬如，从学习环境与过程这个角度去考察，"学习情境""学习起点""学习状态""学习结果"不都是"学情"吗？从学习者知识状态这个角度去看，"已知""未知""想知""能知""难知"不都是"学情"吗？目前，语文教材的主体内容基本上是课文。从情感态度这个维度去区分，不是有"喜欢的"与"不喜欢的"之别吗？从能力角度去鉴别，不是有"读不懂的""读不好的""感受不到、欣赏不了"等种种情况吗？

只要用心，获得学情数据并不难。观察、谈话、前测、后测、问卷调查、实验研究、行动研究、叙事研究，等等，都是可用方法与途径。课中，放眼一望，语文课堂学生听讲专注度与课堂参与情况则尽收眼底。学生预习课文后，动嘴一问：存在哪些疑问？则"想知""不知"等学情立刻可知。

二、学情分析的理论依据与实践依据

分析学情是教学决策前的必做工作，这既有理论依据，也有实践依据。

理论方面，建构主义学习理论认为应把学习者原有的知识经验作为新知识的生长点。奥苏贝尔说："如果我不得不将教育心理学还原为一条原理的话，我将会说，影响学习的最重要的因素是学生已经知道了什么，我们应当根据学生原有的知识状况去进行教学。"由此可见，教学设计前，探明学生的"已知"是多么重要。当代教育重视个性教育、主张实施个别化教学。教育部2001年颁布的《基础教育课程改革纲要（试行）》要求教育适合不同发展水平的学生的个性发展的需要。由此可见，学情分析，不能止于对某一年段学情或某个班级学情的共性分析，还要有个性分析，要关注群体内不同发展水平的学生。

实践方面，课堂上时常存在这一现象："你懂了的内容老师反复讲，你不懂的内容老师偏偏不讲。"之所以会出现这一结果，主要是因为有为数不少的教师无视学情，眼中只有"教材"与《教学参考用书》。文献调研发现：公开发表的《语文教学设计》中，有

"教材分析"与"学情分析"这两个项目的少;有"学情分析"的教学方案中,直接针对"教学目标"做"学情分析"的很少,空话、套话居多。调研还发现,比较公认的适用于语文教学设计的"学情分析"方法目前似乎还没有。

三、学情分析的方法

综上,学情分析的主要目的是为教师自己下一步做课题计划与分课时计划提供学情依据。笔者认为,学情分析的基本方法为:针对各课或各单元的各个教学点一一进行分析、判断与评估,弄清楚哪些内容是学生已知的,哪些内容是学生未知的;未知的内容中,哪些内容是学生想知的,哪些是学生不喜欢的,哪些是学生意识不到的,等等。

四、应用举例

1. 统编本一年级上册第一课《天地人》学情分析

《天地人》一课要求会认"天、地、人、你、我、他"6个字。课前与孩子及家长谈话发现,有五分之二的孩子能认读"天""地""人"三字,但有的发音很不规范;对"天、地、人"的自然意义,孩子们一般能辨识;对6个汉字最初的样子,都回答说"不知道"。课前让小朋友们手持"你""我""他"字卡玩指认游戏,只有少数孩子都能指对。

2. 一年级上册汉语拼音单元的学情分析

统编本一年级上册语文课本第二、三、四单元安排学习汉语拼音。课前与孩子及家长谈话发现:汉语拼音有的学生在幼儿园学过,有的跟着哥哥姐姐及家长学过。课前测试发现,孩子们汉语拼音水平参差不齐,一半以上的同学完全没学过。学过的同学中,有3人发音与拼读都相当不错,其他的存在不同程度的认读问题。

3. 统编本三年级上册第四单元学情分析

此单元要求一边读一边预测,这在实际教学操作中,会有一定的难度。原因有二:一是预测只有在初次接触阅读材料时,才会真实地发生。事实上,像这类编入教科书的故事类课文,学生在教学之前早就读过,故事的前因后果都清清楚楚,课堂教学的预测也就失去了其真实性;二是儿童在自然状态下的真实阅读,是一种被吸引的享受,很难像一个成熟的阅读者或写作者那样去参与作品的创作。[1]

认真解读课标,能让我们走近语文新课程新理念,为我们的语文教学设计始终不偏离航向提供保障;整体分析《语文》教材,能让我们与编者心心相通,找准各单元与各课的语文教学点;而紧扣课文教学点分析学情,能为语文教学设计提供有针对性的准确具体的"学情数据",其是"因材施教"的必经步骤。"以学定教"是中国古已有之的传统,我们应该发扬光大。

---

[1] 曹爱卫,吴忠豪.《总也倒不了的老屋》教学设计及点评[J].小学语文教师,2018(9):28.

第三节　教学目标设计的策略

教学旨在解决学生发展问题，学生的发展是教师与学生共同的追求。因此，本节所谓的教学目标，亦即学生的"学习目标"，是学生学完该教学主题之后要达到的水平，也是语文任课教师对某一个小学语文教学主题学习结果的预期。所以，它是每一个小学语文教学主题教与学的方向，也是评价各个小学语文教学主题之教学质量的直接依据。

一、教学目标定位的依据

教学目标定位是非常重要的备课环节，是教学设计的首始步骤。当前，语文教学目标的定位必须依据课标、统编本语文教材与学情。

譬如唐代大诗人李白的《望庐山瀑布》。过去的人教版二年级下册、苏教版三年级下册分别选做课文，霍懋征老师给小学高年级学生也上过这篇课文。现今的统编本二年级上册仍选做课文。同一篇课文，所在学段不同，教材不同，学生不同，那么，教学目标、教学内容、教学方法就都应该有所变化。根据霍老师当年上课的课堂实录，可以将她当年上这一课的教学目标还原如下：

1. 全面理解诗句中字义与词义，能用自己的话正确无误地讲解整首诗。当堂背诵这首诗并抄写到抄诗本上。

2. 体会诗人写这首诗的目的，感受祖国河山之美及作者的表达之美。

在现今的统编本二年级上册中，《望庐山瀑布》这篇课文后的"会认字"列表中有"瀑、布、炉、烟、遥、川"6个生字，"会写字"列表中有"照、炉、烟、挂、川"5个字。练习题共3道。第一题要求"朗读课文，背诵课文。"第二题要求读读"飞流直下三千尺，疑是银河落九天"这句诗，想画面，再用自己的话说一说。第三题要求"读一读，记一记""山川、名山大川、烟云、烟消云散、遥远、山遥路远"这些词语。显然，统编本二年级上册把该课重点放在认字学词与朗读感受上，这与课标对第一学段阅读课的要求是一致的。学情方面，第一学段学生主要还处在直观感知阶段。依据课标、教材与学情，可将统编本二年级上册《望庐山瀑布》一课的教学目标定位如下：

1. 会认"瀑、布、炉、烟、遥、川"6个生字，会写"照、炉、烟、挂、川"5个字，积累"山川、名山大川、烟云、烟消云散、遥远、山遥路远"这些词语。

2. 借助课文插图边朗读课文，边想象画面，领会课文中词句的意思，感受庐山瀑布的雄伟壮观，感受李白用语的生动传神，体会作者对庐山美景的热爱之情，并背诵课文。

二、教学目标陈述的基本要求

教学目标陈述的要求,似乎是众说纷纭,但基本要求应该是一致的。具体包括下面这几条。

第一,采用条款式陈述,各条之间保持平行关系。譬如下列的关于《月光曲》一课的教学目标,按"语文基础目标、读法目标、课程思政目标"三个类别归类陈述,其各条之间的关系是平行关系。

【《月光曲》教学目标】

1. 会认"券、恬、汹"等3个生字,知晓"断断续续、走近、走进、幽静、清幽、苏醒、陶醉、波光粼粼"等12个词语在文中的含义,能读准文中人物话语的语气。
2. 学习并运用结合语境领会内容的读法。
3. 感受贝多芬的高尚人格和勤奋创作的精神,从中受到感染和教育。

第二,目标点要全,应力求语文目标与思政目标兼具。上列的《月光曲》一课的目标设计做到了语文目标与思政目标兼具。教学目标点设计若要达到"全面"这一要求,那么,在教材分析阶段,非注意"两个结合"不可。这"两个结合"就是本章第二节提到的"通览"与"定点细读"结合,"梳理"同"分析与判断"结合。"定点细读"阶段,"生字表""写字表"等课后各栏目与课文本身,都是提取教学点的重要抓手。譬如,《秋天》一课,它是统编本一年级上册阅读起始单元第一课,这一教材大布局上的特点,决定了"认识自然段""培养良好阅读习惯"应该成为本课的两个教学点。解读课标阶段,我们已经认识到,"认字、学词、积累句式"是第一学段阅读课的三大基本任务。细读课文阶段,我们便会捕捉到"积累'一片片、一群'等词语及'那么……那么''一会儿……一会儿'两个句式"这两个有价值的教学点,并将之纳入本课的教学目标系统中。如此,我们可以将本课的教学目标定位如下:

【统编本一年级上册《秋天》教学目标】

1. 感受秋天美景,感悟作者的表达美,培养阅读文章的良好习惯。
2. 明白"秋、气"等10个生字的音、形、义,清楚"了、子、人、大"四个会写字在田字格中的占位与笔形,积累"一片片、一群"等词语及"那么……那么""一会儿……一会儿"两个句式,知晓什么是自然段。
3. 能认"秋、气"等10个生字,能写"了、子、人、大"四个会写字,能正确、流利、有感情地朗读并背诵课文,能使用课文中的词句说说自己眼中的秋天。

上列的《秋天》一课的教学目标,按"课程思政目标、知识建构、能力养成"三个类别归类陈述,其各条之间的关系也是平行关系。

第三,结合本课实际陈述,力求明确、具体并可检测。上列的《月光曲》一课的目标设计明确、具体并可检测，但是它对统编本《月光曲》一课的针对性偏弱。下列的教学目标由于其以这一课的"单元提示语"、课文、课后各栏目等为抓手编写，因此，其对"这一课"更具针对性。具体如下：

【统编本六年级上册《月光曲》教学目标】

　　1. 会认"莱、券、谱、恬"4个生字，练写"券、谱、霎"等9个汉字，知晓"断断续续、走近、走进、幽静、清幽、苏醒、陶醉、波光粼粼、纯熟、恬静"等14个词语在文中的含义，读准文中人物话语的语气，有感情地朗读课文并背诵第9自然段。

　　2. 运用结合上下文、结合人物平生经历与情感态度、结合画面与情境等多种方法，体会贝多芬两次为兄妹弹琴的内心活动，感悟贝多芬同情、关怀穷人的情怀。

　　3. 在体会人物内心活动的过程中，感受乐曲以声传情之美妙，并仿照课文第9段，将自己喜爱的音乐旋律，借助画面，写下来。

第四节　教学重点与难点设计的策略

笔者观摩了为数不少的语文公开课，发现其中有两个通病：一个是眉毛胡子一把抓，教学重点不突出；另一个是学生已经知道的拼命讲，问题不容易解决的地方或者不讲或者不组织学或者轻描淡写，也就是教学难点没突破。之所以会出现这两种通病，很可能与下面两个原因有关：其一，不懂语文课设计教学重、难点策略；其二，课标、教材与学情解读的程度不够、火候不到，从而导致捕捉不到真正的教学重点与教学难点。

如果把课堂教学看作一个问题解决的过程，那么，找准教学重点与难点对于问题解决则具有举足轻重的意义。

一、教学重点设计的策略

1. 概念内涵

重点，指同类事物中的重要的或主要的。语文课的教学重点指语文课教学目标或语文课教学内容中的重要的或主要的关于语言文字的知识及关于语文实践的知识、技能、方法。

2. 确定策略与判断标准

理论上，语文教科书编者会根据课标的要求、语文学科知识的内在逻辑与学生的接受水平，将语文课程的重点知识、技能与方法有意识地、科学地分置于整个语文课本体系中。因此,教学重点从理论上说,应该是客观存在于课本中,并且对每一位学生都是一致的。据此,可以推出语文课教学重点的确定依据、确定策略与"四个判断标准"。确定语文课教学重点的依据是课标与教材,确定策略为:研读课标与教材。"四个判断标准"为:① 该教学点在课标或教材中是不是处于重要位置? ② 它是不是学生后继学习的基础? ③ 是不是将来要被学生经常运用? ④ 是不是在学生思维发展中起重要作用?

3. 应用举例

(1) 统编本二年级下册《语文》《青蛙卖泥塘》的教学重点及确立依据

【《青蛙卖泥塘》一课的教学重点】"卖、烂"等15个"会认字"、"蛙、搬"等8个"会写字"、"吆喝、采集、播撒、绿茵茵、灌溉、缺少、愣住"等7个新词。

本课教学重点的确定依据是课标与教材。课标中,"认字、学词、积累句式"是第一学段的教学重点。教材编写思路上,第一学段阅读课文的一个重要功用就是充当"随文识字词"的语境。课文中,每个生字都标了拼音,课文后有生字表与会写字表,课文后第一题提示的"朗读课文""分角色演一演这个故事"这两项活动,其实质是让学生在做中运用本课的生字、新词与特殊句式,与课标上第一学段的重点一致。课文后第二题所指向的教学点是把握整篇课文主要内容,按课标,它是第二学段的学习重点,若定为本课的重点,则越学段了。第三题是选做题,显然不能视为重点。综上,笔者将本课的重点定位在生字、新词与句式上。

(2) 统编本六年级上册《语文》《月光曲》的教学重点及确立依据

【《月光曲》一课的教学重点】运用结合上下文、结合人物平生经历与情感态度、结合画面与情境等多种方法,体会贝多芬两次为兄妹弹琴的内心活动,感悟贝多芬同情、关怀穷人的情怀。

本课教学重点的确定依据:课标要求第三学段学生在阅读中运用合适的方法体会作者的思想感情。教材方面,《月光曲》所在单元的主题是"美好的艺术之旅"。《月光曲》是一则美丽的传说,写的是贝多芬创作钢琴曲《月光曲》的过程。故事中贝多芬经历了一个从"好奇"到"感动、激动"的心路历程,这与《月光曲》的旋律由"舒缓"走向"激越"正相一致。通过一则传说颂扬贝多芬对穷人的同情和关怀,正是该文作者要表达的思想感情。根据课标要求、教材实际,笔者认为,本课的教学重点应落在体会人物内心活动、感受人物情怀上。

二、教学难点设计的策略

1. 概念内涵

难点,指问题不容易解决的地方。教学难点是指为达成课的学习目标所必须学但对大多数学生来说理解和掌握起来比较困难、容易出现混淆或错误的知识与技能。正因为难,所以,需要教师下力气去教、需要学生下功夫去学。

2. 判断策略

可以使用下列两项策略来判断某个问题、某个知识或某项技能是不是教学难点。其一，看看这个知识、技能或者思想方法本身是不是比较复杂。如果本身比较复杂，那就有可能成为教学难点。其二，看看学生能否凭借已有的经验来解决或掌握。如果能用已有经验来解决或掌握，说明能被原有认知结构"同化"，学起来比较容易，就不是教学难点；如果不能凭借已有的经验来解决或掌握，说明新知识跟已有认知结构冲突比较大，需要通过"顺应"来学习，那么，就是教学难点，需要教师下力气去教，需要学生下功夫去学。

3. 应用举例

（1）统编本二年级下册《语文》《青蛙卖泥塘》的教学难点

【《青蛙卖泥塘》一课的教学难点】运用略读法把握课文主要内容；运用青蛙的吆喝方法向同学推荐一样东西。

本课教学难点的确定依据：分析该课教学重点时提到该课课后有三道题。第一题，旨在通过朗读与角色扮演巩固本课的教学重点。课文后第二题为："说一说青蛙为卖泥塘做了哪些事，最后为什么又不卖泥塘了。"显然，这道题旨在引导学生把握课文主要内容，需要运用联系法、抓关键词句法等多种方法。按课标，把握课文主要内容是第二学段的学习重点，其对于第一学段学生来说，比较复杂，有难度，因此，笔者将其定为教学难点。第三题为"选做：青蛙最后吆喝了些什么？如果向同学推荐一样东西，如一本书、一种文具，你会说些什么？""选做"这个词公开了编者的态度：这道题是难题，是教学难点。为什么难呢？因为编者这次不是要求凭借原有的知识与经验去推荐一样东西，而是要求使用青蛙的"推荐套路"去推荐，也就是说，是要学生学得一种全新的表达形式；这是需要通过顺应来学习的，那么，就是教学难点。而且，在练习推荐前，学生还得先去"发现"青蛙表达的"形式秘密"："先总说再分说。总说是先夸赞，再连用好几个'有'字列举，极力渲染，加大感染力度。分述时连连使用好几个'你可以'领起的句子，不仅站在对方的立场上说话，让对方感觉贴心，而且很有语势。"这表明，这是道很复杂的题目，自然是难题了。

（2）统编本六年级上册《语文》《月光曲》的教学难点

【《月光曲》一课的教学难点】"能读准文中人物话语的语气"；仿照课文第 9 段，将自己喜爱的音乐旋律，借助画面，写下来。

本课教学难点的确定依据：① 该课课文后要求"有感情地朗读课文"，那，自然得"能读准文中人物话语的语气"。而要"读准文中人物话语的语气"就得对语境中表达者心里的情绪和情感充分领会。而要领会，除了要懂得"结合语境领会内容"这一方法外，还得具备好几项课文之外的语境知识。这就表明，领会文中人物话语及行为动作背后的心里情绪和情感，在学生一面，很不容易达到，有相当大的难度，所以，其是本课的学习难点。② 完成本课的随文微写题，既要能准确捕捉乐曲的旋律，还要转化成对应的生动形象的有画面感的文字，这是一项创造性工作，结构复杂，所以是难点。

第五节 教学方法设计的策略

一、方法的特点、教学方法的概念与类型

"方法"具有五大本质特点:"第一,方法是旨在实现目标的手段。第二,方法受客体的制约,并适合于客体的操作系列,即方法是受内容制约的。第三,方法的基础是理论,方法接受理论的指导。第四,方法是规则的体系,具有指令性。第五,方法具有结构,它是构成一个体系有计划的一连串行为或操作。"[1]

教学方法指"师生为完成一定教学任务在共同活动中所采用的教学方式、途径和手段"。[2]

教学方法有多种类型。从教学组织形式角度看,有讲授法、讨论法、情境教学法、合作学习法、演示法、参观法,等等;从学生知识获得方式角度看,有接受学习法和发现学习法,等等;从使用媒体角度划分,有多媒体教学方法与非多媒体教学方法之分。上列教学方法,各学科可通用。"方法是受内容制约的",所以,若从学科内容角度来给教学方法分类,则有语文教学方法、数学教学方法、物理教学方法、体育教学方法等;若从小学语文教学内容角度给小学语文学科划分教学方法,则有识字教学方法、写字教学方法、阅读与鉴赏教学方法、表达与交流教学方法之分别,等等。

教法和学法本来应该是统一的,"教的法子"应该根据"学的法子",合称为教学方法。当今,有一些人为了强调学生"学"在教学中的意义,人为地将"教法"和"学法"区分开来,这是不对的。

二、设计教学方法的策略

1. 依据教学内容、教材与学情选择适用的教学方法

小学语文课是依据特定的语文教材针对特定的一群学生教学特定的语文内容,目的是达到特定的教学目标。此处的"教材"用其广义,除语文课本外,还包括可供利用的其他的现有设施设备。而教学设计是为课堂教学实践服务的。因此,小学语文教学方法设计必须具有教学目标与教学内容的针对性、教材的针对性及学情的针对性。

譬如,教学内容的性质不同,就该选用不同的教学方法。① 核心性知识内容,采用教师讲授法,配合使用练习法。所谓核心性知识内容是指学生难以理解的或其知识点在整个内容结构中起核心作用并对后继知识的学习起决定作用的教学内容。小

---

[1] 佐藤正夫.教学原理[M].北京:教育科学出版社,2001:285-286.
[2] 顾明远.教育大辞典[M].上海:上海教育出版社,1998:713.

学语文学科中的基本字的字音、字形与字义对后继学习的影响非常深远,应该算核心性知识内容,因此,学习这些基本字不能止于"知",还要会"运用"。② 一般性知识内容,采用学生自学法。低年级阅读课开始后,教师惯常说的话是:"打开课本,各读各的,遇到不认识的字,根据拼音多读几次。"③ 开放性的知识内容,采用课后查阅法。统编本五年级下册课文《梅花魂》引用了不少描写思乡之情的诗句。教师可对学生说:"这些古诗你熟悉吗?把它们找来读一读。"④ 学生可以驾驭的知识内容,采用学生讲授法。譬如五年级学生上《望庐山瀑布》一课。在学生对课文中的生字字音、难词与难句的意义都掌握了之后,霍懋征老师对这些学生依次说:"谁能讲讲这首诗?""能讲下来很好,谁还有什么意见吗?""讲得好,谁能再讲一讲?"

2. 多种方法配合使用

巴班斯基说:"每一种教学方法,从本质看,都是辩证的。就是说,每一种方法都有自己的优点和不足之处,都能有效地完成某些任务,而不能有效地完成其他任务,都有助于达到某些目的,而不利于达到其他目的。"根据每一种教学方法都集优劣于一体这一本质特征,为达到教学效果最优化,他建议多种方法配合使用,他说:"教学方法的最优化程序中一个最重要的也是最困难的问题是合理地去选择各种教学方法并使之达到这样的结合,即能在该条件下,在有限的时间内获得最好的教学效果。"

在信息技术和课程教学高度融合的今天,信息技术含量高的多媒体教学法在小学语文教学中颇受青睐,因为它色泽鲜明、画面生动,能很好地再现情境,使人身临其境,能很好地弥补小学生生活经验与积累不足的短板,从而使他们与课文对话更为容易。譬如有课文写到小青蛙到了冬天便会钻到泥土里去睡上一大觉。小朋友边读就会边想:青蛙是怎样钻到泥土里去的呢?它又是怎样在泥土里"睡上一大觉"的呢?顺应学生这一心理,播放相关视频,既能满足小朋友的好奇心,又能让他们感到课文中这"钻"字确实使用得很精致很妥帖。但是,语文教学只运用多媒体法是不够的,传统的朗诵涵泳法、讲授法、练习法等都可根据需要使用。低年级写字课,既可借助多媒体软件呈现汉字在田字格中的书写过程,还要综合运用观察法、临摹法、点评法等多种方法,指导学生学习笔顺、分析字形和书写汉字等。

三、教学方法设计示例

1. 统编本二年级下册《雷雨》教学方法设计

主要使用四种教学方法。① 情境教学法。播放显示雷雨过程与情景的多个微视频帮助学生感受课文描述的情景、理解课文中的词句意思。② 朗诵法。通过这种方法达到巩固生字学习成果并积累词句的目的。③ 配音法。运用"压""满天""黑沉沉"等课文中的词语给录制的雷雨视频配音并点评激励,调动学生运用好词好句的积极性。④ 侧面提问法。教"垂"字的意思时,问:"这只蜘蛛被从这么高的地方吹落下来,它受伤了吗?为什么它不会受伤呢?"

2. 统编本六年级上册《月光曲》教学方法设计

主要使用三种教学方法。① 研究性学习法。使用小学高年级学生普遍感兴趣的这一方法,有利于调动他们学习这篇课文的积极性,克服因为课文新词难句多并且情节似乎平淡所带来的倦怠情绪。本次研究性学习的课题为:"这则传说的情节发展合情合理吗?"② 语境教学法。提供两份补充资料:"关于德国是世界著名音乐之乡的简介""关于贝多芬经历与人格品性的简介",要求学生结合语境解读课文情节,领悟课文每一情节安排的合情合理性,从而真正走近课文中的每一人物。③ 练习法。边想象画面,边朗诵课文第9段,并仿照课文第9段,将自己喜爱的音乐旋律,借助画面,写下来。

第六节　教学程序设计的策略

程序指事情进行的先后次序。教学程序是学习者学习各个教学内容、完成各项学习任务的先后次序,简称教程,也被称作教学步骤、教学过程或教学路径。

教学程序设计是教学设计的关键步骤,教学程序不对,学习效果一定好不了。教学程序优良,能收到事半功倍的效果。

影响教学程序的因素有学情、学习内容、学习方式等多个因素。教学内容的性质不同,教程往往不同;同样的教学内容,学情不同,其理想的教学程序很可能不一样。接受性学习方式与研究性学习方式下,学习的路径差别很大。如果采用研究性学习方式,那么基本教程一般共四步:教师或学生确定探究问题—教师依据学情提供必要的学习指导—学生展开探究活动—报告交流与总结评估。

因此,教学程序设计也是一件高难度的设计工作,需要策略、方法支持,也需要多方面考量。

笔者发现,小学语文教学程序设计的基本策略,如果用一句话来概括,就是:针对当前学习任务的性质根据学习规律或办事规律设计基本教学程序。

一、识字与写字教学程序设计

譬如《人之初》,由于其是统编本第二册的识字课,所以,该课的学习程序遵循随文识字词规律进行。重点是利用识字课课文学习生字并做到"四会"(会字音、会字形、会字义、会运用)。要义是突出"生字"。教学程序可分四步展开。第一步:初读课文并圈出生字,读准字音。第二步:借助画面、图片与古字形,记住字形,理解词义并组词说话。第三步:将生字送回课文中,朗读课文并理解课文内容。第四步:眼睛看着黑板上的生字新词板书并运用"定位联想法"背诵课文。

譬如《日月明》,该课是统编本第一册识字课,由词串和儿歌两部分组成。其前四行词串部分,汇聚了"明、尘、从、众、双、林、森"等一组会意字,该课课后题要求推测"泪、休、歪"三个会意字的意思。如果该课学习两课时,第一课时学前四行词串部分,第二课时教后四行儿歌部分。那么,第一课时的教学程序就可遵循"发现会意字的构字规律—运用会意字的构字规律"这一"学规律的基本路径"进行,具体按如下四步展开。第一步:从课题中的生字"明"字切入,引导学生发现会意字的构形与表意规律,并学习前四行中的其他生字,包括其中的会意字。第二步:打开书,朗读词串部分,读出节奏与韵味。第三步:眼睛看着黑板上的生字板书并运用"定位联想法"背诵课文。第四步:拓展提升,运用会意字的造字原理猜猜"泪、休、歪"等字的意思。

唐代书法理论家孙过庭谈到写字时指出:"察之者尚精,拟之者贵似。"因此,写字教学应该遵循"由察到写"的写字规律,具体可按四步进行。第一步:提出写字任务。第二步:讨论字形特点与运笔方法。第三步:描红与书写。第四步:点评作业并总结。

二、表达与交流教学程序设计

写作的实质是用书面语言办事,口语交际的实质是用口头语言办事。所以,习作与口语交际课的教学程序都可以按"先明办事方法再实行"这一办事思路进行。

如果练习的是某项写作基本功,如学写提示语,那么,基本的教学程序可分三步进行。第一步,学习基础知识:认识提示语并明了提示语前后标点符号的使用规律。第二步,练习运用:按要求改写对话,用对提示语后面的标点符号。第三步,点评作业并归纳总结。

如果练习的是整篇文章的写作,从读写结合这个角度看,其基本路径为:阅读时发现写作策略—写作时使用写作策略—点评时扣住写作策略。或者分四步进行。第一步,布置写作任务。第二步,带着写作任务回读课文找写作策略。第三步,仿照课文完成草稿。第四步,作品交流与分享。

口语交际课可以基本按"提出问题—探讨方案—在新情境中运用—总结并提升"这样四个步骤展开。如果口语交际的课题为《商量》,那么,第一步,径直提出口语交际问题。如:"你想和小丽调换一下值日的时间,该怎样跟她商量呢?"第二步,通过讨论归纳出操作流程与知识要点。如:"要用商量的语气,要把自己的想法说清楚。"第三步,在新情境中运用:"遇到下面两种情况,你会怎么跟别人商量?"第四步,总结并提升。

三、阅读与鉴赏学习程序设计

阅读课的教学程序自然遵循阅读规律。由课题到课文;课文学习程序按"由粗读到细读、品读"这一步骤进行。南宋史学家、教育家吕祖谦在《古文关键》中说得好:"第一看大概主张;第二看文势规模;第三看纲目关键;第四看警策句法。"品读中,领悟到了方法,一些学习者还会乘兴学以致用。如此,课文学习的程序就变成了如下三步:"粗读—细读—运用与表达"。当然,具体运用时,受学情与学习内容影响,步骤会有适度调整。

譬如统编本第一册《乌鸦喝水》。因为第一学段重在认字学词,所以,该课的教学程序分四步进行。第一步,自学课文,标出自然段,认识生字,掌握新词。第二步,再读课文,圈出文中带"喝"字的词语,梳理出故事的大结构。第三步,依次精读课文各自然段,以生字新词为抓手,感受乌鸦找水与喝到水的全过程,读出乌鸦内心的情感变化。第四步,复习本课的生字新词,领会故事寓意并布置课后作业。

《去年的树》是统编本三年级上册课义。因为学习运用略读的方法把握诗文大意是在第二学段新出现的教学内容,所以,该课的教学程序分如下四步进行。第一步,运用略读法梳理故事大结构。第二步,细读课文,以生字新词与句式为抓手走进鸟儿和树的内心世界并感受用语的浅显与精炼。第三步,拓展提升并布置课后作业。

《两茎灯草》是统编本五年级下册课文。因为关注文章的章法与结构是在第三学段新出现的教学内容,还因为本文是古代白话文小说《儒林外史》的节选,所以,该课的教学程序分如下四步进行。第一步,初读课文,把握词意,读通句子。第二步,研读课文,领会文中各出场人物言行背后的真实的心理状态。第三步,用恰当的口吻与语气朗读全文,增进对文章内容与表达形式的理解。第四步,总结并布置课后作业。

第七节　板书设计的策略

一、主板书与辅板书的内涵

"板书"一词在《现代汉语词典》中有两个义项:① 在黑板上写字;② 在黑板上写的字。小学语文课上,黑板上不光有字,还有各种线条与图形。其中,有些是课堂学习内容的要点,由于重要,一般安排在黑板的抢眼位置,因此,被称为"主板书";有些内容对主板书起辅助与说明作用,因为相对主板书较次要一些,所以被称为"辅板书",分散在黑板的两边,或者偏居一隅。

二、主板书设计要求

现代认知心理学家认为,信息的提取主要依赖编码时线索的清晰程度。课堂上,教师的板书过程就是帮助学生进行信息编码的过程。所以,小学语文课堂主板书务必做到如下三点:① 目标要明确,务必紧扣教学重点或难点;② 版式要简明,逻辑关系要简单,这是主动适应该阶段儿童认知特点的需要;③ 要顺应课标积累语言要求,尽量使用课文中的关键词句。

三、主板书设计策略

笔者认为,主板书设计的关键策略就是从课题切入、结合教学重点或难点构思主板书框架。从课题切入构思主板书框架,能确保主板书在逻辑上与课题一致。结合教学重点与难点构思主板书框架,能确保设计板书时思维不走弯路、方向正确。

四、主板书设计策略的应用与评析

(一)第一学段阅读课板书设计示例与评析

《三个儿子》是第一学段的一篇经典课文。懂得"孝顺父母"的道理是该课的主题,也是该学段学生的认知难点。"一个……一个……另一个"是该课的关键句式,积累这一句式,对发展学生的表达能力,极具意义,是本文独特的教学内容,因而是本课的教学重点。图2-1这一幅板书,同时兼顾了该课的教学重点与难点,版式简明,逻辑关系简单明白。从课题切入结合教学重点与难点构思主板书框架是该板书设计时的主要策略。

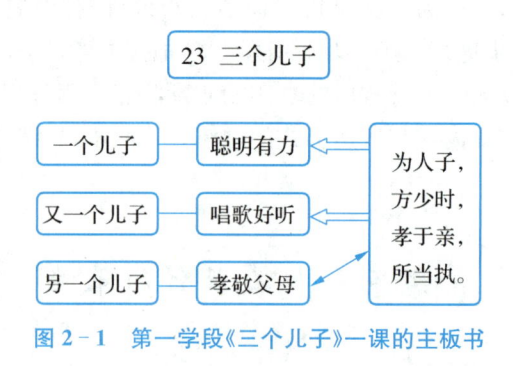

```
            23  三个儿子

    一个儿子  ──  聪明有力  ←┐
                              │  为人子,
    又一个儿子 ──  唱歌好听  ←┤  方少时,
                              │  孝于亲,
    另一个儿子 ──  孝敬父母  ←┘  所当执。
```

图2-1　第一学段《三个儿子》一课的主板书

(二)第二学段阅读课板书设计示例与评析

《心田上的百合花开》是林清玄的一篇借花事喻人事的美文,常被选做第二段的课文。生动形象与意味深长是该文的突出特点。按照文体解读规律与本文特点,领会作者要表达的情思既是本课的教学重点,也是难点。图2-2这幅板书从标题切入,巧妙地捕捉住了体现"成长"过程的两个关键性时间词语"起初""后来",以之分别领起能体现寓意的其他关键词语并使用能表示因果关系的线条,版式简明,是一幅紧扣教学重、难点的好板书。

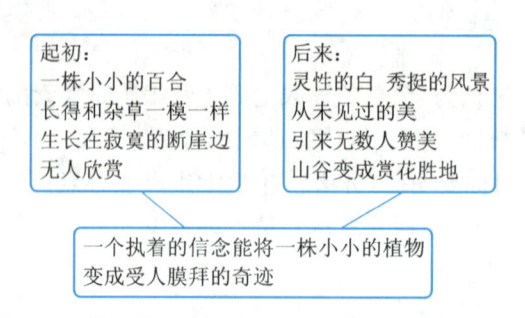

```
 起初:                后来:
 一株小小的百合        灵性的白 秀挺的风景
 长得和杂草一模一样    从未见过的美
 生长在寂寞的断崖边    引来无数人赞美
 无人欣赏              山谷变成赏花胜地


        一个执着的信念能将一株小小的植物
        变成受人膜拜的奇迹
```

图2-2　第二学段《心田上的百合花开》一课的主板书

（三）第三学段阅读课板书设计示例与评析

《地震中的父与子》是美国作家马克·汉林的短篇小说，常被选做第三学段的课文。从标题切入、利用故事人物的经典话语与特色行为构建板书框架，是图2-3这则板书设计的主要策略。形象生动、具有张力是这则板书的突出特点。

17 地震中的父与子

父亲 ⇌ 儿子
挖38个小时
等待38个小时
不论发生什么，我总会跟你在一起！

图2-3 第三学段《地震中的父与子》一课的主板书

《晏子使楚》是一篇常被选入第三学段的经典课文。该篇课文的特点与语文课程教学的总目标决定了本课的教学重点必将落在"感受并学习晏子巧妙的应对策略"上。显然，从标题切入并结合重点构思板书框架是图2-4这则板书设计的主要策略。版式简明、重点突出是该板书的突出特点。

晏子使楚

应对策略 ｛ 将计就计　有理有节
　　　　　 故意误会　顺水推舟
　　　　　 借题发挥　类比反击

图2-4 《晏子使楚》一课的主板书

《月光曲》是一则美丽的传说故事，是统编本第三学段的课文。"体会贝多芬两次为兄妹弹琴的内心活动，感悟贝多芬同情、关怀穷人的情怀"是本课的教学重点。图2-5这幅板书从标题切入，有意选择能体现贝多芬创作《月光曲》心理过程的关键词语与能表示因果关系的箭头符号，版式简明，是一幅紧扣教学重点的好板书。

月光曲

断断续续 → 走近
渴望 → 走进
知音 → 再弹一曲

图2-5 《月光曲》一课的主板书

（四）口语交际课主板书设计示例与评析

在统编本一年级下册中，《打电话》一课的教学重难点为：① 打电话时要先说自己是谁；② 接电话没听清时请对方重复。图2-6所示的板书，不单紧扣了该课的教学重难点,而且线索清晰、版式简明,能很好地导引学生完成打电话与接电话的任务,是一幅质量不错的板书。

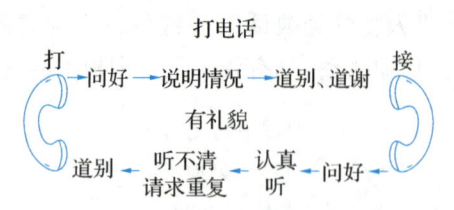

图 2-6　口语交际专题《打电话》主板书

在统编本三年级上册中,《名字里的故事》一课的教学重难点为:① 讲时把名字的含义或来历讲清楚;② 听时要礼貌地回应。图 2-7 所示的板书,尽管简单,但是突出了重难点;图 2-8 所示的板书,清晰地显示了"听与说的内容与要求",版式简明,要点齐全,都是质量不错的板书。

图 2-7　口语交际专题《名字里的故事》主板书　　图 2-8　口语交际专题《名字里的故事》主板书

第八节　教案编写的策略

著名特级教师于永正在自己名气很大时还声称自己如果不备课,或者备得不充分,是不敢进课堂的。由此可见,他把备课(教学设计)看得很重要。关于"教案",于老师将之比作"作战计划",认为"教案一定要写。"[1]笔者从教三十多年,深有同感,觉得编写教案的过程也是理顺教学设计思路的过程。

一、教案的概念

教案是"教学方案"的简称。这一称名,由来已久。笔者认为,"教"的方案与"学"的方案应该是统一的;当今一些人为了强调学生"学"在教学中的意义,人为地将"教案"与"学案"区分开来,这是不对的。在对话理论与学习者中心理论视野下,学生的发展是师生共同的追求。基于对话理论与学习者中心理论视野,笔者认为,所谓教案是作为引导者的教师个人为完成某一个教学主题的教学任务而事先所作的安排与打算,是作为引导者的教师本人为做好某个教学主题的教学工作而事先设计的工作方

---

[1]　于永正.我这样备课[J].福建论坛(社科教育版),2009(1):6.

法与步骤。教师站在引导者的立场上编写的教案是一切为了学生发展的教与学的方案。致力于设计出一流的教案是教师个人"富有个性的"的体现,是担当感与责任心的体现。

"方案""安排""设想"都是"计划"的"衍生形式"。而计划是一种常用的"事务文书",是有行文格式要求的。

二、教案的特点

一是预设性。计划是某项工作尚未开展时的预先构想。教师本人一定要对教材与学情进行细致的分析,考虑到种种可能发生的情况,才能对工作的步骤和结果做出正确的预见,从而制订出科学的计划。

二是周密性。每一个阶段所欲达到的目标,每一个步骤,每一项措施,都要精心思考。

三是可行性。或曰可操作性。无论是总目标还是各阶段目标都要是可以达到的,实施的步骤要合乎学理。每一项措施都有针对性并能实行。那种一到实施阶段就无法施行的教案,都是预见性差、周密性差、可行性差的教案。

四是制约性。教师承担着"立德树人"的重任,因而课堂教学不能随心所欲,而要用"教材"教学,并按照课前精心设计的教案开展课堂教学。每一个阶段,都要达到预期的分目标,最后达到总目标。所以,领导推门听课的同时,还往往检查教师课堂教学情况与教材、教学日历及教案的一致性。

五是时效性。时效性是计划的突出特点。任何教案都是依据某一《课程标准》、基于某一套教材,为某一些特定的学生研制的。其中任何一个因素发生了变化,教案都要有相应变动。那种照搬他人同课题教案上课的做法显然是错误的。

三、教案的结构

计划一般由标题、正文、落款、成文时间四个部分组成,标题一般写在第一行的正中位置。教案的标题,有的将之称为课题,一般写在第一行的正中间,如《〈乌鸦喝水〉教学设计》或《〈乌鸦喝水〉教案》。教案一般不公开发表,笔者写作本节时,以"教案"为关键词或主题,在中国知网上搜索斯霞、袁瑢、霍懋征、贾志敏、于永正、王崧舟等著名小学特级教师的教案,搜索结果都为零。教师个人私有的教案一般不落款,也不写成文时间。但公开的教案,一般在标题下具上单位名称与编写者姓名。

计划的正文一般由前言、目标与任务、措施、步骤构成,但具体行文时往往根据内容有所变通。教案的正文习惯上变通成两个部分:课题计划、分课时计划。板书设计与教学后记可以视为教案的附件部分。课题计划由教材分析、学情分析、教学目标、教学重点、教学难点、教学方法、教学准备、课时安排这八个内容构成。分课时计划由课时教学要点与教学程序两个部分构成。

表 2-1　教案结构与一般计划结构对应表

计划的结构	教案的结构	
前言	教材分析	
	学情分析	
目标与任务	课题计划	教学目标＋教学重点＋教学难点
措施		教学方式方法＋教学准备＋课时安排
步骤	分课时计划	课时教学要点
		课时教学程序
附件	板书设计	
	教学后记	

四、给教案中各教学板块取名的策略

教学步骤千篇一律,缺乏个性、缺乏本课特点,这种弊端,在职前职后教师的教案中普遍存在。为纠正这一弊端,本书要求教案中各教学步骤(教学板块)的取名要体现出本课题中本步骤、本板块的教学活动、教学目标或教学方法。具体取名策略有三种。第一种,单以"活动"取名,要义为:遵循活动规律,各活动之间要具有内在逻辑关联性,如"学习演讲词—撰写演讲稿—举办演讲比赛"。第二种,按"活动—目标式"取名,如"读一读,感受节奏美—改一改,品味语言美—说一说,感悟结构美"。第三种,按"方法—目标式"取名,如"聚焦'辩斗',学习说理智慧—关注'辩人',思悟人物形象"。

譬如口语交际课的教学程序一般为:① 提出问题;② 探讨解决方案;③ 应用练习;④ 总结提升。但若只要是口语交际课,便课课都用上列四个短语来概括各教学步骤,则难免失之笼统,并有千篇一律之嫌。但若结合各步骤的主要内容给各步骤取名,则面貌会焕然一新。譬如统编本二年级上册口语交际专题《商量》,其基本教学程序可变成:① 创设情境提出要商量的具体问题;② 探讨打商量的方案;③ 在两个新情境中应用练习;④ 总结提升。

课堂上,随时都会出现新的通道和意料之外的壮丽风景。面对如此生动活泼的课堂,新手教师怎样才能做到既能适时利用课堂生成的鲜活资源,又不至于"走着走着就迷了路"呢? 一个可能的对策就是备课时将各阶段的教学内容或任务、目标用容易记住的短语概括出来;只有这样,才能确保课堂行进时不至于迷失方向。统编本一年级下册有次口语交际课的课题为《打电话》。该次课的教学步骤就可用"我会打电话""我来演一演""我会判对错"这三个短语来概括。

所谓"会打电话"就是懂得打电话的主要要领。其所对应的教材情境如图 2-9 所示。

图 2-9 "会打电话"教材情境

所谓"演一演",就是在教师创设的多种新情境下应用与练习。其所对应的教材情境如图 2-10 所示。

图 2-10 "演一演"教材情境

所谓"判对错",就是利用教师精心选择的打电话视频案例或图片案例,发展学生对"打电话"这一口语交际行为的评价能力。

五、教案内容要全面、充实

各课时教学程序部分在内容上一般要包含如下三个方面:① 学习路径;② 各步骤中师生的主要活动;③ 各步骤研究的主要问题、解决问题的思路及参考答案。

观摩斯霞、袁瑢、霍懋征老师的课例,你会发现在她们的课堂教学中,学习者的中心地位其实都得到了相当充分的落实,学生学习的历程都非常清晰、非常完整。譬如,《颗粒归公》这篇小学二年级课文,共五个段落,袁瑢老师教两个课时,主要按八个步骤教学,分别为:① 学习课题;② 自学课文,提出问题;③ 认读生字,理解字义;④ 学习第一段,理解句间关系;⑤ 学习第二段,把握代词和过渡句;⑥ 学习第三段,领会写具体;⑦ 学习第四段,理解"好样的";⑧ 学习第五段,理解"颗粒归公"。[①] 上述八个步骤中的每个步骤的教学内容都分明,各步骤的教学内容都互不交叉。

在著名特级教师于漪老师的教案中,各步骤研究的主要问题、解决问题的思路及参考答案,这些内容都写得清清楚楚。请看她《珍珠赋》一课教案的部分文字:"《珍珠

---

① 崔峦,陈先云.斯霞、霍懋征、袁瑢语文教育思想与实践[M].北京:人民教育出版社,2003.

赋》这篇课文已请同学们预习,现请试答下列两个问题:'赋'是什么意思……指导学生读注释①,指出'赋'是我国古代诗歌中常见的一种铺叙风物、倾诉感情的表现手法,后来发展成为一种文体……"①

各步骤中师生的主要活动也都要在教案中写出来。统编本五年级上册课文《慈母情深》中"找母亲"共5行文字,具体如下:

七八十台缝纫机发出的噪声震耳欲聋。

"你找谁?"一个老头对我大声嚷。

"找我妈!"

"你妈是谁?"我大声说出了母亲的名字。

"那儿!"老头朝最里边的角落一指。

笔者针对该片段编写了一个教学方案,具体如下:

① 有感情地朗读"找母亲"部分。师生一起读,分角色朗读,将语调、音量、重音、快慢读到位。② 讨论问题:作者为什么让"大声嚷""大声说出"这类词在这一个片段中多次出现? 答案预设:这是在通过反复手法突出环境嘈杂;行文上与上文的"噪声震耳欲聋"相呼应。③ 提升与拓展:这就是艺术真实。这一片段中的"角落"这一细节的选择,也是独具匠心的。伟大的作家都善用细节,都谨慎小心处理细节。

这个片段教案虽然简短,但是,教师课堂上要采取的主要行动、要讲的重要的话、要提出的问题及问题答案,都写得清清楚楚。

教师课堂上要讲的重要的话包括:新环节前的导入语、教学环节与环节之间的过渡语、课的结束语以及评价反馈语。教师课上采取的重要行动包括:示范发音、示范书写、示范朗读;书写课题、板书、出示画面、播放视频以及各种演示,等等。

六、"教学后记"部分的编写

执教完毕后,每每要对执教过程与效果进行反思,思考:① 这堂课在哪些方面比较成功? 是哪些原因促成了这一成功? ② 这堂课在哪儿进行不顺畅甚至被迫修改? 是哪些原因造成了这一结果? ③ 这堂课如果再次执教的话,该怎样优化完善? 把上述几个方面一一写下来,就成了教学后记。

显然,教学后记究其实是一种教后反思与再设计。此时的设计比之执教前的设计更具有教材与学情方面的针对性。著名的特级教师于永正说:"认真写三年教学反思的人,必定成为有思想的教师,说不定还能写出一个专家来。"②他这话有一定道理。

课程思政

在小学语文教学中,教师要基于课程思政视域,将语文学习和思想道德教育有机结合在一起,有效落实立德树人根本任务。在小学语文教学目标设计中要明确融入

---

① 于漪.《珍珠赋》教案[J].语文教学通讯,1979(5):39-40.
② 于永正.我这样备课[J].福建论坛(社科教育版),2009(1):7.

思政目标,在教学方式方法设计、教学过程设计、教案编写等各个环节有机融入思政内容和方法策略,以培养学生的正确价值观和必备品格。

项目实践

1. 运用本章第一节谈到的"两个结合"方法分析统编本语文课本汉语拼音第二课和第三课的新课内容。

2.《商量》是部编本二年级上册《语文》口语交际课的课题。下列两个知识点是课本编者特别提出的:① 要用商量的语气;② 把自己的想法说清楚。请运用本节课学得的新知识完成《商量》这一课的主板书设计。

3. 部编本二年级下册《语文》《青蛙卖泥塘》的教学难点为:使用青蛙的"推荐套路"向同学推荐一样东西,如一本书、一种文具,等等。请运用本节课学得的新知识针对教学难点完成《青蛙卖泥塘》一课的主板书设计。

4. 从本书中任选一个教案,按照教案写作规范加以评析。

第三章 小学语文教学实施与评价策略概要

学习目标

1. 探讨小学语文课堂讲述与讲解、提问与追问的策略,并尝试运用这些策略解决语文课堂教学中的相关问题。培植在今后的课堂教学中积极运用这些策略的意识。
2. 根据课标要求基于统编本小学语文教材编制针对某个具体学期的小学语文期末考核方案,尝试组织模拟测试与阅卷实践。
3. 培植基于国家课程标准要求开展小学语文教学实施与评价活动的意识,涵养语文课堂教学智慧。

问题探究

1. 使学生上课专心听讲的策略有哪些?
2. 什么样的问题能吸引学生探究的兴趣并能助推课堂教学走向深入?
3. 新手教师应对课堂意外情况的有效策略有哪些?
4. 新课标背景下,语文学期期末考试怎么命题制卷?

思维导图

- 小学语文教学实施与评价策略概要
  - 1. 小学语文课堂讲述与讲解的策略
    - 了解小学语文课堂讲述讲解的总要求
    - 掌握小学语文课堂讲述讲解的办法
  - 2. 小学语文课堂提问与追问的策略
    - 创建问题水平评估量表评价拟提问题的水平层次
    - 积极构建与作者及课文深度对话的平台
    - 借助多种类型的追问引导学生深度思考
  - 3. 小学语文课堂意外情况的理答策略
    - 掌握小学语文课堂异样应答的处置策略
    - 知晓小学语文课堂意外质疑的理答策略
    - 了解小学语文课堂其他意外情况的应对策略
  - 4. 小学语文期末考试命题策略
    - 依据课标命题,加大考查范围
    - 掌握活动考查策略
    - 尝试纸笔测试策略

第一节　小学语文课堂讲述与讲解的策略

对话教学理论认为,教师是学生学习时的一位富有经验的伙伴。[①] 所以,每当学生遭遇力所不能的问题时,教师"这位富有经验的伙伴"便常常采用讲述与讲解的方式给予帮助。20世纪80年代上海育才中学的宝贵教学经验"八字教学法"中的"讲讲",其所对应的教学方法,就是讲述、讲解法。"讲述"一词的含义为:"把事情或道理讲出来"。"讲解"一词的含义为:"解释,解说"。课堂实践调研表明,讲述、讲解水平的高低直接影响着学生的听课态度、学习热情与学习效果。

一、小学语文课堂讲述讲解的总要求

(一) 讲解要适时,内容要应需

讲解要适时,内容要应需,这是中国古代教学论经典著作《礼记·学记》的基本思想之一。

1. 在学生"困惑不能"时开讲

《礼记·学记》指出:"必也,其听语乎。力不能问,然后语之。"意思是:为人师如果一定要开讲的话,也要先听学生的心声;只有当学生提出问题而又说不出所以时,才加以讲解。《义务教育语文课程标准》积极倡导"自主、合作、探究的学习方式",其关于"学生是学习主体"、学生"学"了后才"教"的思想是对《礼记·学记》思想的积极传承。在学生"自主、合作、探究"的过程中,每每会有"力不能"之时,这时教师开讲,就讲在"需要"当口,讲的是学生的"需求点",犹如雪中送炭,学生会非常珍惜。很多名优教师都很讲究"开讲时机"。著名特级教师霍懋征老师上课常说的一句话是:"还有什么疑问?"她上《望庐山瀑布》一课,第一步是"读读",第二步是"议议"。"议议"阶段她问学生:"你们懂得'日照香炉生紫烟'这句话的意思吗?"之前很活跃的学生这时却没有举手的,这表明,这一问问在了"难点"上。于是霍老师开讲了:"这句话的意思是,太阳照在香炉峰上,峰顶云雾弥漫,蒙蒙的水气透过阳光,呈现出一片紫色,好像燃起的紫烟缭绕着香炉峰。多么美丽的景色啊!你们再仔细体会一下这句话的意思,想象一下高高的香炉峰是多么漂亮。"[②]霍老师这一讲解不仅讲得"适时",而且在用语上也达到了《礼记·学记》要求的境界:"其言也,约而达(简约而透彻),微而臧(精细而完善),罕譬而喻(少用比方但能使人明白)。"

2. 在学生似懂非懂时开讲

《人之初》是统编本一年级下册课文。上课时,教师问:"初"是什么意思呢?一个

[①] 赵年秀.语文教师:从新手到反思性实践家[M].延吉:延边大学出版社,2011:78.
[②] 赵年秀.小学语文课设计要诀[M].长沙:中南大学出版社,2017:9-12.

学生马上大声回答:"初学者"。显然,这位学生似懂非懂。于是,教师走近该生,抚摸着该生的头说:"'初'是开始、刚刚的意思。'初学者'是——"在教师的启发下,该生恍然大悟,马上接口说:"刚刚开始学习的人。"教师趁机表扬该生:真是小博士,一点就通。然后面向全班学生继续讲解:"夏天刚刚开始,称作——(初夏、夏初),冬天刚刚开始叫作(初冬)……人生刚刚开始,课文把它称作——'人之初'"。相信,经过教师的这一番讲解与引导,全班绝大多数学生都将"初"这个字学到了"会运用"的程度。

《小动物过冬》曾是第一学段的经典课文。写课题时教师边写边说:"注意,'冬'的下面是两点,代表着——"一生马上借口说:"代表着雪花。"显然,这位学生也是似懂非懂。于是教师顺势通过讲解给全体学生正确的答案:"对,冬天下雪,天气冷,常常结冰。这两点呀,就代表着'冰'。"教师这一"讲",也是在学生似懂非懂时的讲解。

3. 讲学生"力所不能"的内容

所谓"力所不能"的内容,通俗地说就是为达到教学目标必须知晓的但却是学生当前"读不懂的、弄不明白的、探究不出的、想不到的"内容。譬如,《我有一盒彩笔》这篇第一学段经典课文之第一节中后二句诗为:"画一条紫色的曲线,那是连绵起伏的远山。画一个细细直立的三角,那是电视塔插入云天。""为什么要用紫色的曲线代表远山?""为什么要用电视塔代表当今的美好生活?"这两个问题就是当今的二年级学生"力所不能"的内容。前者可一边播放场景视频让学生感受,一边像霍懋征老师一样用简洁的语言解释;后者则要说明写的是 20 世纪 80 年代的生活,那个时候电视机的出现代表着科技进步与生活富裕。再如杜甫的《春夜喜雨》,统编本六年级下册"古诗词诵读"模块选了这首诗歌。"杜甫这样一位大诗人为什么会因为春夜下雨而大喜?"这一问题也是学生"力所不能"的内容,因为解决这一问题必须凭借成都气候特点及杜甫当时得靠"亲自种菜培药"维持生活这两个方面的知识。也就是说这两方面的知识就是学生学习该课时教师可以讲述与讲解的知识。

显然,上述两例中,教师讲解的都是学生"力所不能"却又是为达到教学目标所必须知晓的知识。凭借这些知识,学生才可能与作者"发生视界融合",才可能真正走近作者,理解作者的原意与思想感情。

(二) 用语要准确、规范、简洁、明白

1. 语音、语调、句调必须正确,用词造句必须规范

用词、造句、组段、学习普通话都是小学低中年级语文学习的重要内容,"用普通话正确、流利、有感情地朗读课文"是课标对小学各学段语文学习的要求。因此,课堂上小学语文教师的语音、语调、句调等都必须准确,在此基础上还要力争做到音质纯正,音色优美,抑扬顿挫,铿锵悦耳,显示出普通话的美感力量。

小学语文具有入门性、启蒙性,因此,用词与称名都不能掉以轻心,必须求妥帖与规范。譬如指导书写,要说:声母"t"写在中上格上,短横、竖右弯,共 2 笔;"w"写在中格上,第一笔斜下斜上,第二笔也是斜下斜上,共 2 笔;"鸟"字的第四笔为"竖折折钩",要一笔写成。指导认识字的间架结构,使用术语要准确,要说:字有独体字与合

体字之分;合体字有上下结构、左右结构与包围结构;等等。

造句组段方面,不仅要符合语法规范,还要具有严密的逻辑性、鲜明的条理性并尽可能追求美感。因此,备课时要花功夫打磨语言。著名特级教师王崧舟《长相思》一课的导入语颇受人称道:"同学们,在王安石的眼中,乡愁是那一片吹绿了家乡的徐徐春风。而到了张藉的笔下,乡愁又成了那一封写了又拆、拆了又写的家书。那么,在纳兰性德的眼中,乡愁又是什么呢?请打开书本,自由朗读《长相思》这首词。"殊不知,这一段短短的导入语花了他多少润色功夫!

2. 表达要尽可能简洁明白

孩子的说话是从字到词再到简单句子。因此,小学课堂用语除求准确规范外,还要特别求简洁明白。任教年级越低,这方面的追求却要越高。说拼音字母的书写特点使用"周正、规规矩矩"两个词就可以了。指导两拼法与三拼法的发音可各用一句短口诀:"前音轻短后音重,两音相连猛一碰。""声轻介快韵母响,三音连读很顺当。"指导硬笔字运笔可说:"横要平,竖要直,提、撇要尖,捺要有脚"。指导毛笔握笔可说:"指密拳空掌竖腕平笔正"。

用语的"简洁明白"可以说是斯霞、袁瑢、霍懋征等名优特级教师们的共同追求。请看霍懋征老师《望庐山瀑布》一课的导入语:

  师:我们学过许多首李白的诗,谁能背?注意每人背一首,不要重复别人背过的诗。

  师:大家背得都很熟,今天我们再学一首李白的诗。(板书:望庐山瀑布)

全用短句子,干净利落,既指向、定调,又收心、造境,真是言简意赅的典范。

二、小学语文课堂讲述讲解的办法

(一)根据学生课堂情绪情感变化微调讲述与讲解内容

课堂教学中,教师要注意观察学生听课时情绪的变化,并据以调整教学内容。譬如,《给予是快乐的》这篇第二学段课文,讲述了保罗与一个男孩及这个男孩的腿有残疾的弟弟之间的故事。课中,老师发现班上一位有腿疾的男生一直低着头。显然,他因为自身残疾而悲伤。教育的最终目的是"立德树人"。于是,这位老师巧妙地将下列内容关联到自己的讲解中:"是的,生理的残疾难以改变,但心理的健康、思想的成熟、不懈的努力能使人绝处逢生,乃至创造辉煌人生。这种身残志坚的精神尤其令人敬佩。"话音刚落,该生抬起了头,恢复了常态。

(二)根据课堂具体情境选词造句,讲求课堂用语的可接受性

小学语文课堂具体情境所指范围很宽,包括学段、学风、学生上课时的情绪、课文的文体风格以及当前教学任务等等。如果当前教学任务为讲故事,则用语要力求生动和富于吸引力;如果当前任务为解释、解说,则要注重严谨和准确。

学生方面,年级越往低走,越要求教学用语通俗、活泼和口语化。这方面许多名

优教师都做得相当好。譬如,统编本一年级下册《人之初》因为是识字模块的课文,所以不能满足于一般意义上的背诵出来,而要特别注意识记生字的音、形与义。这一教师层面的极具思辨性的教研用语,在特级教师张敏华那儿被化成了下面这句极简单的口语:"小朋友们,上识字课要主动与生字宝宝交朋友。"教授"写字需记住字形与字的间架结构"这一知识,著名特级教师霍懋征老师对小朋友说:"人有各貌,字也一样,有不同的'长相'。"告诫小朋友要记住每个字的"长相"。

(三) 在讲述讲解中穿插提问、举例并安排活动

在讲述讲解中穿插提问,为的是以"问"促"思",吸引学生将精力集中到将要讲解的内容上来。结合举例讲解,为的是增强讲解的形象性与生动性。著名特级教师袁瑢老师指导学习三年级下册课文《惊弓之鸟》第一段就使用了在讲述讲解中穿插提问与举例的策略。这一段的教学,袁老师分四步进行。第一步,指名学生读这一自然段。(这一段包含两个生字"嬴、魏"。在初读课文阶段,袁老师提示"嬴"字下面中间部分是"羊",并让学生把它跟"嬴"字的写法进行比较。显然,这个时候的指名朗读也意在检查生字认读情况)第二步,讲解:"'古时候',确切地讲是两千多年以前,那时候有一个国家叫'魏'。(板书,并分析'魏'字字形)"第三步,提问、讨论并结合举例讲解。问题为:"能手"(板书)是什么意思?"射箭能手"(板书)呢?"射箭能手"前加上"有名的"说明什么?讨论后的讲解如下:"对某一项技术、某一种工作特别熟练,干得特别出色的人,称作'能手'。如织布技术特别熟练,布织得特别好的人称'织布能手'。种菜特别出色的人称'种菜能手'。射箭的技术很高明的人就称'射箭能手'。有名的射箭能手,说明更嬴不是一般的射箭能手,他射箭的技术特别高明,射箭的经验特别丰富,因而大家都知道他。"第四步,概括段意。

在讲述讲解中安排活动,为的是增进学生感受与体验。特级教师吴琳引导学习成语"管中窥豹"时就有意在讲解中插入了学生的窥探活动:"对呀,带穴宝盖的字一般跟洞穴、孔穴有关系。窥,就是从小孔当中偷偷地看的意思。那,管中窥豹,能看到什么呢?别着急,吴老师这里呀,有一根管子,哪位小朋友来窥一窥?看看你能窥到什么?"

(四) 结合拟人等修辞手法讲述与讲解

第一学段孩子区分能力很弱,但是,第一学段有那么多形近拼音字母、那么多形近字,怎么才能让他们在比较短的时间里学到位、不"返生"呢?我们都知道这一阶段的孩子把所有的事物都视为有生命的东西。那么,基于这一学段孩子的泛灵心理结合拟人手法讲述与讲解就会是个很有效的策略。

譬如:整体认读音节形体难记,读音难学,其中的"yu、yue",更是常常被误读,怎么办?编一个拼音宝宝过家家的游戏就可以了。"……就这样,大 y 拉着小 i、大 w 拉着小 u 高高兴兴往各自的新家走去。草地上只剩下孤零零的小 ü 了,她忍不住放声大哭。大 y 对小 i 说了几句悄悄话后赶紧跑回来拉着小 ü 的手往一个小屋子走去,小 ü 这下可高兴了,她用手擦掉眼泪,嘻嘻地笑了,她们也挂了一块牌子:整体认读 yu 之家。""……于是,小 i 就把身子一晃,变成了大 y,ie 就成为 ye,变成了名副其实的

音节了。üe 这个复韵母看到 ie 变成了整体认读音节,可急坏了,üe 也想自成音节。好心的大 y 安慰它:'别急,我来帮你。'说完,就站到 üe 的前面。üe 感动极了,赶紧叫家中的 ü 脱帽致敬。就这样,üe 就成为 yue,也变成了名副其实的音节了。"

孩子们在写话作业本上写下了为数不少的错字,很显然,必须纠正。老师将这些错字抄到黑板上,指着黑板说:"同学们,生字宝宝被制造成了残疾人,它们不是缺胳膊就是少腿,等在那里多难受啊!请快快走上讲台给自己写错的字宝宝治治伤!"学得快忘得快是儿童的突出特点,为巩固强化起见,老师接着对学生说:"同学们,黑板上的错字宝宝的伤医好了。作业本上的伤宝宝还在等着呢。快快打开自己的作业本,治治作业本上的字宝宝的伤吧。"

除拟人法外,比喻也是一种能让讲解深入浅出的修辞手法,建议常加运用。譬如,讲解"典"字的书写要领时可说:"中间是一块面包,横着一刀,竖着两刀,要切得均匀才会好看。"讲解之后还可安排写"争、净"等一类需要平均分割的字,用以加深体会。

(五) 结合课文插图与态势语讲解

小学低年级学生以形象思维能力为主,所以,讲解时宜结合课文插图与态势语。"口、耳、目、水、火"这些象形字一配上实物插图与简笔画或古字形,字义字形就顷刻变得易学了。统编本一年级上册识字课第 9 课《日月明》中"一条心"这个词语的意思,结合课文上的三人一同植树图,一讲解孩子们就很容易体会到。再如"连绵起伏"这个词,出示远山轮廓图再加上动作比划,学生便会很容易领会该词的词义是"一座座山峰相连高低起伏伸向远方"。

态势语方面,名优教师们留下了很多精彩的案例。譬如,斯霞教"身体"的"身"字,她把身子一侧,左脚往前一踢,然后对学生说:"你们看,这就是'身'字形,'身'字上一小撇,好像是一个人的头,中间部分是身子,身子里面有心、肺、肠、胃等器官;下面部分好像是两只脚,一只脚站着,一只脚向前踢出去。"再如,"饱满"一词有两个义项:一是表示颗粒丰满,二是表示精神充足。斯老师让班上学生造句,得到的回答为:"菜籽结得多饱满。""豆粒长得多饱满。"于是她走到教室门口,突然转过身来,胸略微一挺,头微微昂起,面带微笑,两眼有神,问道:"你们看,老师今天精神怎么样?"经老师这一动作点拨,孩子们的感受鲜活了,于是,"老师精神很饱满"脱口而出。斯霞老师马上接着说:"现在让老师来看一看,小朋友上课精神是不是饱满?"于是全班学生个个昂首挺胸,坐得端端正正,认真地听老师讲课。显然,孩子们对"饱满"这个词的引申义已经掌握得很扎实了。

第二节 小学语文课堂提问与追问的策略

中国现代语文教育泰斗叶圣陶先生曾建议教师们:"可否自始即不多讲,而以提问与指点代替多讲。"顺着叶老的思路,本节集中探讨小学语文课堂提问与追问的策略。

一、创建问题水平评估量表评价拟提问题的水平层次

布卢姆(B.S.Bloom)按知识掌握水平将知识分为六大类：知识、领会、运用、分析、综合、评价。笔者认为，语文课堂上所研讨的问题也可据此分为六个类别，详见表3-1。

表3-1 语文课堂研讨问题的认知水平类别

认知层次	问题类型	问题示例
最低水平	知识水平的提问	自然段的前面有两个空格。数一数，课文一共有几个自然段？
较低水平	领会水平的提问	朗读课文《乌鸦喝水》。说一说乌鸦是用什么办法喝着水的。
较高水平	运用水平的提问	在什么情况下可以使用这个成语？请造个句子。
高认知水平	分析水平的提问	你为什么认为这种情况是"掩耳盗铃"的行为？它与"掩耳盗铃"故事有什么相似之处？生活中还有哪些行为是"掩耳盗铃"？
	综合水平的提问	在发音方法上，单韵母、复韵母在发音方法上有什么不一样？
	评价水平的提问	有人说，《春夜喜雨》是一首精美诗歌，用字美、造句美、表现手法美。你同意吗？请结合这首诗谈谈你的意见。

笔者为《两茎灯草》一课搭建过一个问题支架。为评估该支架的问题认知水平层次，笔者创建了一个如表3-2所示的《提问认知水平评估表》。

表3-2 《两茎灯草》一文提问认知水平评估表

教学目标	问题	认知水平评估
1. 领会课文内容	读准"眷、监、梭"等生字音，分辨"临"和"监"等形近字字形	知识水平的提问 最低水平
	圈出"诸亲六眷"等文言词汇，借助注释、字典、词典或联系上下文理解意思	领会水平的问题 较低水平
2. 感受文中人物形象	1. 五个侄子是在为了严监生的病尽心尽力还是别有用心？ 2. "把两眼睁得滴溜圆。"这种特殊表情会是什么样的内心活动造成的？ 3. 联系语境说说文中省略号的作用。	分析水平的问题 高认知水平
	4. 严监生是个有十多万银子的财主，临死前却因为灯盏里点着两茎灯草而不肯断气。你怎么看这一现象？	评价水平的问题 高认知水平
3. 能用恰当的语气语调朗读四次发话	琢磨一下四次发话的口气与口吻，在此基础上分角色练读并展示交流。	运用水平的提问 较高认知水平
4. 品味抓住动作神态描写人物的写法	文中统共四次发话，其中后两次发话的提示语中特别附加了形态、动作。在作者，这是一般的描写，还是别有用意？	评价水平的提问 高认知水平

在表3-2中，问题水平层次由低到高，合乎循序渐进的教学原则。较高认知水

平及以上的问题占比75%，这就在某种程度上保障了课堂问题探讨的深度。对于高年级课堂，如果发现高认知水平问题所占比例过小，笔者就会重新设计一些高认知水平的问题来替代其中的低认知水平的问题。因为，来自田野的研究结果已经证明，高认知水平问题和学力的提升呈正相关。当然，高认知水平的问题提出后，一定要给足学生探究思考的时间和充分表达的机会。没有学生思考的提问实质上是借着提问的形式进行的知识灌输，很难培养出用理性和证据说话的理智态度，若据此培养创造力则更是荒谬。

特别指出，读准字音、认清字形，领会字义、词义、句意与段落篇章意思这类低认知水平的问题在小学语文课程中必须有一定量的占比，因为恰恰是这类问题鲜明地体现了这门课程的入门性与基础性。

二、积极构建与作者及课文深度对话的平台

搭建了一个高认知水平问题支架后，接下来，就应该为学生的问题探究提供适量指导，从而确保高认知水平的问题被高质量地解决。

上文谈到，在《两茎灯草》一课中，"五个侄子是在为了严监生的病尽心尽力还是别有用心？"这一问题是高认知水平的问题。那么，怎样才能确保这一高认知水平的问题被高质量地解决呢？诀窍自然是，在学生解决这一问题前，教师主动为学生的问题探究提供适量指导，帮助他们建构与作者及课文深度对话的平台。教师的指导可以从下列两个方面进行：① 对节选部分前后情节、节选部分出现的人物的一贯做派、思想情感及相互之间的关系做一个相当充分的介绍。（本书第八章第四节设计中恰好有这一内容，可参照）② 指点问题解决的门径：联系上下文根据人物行为发生的背景运用对比法分析思考。凭借这两方面的指导，相信在一番主动积极的对话后，达成下列共识是水到渠成之事。即：严监生一直把"子嗣"当作命根子，而赵姨扶正就是他解决这一命根子问题的关键做法。而赵姨扶正的时候，诸亲六眷都应邀来贺喜，独独严贡生一家硬是不来。这一"不来"，其实已经显露了这一家人霸占严监生家产的野心。在课文节选部分中，"五个侄子穿梭的过来陪郎中弄药"这些行为是在"严监生的病一日重似一日，再不回头"时发生的。也就是说，他们自己心里很清楚，这个时候给请医看病，是在放"马后炮"，绝对不会产生严监生康复的结果了。但他们却"穿梭的过来陪郎中弄药"，这显然是"别有用心"的写照，是做给不知情的群众看的，是在为今后"霸占严监生的家业"造假与制造舆论基础。

教师确定指导内容的依据主要有二：① 教学目标；② 学情。既基于教学目标又满足学情需要的内容，即便内容比较多、耗时比较长，也仍是"适量"的。在本书的设计中，《两茎灯草》这一课给的背景知识指导比较多，《月光曲》一课给的语境知识补充也不少。由于存在中西文化背景差别，也由于学生对贝多芬的人生经历与人品知之不多，所以，理解该文情节发展的合理性就成了难点。于是，适时补充上述背景知识也就成了解决"该文情节发展合理吗？"这一高水平问题所必须具备的前提知识。由于提供了必要的前提知识，学生得以和文本作者拥有比较一致的视域，从而得以领略

贝多芬的高尚人格与勤奋创作的精神并感受故事情节的合情合理性。

三、借助多种类型的追问引导学生深度思考

追问是在听取学生汇报核心问题解答结果的过程中随堂生成的。根据追问的目的，可以将它分为下列五类：重新聚焦核心问题的问题、解释性问题、验证性问题、限定焦点的问题和让更多学生参与的问题。

对于深度对话语文课堂来说，高认知水平的问题是一种驱动力，教师的必要的指导是解决问题的金钥匙，学生的主动积极的探究就是在对话中行进，而探究成果汇报讨论阶段教师的种种追问则是走向多元深度对话的催化剂。

譬如《月光曲》一课，一方面，这篇课文新词难句多，情节貌似平淡，不少学生不爱读它；另一方面，由于缺乏相关语境知识，由于没有充分掌握"结合语境领会内容"这一解读方法，课文读完后不少学生对课文情节发展的合理性提出质疑，譬如："穷人家怎么会有钢琴？""盲姑娘眼睛怎么会睁得大大的？""听完贝多芬弹了一曲后盲姑娘怎么就能断定来人是贝多芬？""贝多芬这样一位知名大音乐家怎么会走近茅屋并且弹了一曲还弹一曲？"针对上述两种情况，可以启动研究性学习程序设计。核心问题为："传说有真有假。如果这则传说是编造的，那么，其情节的发展合乎情理吗？"

汇报交流阶段，当学生偏离中心话题或对贝多芬人生经历侃侃而谈，或对盲姑娘"随便说说而已"这句话背后的心态与情态大肆旁征博引之时，教师可以使用"重新聚焦核心问题"的问题追问："你说贝多芬出身穷人家庭，一直同情贫苦的人；你说盲姑娘是真心渴望有机会听贝多芬亲自弹奏，那所谓的'随便说说而已'是为了抚平哥哥的愧疚情绪，是'善意的谎言'。那么，上述二种情况与讨论本文情节发展的合理性之间是什么关系？"

当发言者堆砌材料或观点空洞时，教师可以使用解释性问题追问：你援引"贝多芬一生贫穷，儿童时期上学的权利也被剥夺"这一事实是想说明什么？是哪些情、哪些景、哪种境界催发了贝多芬即兴创作的灵感？

当汇报者不加思考、人云亦云时，教师可以使用验证性问题追问：你怎么知道穷兄妹俩都还颇能欣赏音乐并不是荒诞不可理解的，你的依据主要是什么？

当发言者照搬照抄时，教师可以使用限定焦点的问题追问："请说一说本篇课文的情节梗概。"

当汇报者拘泥于某一角度、思维不发散时，教师可以使用让更多学生参与的问题追问：关于贝多芬弹了一曲后还弹一曲的原因，谁还有不同的意见？

如果在汇报交流阶段教师能娴熟地借助多种类型的追问予以引导，那么，学生对《月光曲》一课情节发展的合理性必将有更充分的认识：因为"走近茅屋"，贝多芬了解到穷兄妹俩的要求：妹妹渴望有机会听自己亲自弹奏，哥哥因满足不了妹妹心愿而愧疚；又因为贝多芬出身穷人家庭，一直同情贫苦而善良的人，所以他就能"走进茅屋去弹琴"，满足穷兄妹俩的要求。一曲弹完后，盲姑娘激动的赞美声、清幽的自然环境、穷兄妹俩准备聆听的神情，所有这些唤起贝多芬高山流水遇知音的感觉，于是，心情

特别激动,灵感顿生,弹一曲后又即兴创作了一曲。而飞速奔回客店记下曲子,则是贝多芬勤奋创作、忘我工作的一贯精神的体现。

四、其他策略

提问与指点若要生效,还需讲究下列三条策略。

(1) 准确定位课堂教学目标。预设目标的合理性是提问结构发生功效的前提条件。如果一堂课的目标设计不合理,那么即使提问结构再怎样优化,也是射偏了靶子,会将教师的教学和学生的学习引入歧途。

(2) 保持"目标—问题"的双向一致性。所谓保持"目标—问题"的双向一致性,指的是课的每一个教学目标都有某一个核心问题与之对应,反之,课堂讨论的每一个问题都应该是指向课的目标的问题。强调"目标—问题"的双向一致性为的是保障课堂全过程都在教学目标的导引之下,从而确保课堂教学目标落实到位,避免出现"脚踩西瓜皮"、跟着感觉走的无效或低效状态。

(3) 尝试变换提问角度,创设生动有趣的问题情境,吸引全体学生参与。曲问法是一种不直接问而从侧翼寻找问题切入口的提问法,其能极大地催发孩子们的好奇性和趣味感。这方面,钱梦龙老师上《愚公移山》一课所提的几个问题堪为经典。譬如,不直问"愚公年且九十"的"且"字是什么意思,而问:"愚公九十几岁了?";不直问"邻人京城氏之孀妻有遗男"的"孀"字与"遗"字是什么意思,而问:"邻居小孩去帮助愚公挖山,他爸爸同意吗?"

第三节 小学语文课堂意外情况的理答策略

在本节中,理答是指教师对课堂内外情况(主要是学生在课堂内外中的言语、行为与表现)做出反应与处理。理答的方式方法很多,包括前两节探讨的讲述、讲解、追问以及转问、探问、反问等;还包括倾听、重述、梳理、纠正、再组织,等等。"重述"是将学生的回答原原本本地再说一遍。"梳理"在学生回答层次混乱时使用,其特点是只改变用语和表达方式,不改变其基本内容。"再组织"是指教师在理答的最后阶段,对学生的回答重新组织或概括,目的是给学生一个更准确、清晰与完整的答案。

意外,意料之外的意思。课前教师对课堂情况每每都有比较周密的预设。但课堂是一个动态生成的过程,师生在思维方式、认知水平上原本存在差异,加之语文文本本身具有开放性,因而始料未及、出乎教师意料之外的情况自然会时不时发生。本节采取案例研讨法探讨对策。

一、小学语文课堂异样应答的处置策略

课堂环境千变万化,课堂上出现超出常态的应答是很正常的。有的是满满的正

能量、有的比较棘手,有的是错误的,有的是带抵触性质的。无论是哪一种,教师都得在积极倾听的基础上迅速调整预设方案。请看下面四个案例。

【案例一】一堂低年级语文公开课。课的后半段,教师让学生选择自己认为读得最好的一段,展示读给大家听。其中一个男孩读得声情并茂,全班同学和场下听课的老师都报以热烈的掌声。这说明该生不仅充分领会了课文内容,而且在语调、节奏的把握上也很到位。这是宝贵的课堂生成资源,因此,最为理想的处置方案就是:立刻改变"一人读一段"的预设方案,充分利用榜样的带动作用,最大限度地优化教学效果。教师可以这样说:"你看,读得这么精彩,大家都热烈鼓掌了。我们欢迎他再给大家读一段,好吗?"可以想象,在那位同学同样精彩的朗读过后,全场会再一次响起热烈的掌声。这时,任课教师可趁机对全班同学说,"我们也像×××同学这样,再读读课文,好吗?"

【案例二】一年级语文公开课。课上到一半的时候,按照预定教案,要做一个放松性质的游戏了。于是,教师问学生:"大家累不累?"学生齐答:"不累!"这一回答出乎教师意料,于是再问:"大家上了这么长的时间了,还不累呀?"学生又一齐说:"不累不累,就不累!"此时,任课教师应该顺势应对,说:"不累呀,本来我还想让大家玩一个游戏放松松呢,既然这样,那我们就不玩了。"实际上,新课内容那么多,学生这时已累了,听老师这么一说,他们会马上改口说:"老师,我们累呢,玩一个游戏吧。"至此,教学之船已驶过风浪区,来到风平浪静的湖面。

【案例三】课标要求第三学段学生"阅读叙事性作品,了解事件梗概,能简单描述印象最深的场景、人物、细节,说出自己的喜爱、憎恶、崇敬、向往、同情等感受"。按课标要求,一位老师教《三打白骨精》时,安排了一个让学生谈读后感受的环节。有学生说:"我敬佩白骨精,因为她败不气馁,有毅力",有学生说,"我也敬佩白骨精,她很会动脑子。"这样"价值偏离"的错误言语,必须现场纠正,否则会谬种流传;而且因为这是语文课,所以必须使用"语文教育方式"现场纠正。课标要求第三学段学生能"辨别词语的感情色彩"。因此,可根据课标以词语的感情色彩为抓手分三步理答。① 提问:"败不气馁、有毅力、很会动脑子"是褒义词还是贬义词?结论:都是褒义词语,应该用来评价正面人物。② 要求回读课文,标出体现白骨精行事目的与办事手段的语句并出声读一读。③ 提问:从行事目的(吃人)与办事手段(欺骗)两方面看,白骨精能算正面人物吗?那么,应该使用哪些贬义词来评价它呢?

【案例四】这是一堂低年级语文课。课文为李白《夜宿山寺》:"危楼高百尺,手可摘星辰。不敢高声语,恐惊天上人。"初读、再读、三读课文后,教师请学生进行小组交流,说说诗句中写了哪些事物,并说说自己的理解。但教师很快发现一些学生并没有参加小组交流,而是饶有兴趣地在画画,并发现其中一幅画有问题,那是一张画有星星、月亮和一座倾斜得厉害的高楼。显然,这节课发生了学生不听指令的行为。此时此刻,假如你就是在场的任课教师,你会选择下列哪种理答方法呢?

第一种,揪住其中误读"危"字含义的"冒犯者",将他狠狠训斥一顿,以消心头之气。

第二种，意识到涂鸦是小孩的天性，而且画图也是一种表达理解的方式，于是继续按预设执教。

第三种，面对这部分学生的异常表现，迅速从现场情境中找原因并尽快还原这部分学生异常行为的发生轨迹：前一个问题太过容易，没有讨论的价值；后一个问题因为指向不够清晰，于是他们便不知道该从哪些方面谈理解。而涂鸦原本是小孩的天性，于是便相继选择用画画来打发时间。

上述三种处置方法显示三种境界。第一种是跟着感觉走，显然不理性。第二种，能站到"冒犯者"立场上去想问题，有包容心，有理性，但问题考虑欠全面。第三种，将学生、教师及现场相关情境都纳入审查反思范畴，在此基础上还原出的异常行为发生轨迹更为逼真。"哪里跌倒了就从哪里爬起"，接下来教师要做的工作自然是因应现场情境修正预设的教学内容、教学程序或方式方法。譬如，将"危"字的含义调整为当前的教学点；称赞这些学生用画画表达理解，"方式很别致"，高高举起那幅画，请学生们品评这幅画的优点与不足，借此巧妙地纠正对"危"字的错误理解。可以预测，从此以后，这部分学生与这位语文教师的关系会更和谐，学习方面也会更主动与更灵活。

课堂上不听指令现象常常发生，有的上甲课做乙事，有的随意讲小话，有的甚至故意嘻嘻哈哈打打闹闹，等等，所有这些，对于正在上课的教师来说，都可能被看作"冒犯"行为，有的甚至大动肝火严惩"冒犯者"，师生关系因此被弄得越来越紧张，双方都苦恼。但这些教师却很少意识到这些"冒犯"行为其实是学生上课时心理状态的表征：不愿听课，学生则表现为注意力转移，看别的书，做别的活动等；被迫听课，表现为呆滞、无动于衷；听不懂或跟不上，表现为烦躁；觉得内容无价值，表现为嘻嘻哈哈。相反，如果对正在学习的内容有强烈的兴趣则神情专注，感觉受到深刻的启迪则表情激动。儿童是最真的群体，悲、喜、爱、憎，或喜形于色，或怒容满面，甚至形于动作或语言。明乎此，上课时注意倾听学生的言语，注意观察学生的动作、表情，特别是眼神，你就能"看得见学生的思路"，在此基础上根据你所"看见的思路"或还原的"异常行为发生轨迹"调整教学内容或教学方法，于是一切就自然越来越好。

二、小学语文课堂意外质疑的理答策略

小学语文课堂上很多始料未及的发问都针对课文本身，而且，还往往是高声说出并伴随着一脸兴奋。这说明发问的孩子充满童真与求知欲望。教师如果不予当场回应或回应不当，都会挫伤孩子，产生极大的负面影响。面对这样的意外发问，任课教师自然要倾听并通过验证性追问探明发问者的视点、立点与判断依据并根据课标与当前任务评估其课堂教学价值，在此基础上予以妥善回应。请看下面三个案例。

【案例一】第一学段经典课文《三个儿子》。该文讲述了一个短小的故事，大意是：三个妈妈在井边打水，三个儿子迎面跑来，却只有一个儿子接过妈妈手里沉甸甸的水桶提着走了。于是，在场的老爷爷说他只看见一个儿子。课文后的泡泡为："老爷爷为什么说他只看见一个儿子？"听读完这篇课文后，执教的教师便准备顺着课本思路引导学生探讨老爷爷只看见一个儿子的原因。但恰恰在这个时候，一个瘦小的

男生突然站起来大声问道:"老爷爷为什么说他只看见一个儿子呢,他应该看到两个儿子哟?"

面对这样异样的声音,是把学生往预定的路上赶——探讨老爷爷只看见一个儿子的原因,还是顺着学生问题,倾听其心声呢?答案肯定是后者。教师可以顺势追问:"那么,在你看来,老爷爷应该看到哪两个儿子呢?"这一问,得到的回答很可能是:"还有那个会唱歌却提不起沉甸甸水桶的男孩子,但我相信他长大了有力气后一定会给妈妈做事的。"这一回答具有三方面的教学价值:其一,其暗合朱熹读书六法中的"切己体察法";其二,在进行体贴父母、孝顺父母教育方面,其与课文泡泡后的问题具有同样的功效;其三,是训练根据语境领会词句含义的好素材。面对如此宝贵的生成资源,任课教师的处置方案自然应该为:即时调整教学计划、及时利用这一资源。实施方面,可以先评价:"天哪,你居然会像大学问家朱熹一样用自己切身的体会来读书,真了不起。而且从你的话语中,老师已经感到你和那个帮妈妈提水的孩子一样都是很体贴父母的孝顺的孩子。"接着面向全班同学发问:"同学们,××同学眼中的儿子与老爷爷眼中的儿子含义上一样吗?"结论为:都是男孩子、都会孝顺妈妈。"那么,老爷爷眼中的儿子与三个妈妈话语中的儿子含义上一样吗?"结论为:不一样。三个妈妈嘴中的"儿子"用的是词典中的含义——"男孩子(对父母而言)"。

【案例二】第二学段课文《鹬蚌相争》。这是一则根据古文改编的寓言故事。课堂上,课前预设的诵读与表演活动在热闹地开展着。突然,一位学生高高地举起了小手,用毫不掩饰的兴奋语气说道:"老师,我觉得课文有问题!"该生发现的问题是:"在鹬的嘴正被蚌夹着时,课文作者却让它们彼此对话。"品读课标,不难发现:培养"咬文嚼字"的习惯、训练谨慎选词造句的意识正是小学语文课的重要任务。那么,显然,这一发问也是一项随堂生成的宝贵资源。具体应对办法为表扬激励法。教师仍可使用颇带夸张的口气说:"天哪,孩子,你太棒了!孩子们,你们看,就是课文作者也有出错的时候。所以,出错不是什么可怕的事情。我担保,如果你们当中谁将来要当作家,一定比这个作家更棒!现在请想想,按照课文情境,选用哪个词来替换更合乎情理?"结论自然为:将"说"改为"想"。

【案例三】选读课文阅读指导课上,一位学生针对课文《黄继光》提出了这样一个问题:"《孝经》说:'身体发肤,受之父母,不敢毁伤,孝之始也。'那,黄继光为什么要舍身扑向敌人的机枪口呢?难道就没有别的方法了吗?"课标要求第三学段学生阅读叙事性作品,关注"场景、人物、细节"。那么,在引导重视细读叙事文本上,这一发问也是一项值得现场使用的生成资源。教师仍可使用颇带夸张的口气说:"天哪,你真是太棒了!居然能完整引用古文。而且,你的珍爱生命的态度也值得充分肯定。但是,'黄继光为什么要舍身扑向敌人的机枪口呢?难道就没有别的方法了吗?'我们一起带着这个问题再次阅读一遍课文吧。温馨提示:重点关注'场景、人物、细节',不要放过任何一个细节。"结论自然为:没有其他的方法了。可以预测:由于阅读过程中细细关注了场景、人物与细节,孩子们被烈士的大智大勇与大爱所深深感动,精神受到一次充分的洗礼。

三、小学语文课堂其他意外情况的应对策略

　　上公开课是教师生活中的大事,大家都格外重视。但极端的情况也会出现。这不,五年级语文教师小张一大早就在改课件,课件是改得越来越好了,但糟糕的是临出发时忘记了将优盘从家中的电脑上拔下来。更为糟糕的是,由于堵车,居然迟到2分钟。这两分钟里,听课的领导和老师面面相觑,班上的同学你看我,我看你,胆大一点的不时回头偷窥后边的听课老师,此外还有各种各样的推测。就在这时,小张轻快地出现在教室门口,轻快地走上了讲台,起立过后,声音响亮地说:"同学们,这节课是作文课,作文题目为——当张老师迟到2分钟的时候。要求有场面描写、语言描写与心理描写。"毫无疑问,这将是一堂相当成功的语文公开课。而结合现场情境机智调整预设,则是小张老师成功的法宝。

　　学生上课也可能会迟到。这不,小张老师正在讲"小扣柴扉久不开"时,一个迟到的学生砰的一声推开教室门然后急匆匆地坐到座位上听起课来。他看在眼里,想在心里,没有像一般老师一样严厉批评该生,而是让学生辨析"猛扣"与"小扣"两个动作背后的人物心态与修养,收到了"春风化雨"般的功效。

　　教室的窗户门是常开的,有时会飞进小鸟。这时,小学生的注意力会被小鸟吸引过去。有时,正上着课,教室外响起了一阵阵锣鼓声或鞭炮声……这些时候,最好的办法是调整教学内容,把这些意外情况当作宝贵的课程资源,让学生带着观察的任务去尽情地看、听,然后汇报交流。

　　多媒体给我们日常教学带来极大便利。可是,课堂上如果突然断电或教学设备出故障,怎么办?如果课前做了断电或设备出故障的准备,那么,一旦遭遇,就执行"课堂计划B"。这就是做"课堂计划B"的好处的最好注脚。

　　著名的教育学家叶澜先生指出:"课堂应是向未知方向挺进的旅程,随时都有可能发现意外的通道和美丽的图景,而不是一切都必须遵循固定路线而没有激情的行程。"因此,教师们不必害怕课堂出现意外情况。事实上,一旦出现意外情况,教师只要顺势而为,随机应变,机智调整教学内容、教学程序或方式方法,那么,极有可能"柳暗花明又一村"。教学应变能力是各种教学能力的综合运用,又称"教育机智",是一个成熟教师应该具备的基本素质。小学语文新手教师应该苦练听说读写基本功并不断强化自身的综合素养,只有这样,才能增强教学应变能力。

第四节　小学语文期末考试命题策略

　　我们处在一个新时代,立德树人是当前教育的根本任务。"立德树人"语境下的小学《语文》期末测试应该兼顾"文化自信""语言运用""思维能力""审美创造"等多个维度;兼顾"识字与写字""阅读与鉴赏""表达与交流""梳理与探究"等多项实践活动

目标与内容;结合笔试与面试两种考核形式;在注意考查字词句标点及阅读积累的同时,还要突出分析、运用与评价这些高阶性能力的测试;加强试题的开放性,加强阅卷的包容性,为发展个性与求异思维创造条件。总而言之,期末考试本身并没有错,关键在于考试的内容与形式是否都合适。

一、依据课标命题,加大考查范围

国家课程标准是从学科的角度回应国家教育目的落实情况,即学科的育人价值问题。《义务教育语文课程标准(2022年版)》(以下仍简称课标)是国家课程标准。而教育部印发的《基础教育课程改革纲要(试行)》明确指出:"国家课程标准是教材编写、教学、评估和考试命题的依据。"由此可见,小学语文教学与评价的"老家"就是课标,教师理所当然应该依据课标命题制卷,与课标先进理念共舞。课标从"识字与写字""阅读与鉴赏""表达与交流""梳理与探究"四个方面一一规定了各学段的学习要求。因而,将这四个方面都列入期末考试与考查的范围也是理所当然的。

目前,各小学基本上采取笔试方式评价小学生一学期语文学习的成绩,笔试时量100分钟,满分100分。从第二学段开始,期末考试一般按三个部分出题。第一部分:字、词、句(30分);第二部分:阅读与积累(40分);第三部分:快乐作文(30分)。课标指出:"过程性评价重点考察学生在语文学习过程中表现出来的学习态度、参与程度和核心素养的发展水平,应依据各学段的学习内容和学业质量要求,广泛收集课堂关键表现、典型作业和阶段性测试等数据,体现多元主体、多种方式的特点。"如果命卷只兼顾基础知识、阅读能力与写作能力测试三个方面,那么,其评价范围显然过窄,其测试的信度不高。

为加大考查范围、提高考试信度,也为了力避烦琐,笔者认为小学语文期末测试可采取活动考查与纸笔测试相结合的方式。

二、活动考查策略

以第二学段为例。课标要求该学段"用普通话正确、流利、有感情地朗读课文"。很显然,"语音、语调和语气"是判断学生是否将课文读正确了的三个观察点。而"语音、语调和语气",是传统纸笔测试测不出的。因此为保证期末语文成绩评定的信度,必须在传统笔试外增加现场口试这一考查方式。

第二学段中用传统纸笔测试测不出的学习点还有:① 识字写字模块的"能用音序检字法和部首检字法查字典、词典";② 表达与交流模块的"能就不理解的地方向人请教,就不同的意见与人商讨""能清楚明白地讲述见闻,说出自己的感受和想法。讲述故事力求具体生动。"

再:第二学段的梳理与探究模块要求该学段学生"学习组织有趣味的语文实践活动,在活动中学习语文,学会合作。"

于是,一个全新的通过举办各层级选拔比赛或语文游戏比赛的方式考查上述所有学习点的方案就诞生了。具体比赛项目有:讲述见闻选拔赛、讲述故事选拔赛、朗诵选拔赛、根据情境现场"请教"（商量）比赛、查字典与词典选拔赛。所谓"各层级选拔赛"，不外乎小组内选拔赛、小组间互赛、总决赛，等等。比赛级别越来越高，每晋级一次，成绩等级加一级。

那么，谁来充任评委呢？课标要求除了教师的评价之外，要多让学生开展自我评价和相互评价。相关研究表明充当评委（或老师）是最有效的学习方式之一。于是，由学生来充任各轮比赛的评委就是理所当然的了。建议评委由参赛选手们选举。教师本人则扮演全程监控者、指导者、帮助者角色。

【例题】

1. 查字典选拔赛

三人参加该游戏。一人用音序法、一人用部首法、一人用笔画法。要求查出给定的每个字的页码。比赛三轮。

(1)组：缩、簿、蟀、躁、谢
(2)组：菅、堃、妫、祎、氘
(3)组：鼐、戍、彧、丏、卮

题目说明：(1)组的字读音清楚，用音序法快捷；(2)组为生僻字，不能用音序法，而部首清楚，不属于难检字，所以只能用部首法。(3)组生僻字多，不知道读音；部首不清楚，用部首法困难；属于难检字，用笔画法。

2. 表达与交流选拔赛

遇到下面的情况，你们两人会怎样打商量？请即兴在评委面前演一演。

(1) 向同学借的书不小心弄丢了，想到书店买一本新的赔偿。
(2) 周日爸爸妈妈都出差不在家，想到小丽家住一天。

评价点为：(1)用了"商量"的语气了吗？(2)要"商量"的事情说清楚了吗？

三、纸笔测试策略

仍以第二学段为例。

纸笔测试题评价结果的呈现方式为分数，系定量评价。题型方面，在基础题、阅读与鉴赏题、表达与交流题的基础上特别增加听力题。增加听力题的依据有二：① 课标对每个学段都提出"倾听"方面的要求，不将"倾听"纳入测查范围，难以正面引领这方面的日常学习。② 英语水平测试一直有听力题。

（一）听力题举例

命题依据：课标要求第二学段学生"学会认真倾听，听人说话时能把握主要内容，并能简要转述。"

【例题】

1. 听谜语，写答案。
2. 听一个故事并简要转述。
3. 听一段新闻并写下要点。

(二) 基础题举例

命题依据:课标要求第二学段学生"累计认识常用汉字 2 500 个左右,其中 1 600 个左右会写。""能用硬笔熟练地书写正楷字""体会句号与逗号的不同用法,了解冒号、引号的一般用法。""积累课文中的优美词语、精彩句段,以及在课外阅读和生活中获得的语言材料。背诵优秀诗文 50 篇(段)。""学习修改习作中有明显错误的词句。"

【例题】

1. 读拼音,规范地写词语。

jīng zhàn	wú xiá	kǎi xuán	zhèn hàn	wān yán
( )	( )	( )	( )	( )
jiě shì	hé xié	kǒng xì	biàn lùn	zāo tà
( )	( )	( )	( )	( )

2. 在括号内选择正确的汉字或读音画"√"。

蝙蝠夜间,不仅能巧妙地(辟 避)开障碍物,还能捕(bǔ pǔ)捉飞蛾和蚊子。科学家经过反复研究,终于揭开了蝙蝠夜间飞行的秘密,于是给飞机装上了雷达。雷达发出的无线电波,一遇到障碍物就会反射回来,显示在(萤 荧)光屏(píng bǐng)上。

3. 把下面的四字词补充完整,并根据提示写出相应词语。

( )心( )目 　　一丝不( ) 　　不( )不忙

波( )壮( ) 　　( )寒取暖 　　清( )见底

本学期,我还积累了＿＿＿＿＿、＿＿＿＿＿等这些描写"山"的四字词语。

4. 下列词语中没有错别字的一项是( )。

① 鱼惯而出 ② 胆大妄为 ③ 水平如境 ④ 拨地而起

5. 形容战争中趁对方还没有意料到就采取行动的成语是( )。

① 草木皆兵 ② 四面楚歌 ③ 出其不意 ④ 神出鬼没

6. 给加点字选择正确的解释,把序号填在括号里。

(1) 固执己见( ) ① 拿着; ② 坚持; ③ 实行。

(2) 愚不可及( ) ① 达到; ② 比得上; ③ 和,跟。

(3) 亡羊补牢( ) ① 养牲口的圈; ② 监狱(jiān yù); ③ 牢固。

7. 人们都说:"桂林山水甲天下。"一句中双引号的作用是( )。

① 表示否定或讽刺; ② 表示特定称谓;

③ 表示引用的部分; ④ 表示着重强调,引起注意。

8. 都包含有"积少成多"意思的一组成语是( )。

① 聚沙成塔　集腋成裘 ② 一曝十寒　聚沙成塔

③ 集腋成裘　寸进尺退 ④ 坚韧不拔　集腋成裘

9. 小华比小明迟学钢琴半年,现在弹奏水平却远远超过了小明,真是——( )。

① 早开的红梅——一枝独秀 ② 砌墙的石头——后来居上

③ 王羲之写字——入木三分 ④ 八仙过海——各显神通

10. 苏轼曾评价王维的诗是"诗中有画,画中有诗"。我们也读过不少他的诗,下

列不属于王维诗句的是( )
①大漠孤烟直,长河落日圆。　②渭城朝雨浥轻尘,客舍青青柳色新。
③人闲桂花落,夜静春山空。　　④春江潮水连海平,海上明月共潮生。
11.《论语·学而》中有句名言给了我们交友的启示,这句名言是( )
①言必信,行必果。　　　　　　②爱人者,人恒爱之;敬人者,人恒敬之。
③与朋友交,言而有信。　　　　④己所不欲,勿施于人。
12.下列诗句中,为我们描绘了一幅江南夏夜图的是( )
①采菊东篱下,悠然见南山。　　②黄梅时节家家雨,青草池塘处处蛙。
③落木千山天远大,澄江一道月分明。④鹅湖山下稻粱肥,豚栅鸡栖半掩扉。
13. 修改病句。
大家诚恳地批评了我,但是我犯了错误。
_____

14. 下面三部经典名著你读过吗?请用简洁的语言各写出一个你熟悉的故事。
《红楼梦》_____刘姥姥进大观园_____
《西游记》_____
《水浒传》_____
《三国演义》_____

(三)阅读与鉴赏题举例

命题依据:课标要求第二学段学生"学习略读,粗知文章大意""能复述叙事性作品的大意,初步感受作品中生动的形象和优美的语言,关心作品中人物的命运和喜怒哀乐""能联系上下文,理解词句的意思,体会课文中关键词句表达情意的作用""课外阅读总量不少于40万字"。

【例题】

一、阅读短文,完成习题。

(一)自然之道

那天我们上岛时,已近黄昏,很快就发现一个大龟巢。突然,一只幼龟把头探出巢穴,却欲出又止,似乎在侦察外面是否安全。正当幼龟踌躇不前时,一只嘲鸫突然飞来,它用尖嘴啄幼龟的头,企图把它拉到沙滩上去。

我和同伴紧张地看着眼前的一幕,其中一位焦急地对向导说( )你得想想办法啊( )向导却若无其事地答道( )叼就叼去吧( )自然之道( )就是这样的( )向导的冷淡,招来了同伴们一片"不能见死不救"的呼喊。向导极不情愿地抱起那只小龟,朝大海走去。那只嘲鸫眼见到手的美食丢掉,只好颓丧地飞走了。

1. 在文中( )里加上合适的标点。
2. 联系上下文,解释下列词语的意思。(2分)
企图:_____
若无其事:_____

3. 文中"眼前的一幕",指的是怎样的一幅情景？请用"＿＿＿"画出相关的句子。(2分)

4. 面对这惊险的一幕,"我们"和向导表现出截然不同的态度,请从文中找出描写他们神态的词语,写在横线上。(2分)

向导:冷淡、＿＿＿＿、＿＿＿＿　　"我们":＿＿＿＿、＿＿＿＿

5. 当后来"我们"看到成百上千只幼龟被肉食鸟啄食时,"我们"的心一定很痛。此时此刻,"我们"的内心会想些什么呢？(3分)

＿＿＿＿＿＿＿＿＿＿＿＿＿＿＿＿＿＿＿＿＿＿＿＿＿＿＿＿＿＿＿＿
＿＿＿＿＿＿＿＿＿＿＿＿＿＿＿＿＿＿＿＿＿＿＿＿＿＿＿＿＿＿＿＿

(二) 西湖

① 杭州素有"人间天堂"的美称。西湖,就是镶嵌在这天堂里的一颗明珠。

② 站在柳丝轻拂的西湖边极目远眺,只见湖的南北西三面的山峦,一山绿、一山青、一山浓、一山淡,真像一幅优美的山水画。平静的湖面,犹如一面硕(shuò)大的银镜。一群群白鸥(飞过　掠过)湖面,尾尖偶尔沾了一下水面,扇动的双翅在阳光下一闪一闪的,好看极了。

③ 围绕着西湖的是一圈树木织成的绿色镶边。十里明湖中,葱绿的孤山显得格外(柔美　秀美)典雅。孤山东边的白堤和西南的苏堤,就像两条绿色的绸带,轻柔地(飘浮　漂浮)在碧水之上。湖心的三个小岛——小瀛(yíng)洲、湖心亭、阮(ruǎn)公墩(dūn),掩映在绿树丛中。(明净　明丽)的湖水晃动着绿岛和白云的倒影,仿佛仙境一般。在这如画的西湖边走一走,看一看,怎能不令人心旷神怡呢？

④ 月光下的西湖,又是怎样一番景象呢？夜幕初垂,明月东升,清风徐来,湖水荡漾。岸边的华灯倒映在湖中,宛(wǎn)如无数的银蛇在游动。远处,不时飘来悠扬的琴声。人们泛舟湖上,会觉得天上人间,全都溶化在月色里了。

1. 用"\"划去括号内不恰当的词语。(2分)

2. "岸边的华灯倒映在湖中,宛如无数的银蛇在游动。"一句中的"宛如",在文中还有两个近义词,分别是＿＿＿＿、＿＿＿＿。(2分)

3. 文中画"＿＿＿"的句子,会让我们想起唐代诗人刘禹锡《望洞庭》中的诗句:＿＿＿＿＿＿＿＿＿＿。(2分)

4. 请用"～～～"画出文中的反问句,并改为陈述句。(3分)

＿＿＿＿＿＿＿＿＿＿＿＿＿＿＿＿＿＿＿＿＿＿＿＿＿＿＿＿＿＿＿＿

5. 关于这篇文章,下列说法不正确的一项是(　　)。(2分)

① 文章第二自然段主要是介绍了山峦和湖面的美丽景色。
② 白堤和苏堤都在孤山的东边,风景都很优美。
③ 这篇短文作者是按照由远及近、由白天到夜晚的观察顺序来描写西湖的。

(四) 表达与交流题举例

命题依据:① 第二学段梳理与探究模块要求"观察大自然,观察社会,积极思考,运用书面或口头方式,并可尝试用表格、图像、音频等多种媒介,呈现自己的观察与探究所得""尝试运用语文并结合其他学科知识解决问题";② 该学段表达与交流模块要求写"便条、简短的书信"与"运用自己平时积累的语言材料,特别是有新鲜感的词句"。

【例题】

1. 孩子们,你们是一小校园生活的小主人。那么,你们对现有校服的色彩与款式满意吗?你们对现有图书借阅制度满意吗?你们对本学期开展的节日庆祝活动满意吗?学校的申校长啊,很想听听你们的心声。请选择其中一个问题向校长写一封书信表达你个人的意见好吗?要求:① 把你的意见写清楚。② 注意按书信的文面格式要求写。③ 用词造句要妥帖。标点符号也要使用正确。

2. 孩子们,这个学期的节假日你去过哪些地方,观察过哪些事物?最近,学校组织过运动会,你观察过哪一项比赛?班级植物角种植了很多品种的植物,你特别留心观察过哪一种植物?请选择你留心观察过的一种事物或场面,和老师与同学交流交流。要求:① 将你观察过的事物、植物或场面写清楚;② 注意用上"有新鲜感的词句";③ 写完后检查:用词造句是否妥帖?冒号与引号等标点符号是否使用正确了?

课程思政

在教学实施过程中,教师要根据课标、根据具体教学内容以及学生的实际情况有机融入思政内容,根据学生的理解程度和反应情况选择合适的讲述讲解策略、提问追问策略、意外情况的理答策略,做到有理有据、润物无声,达到以情动人、以理服人、以文化人的效果。

项目实践

1. 运用讲述与讲解的策略,编写一个片段课教案并拍成教学视频,上传到学习平台。

2. 运用提问与追问的策略,编写一个片段课教案并拍成教学视频,上传到学习平台。

第四章 小学识字与写字教学的理论

学习目标

1. 掌握课标对小学各学段在汉语拼音、识字、写字三个方面的学业质量要求,知晓统编本小学语文课本对识字、写字与汉语拼音教学的安排路径,明了课标与统编本教材视域下小学识字、写字、汉语拼音教学的方式方法。

2. 尝试基于统编本教科书图解字族之间的基本逻辑关系,能运用课题计划、分课时计划方面的知识判别识字教学案例、写字教学案例、汉语拼音教学案例的优劣高下。

3. 培养基于国家课程标准、统编本教材与学生实际情况开展教学设计与实施工作的意识,涵养把"汉字从何而来、古人因何造字、如何造字、字形如何变异、为何变异"作为识字课教学内容的自觉性。

问题探究

1. 如何判断小朋友是否认识了某个拼音字母或某个整体认读音节?
2. 何谓识字?何谓"独立识字"?"独立识字"的方法有哪些?
3. 在你看来,写字基本功包含几项?

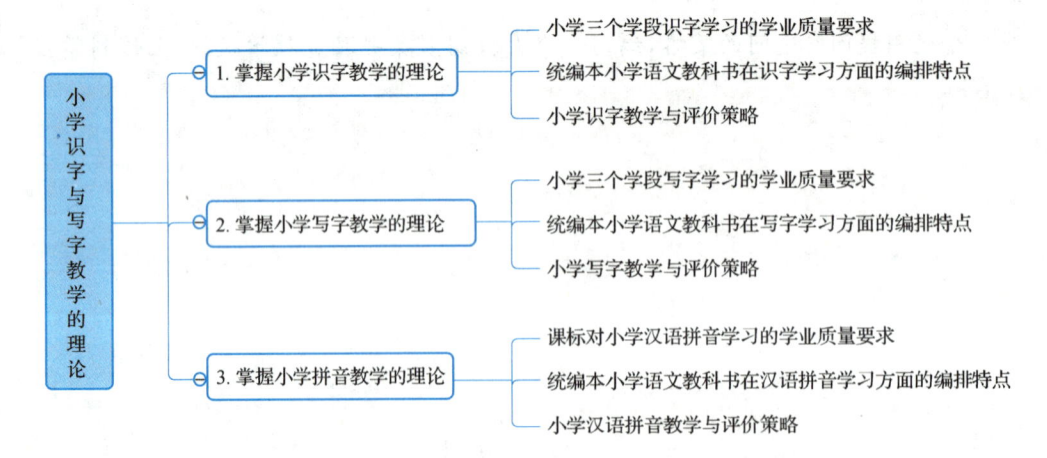

思维导图

小学识字与写字教学的理论
- 1. 掌握小学识字教学的理论
  - 小学三个学段识字学习的学业质量要求
  - 统编本小学语文教科书在识字学习方面的编排特点
  - 小学识字教学与评价策略
- 2. 掌握小学写字教学的理论
  - 小学三个学段写字学习的学业质量要求
  - 统编本小学语文教科书在写字学习方面的编排特点
  - 小学写字教学与评价策略
- 3. 掌握小学拼音教学的理论
  - 课标对小学汉语拼音学习的学业质量要求
  - 统编本小学语文教科书在汉语拼音学习方面的编排特点
  - 小学汉语拼音教学与评价策略

第一节 小学识字教学的理论

一、小学三个学段识字学习的学业质量要求

按课标,第一学段识字学习的学业质量要求涉及识字态度、识字方法、识字能力等多个方面,主要有:① 喜欢识字;留心公共场所等真实社会场景中的文字,尝试认识标牌、图示、简单的说明性文字中的常用汉字;遇到不认识的字,主动向他人请教。② 借助汉语拼音认读汉字,借助学过的偏旁部首推测字音字义,愿意向他人说出自己的猜想。③ 在学习与生活中,累计认识 1 600 个左右常用汉字。

第二学段识字学习的学业质量要求也涉及识字态度、识字方法、识字能力等多个方面,主要有:① 能借助汉语拼音、工具书,在阅读中主动识字;② 能根据具体语境辨析多音多义字的读音和字义,辨识、纠正常见的错别字;③ 在学习与生活中,累计认识 2 500 个左右常用汉字。

第三学段识字学习的学业质量要求侧重识字方法与识字能力两个方面,主要有:① 能独立识字;② 能借助工具书准确理解不同语境中汉字的意思;③ 能辨识同音字、形近字,纠正错别字;④ 在学习与生活中,累计认识 3 000 个左右常用汉字。

二、统编本小学语文教科书在识字学习方面的编排特点

1. 多途径安排识字教学内容

统编本小学语文主要通过三条途径引导小学生达到识字教学目标与任务:① 专设识字课文集中识字;② 1—10 册的阅读课文后都有"会认字表",要求小学生随阅读课文识字;③ 通过 1—8 册各单元后"语文园地"中所设的"识字加油站"栏目认识生字。

2. 识字单元中的识字课文,有很多是"文从字"的方式

如《口耳目》《日月水火》,汇聚的是象形字;《日月明》汇聚的是会意字;《小青蛙》《动物儿歌》《操场上》《树之歌》《拍手歌》《"贝"的故事》汇聚的是形声字;《姓氏歌》汇聚的是姓氏;《大小多少》汇聚的是反义词;《场景歌》汇聚的是量词……"文从字"类识字课文,除了要学习儿歌本身之外,教师还要引导学生总结其中藏着的汉字规律,并有意识地使用规律类推识字。当然,识字单元也有"字从文"一类识字课文,如《天地人》《金木水火土》《人之初》等等。

3. 课文中的生字不一定都会放到课后的"会认字表"中

课后"会认字表"中的生字在数量上有时会少于在该课中实际出现的生字。如统编本《姓氏歌》一课,"胡""欧阳""诸葛"都是生字,但是在该课的生字表中找不到这 5

个生字。也就是说,课文中的部分生字,只要求在该课中能认读便可,不必要求通过该课学到"在其他情境中也会运用"的程度。但课后"会认字表"中的"会认"字都要求"四会":会字音、会字形、会字义、在新语境中会应用。课标要求小学六年累计认识常用汉字3 000个左右。这3 000个左右的字属于通常所谓的"会认"字。

三、小学识字教学与评价策略

1. 突出运用字理识字法

汉字原是象形文字,形义一体。"今文字"它仍保留了象形基因。王筠《教童子法》指出:"识字,必裁方寸纸,依正体书之,背面写篆;独体字非篆不可识,合体则可略。"造字之初,据形表意。后来者学习汉字,应当还原初始字形,解读字义。还原古文字形是解读汉字的钥匙。汉字教学专家王宁指出:"小学识字教学是汉字教育的正常开端,从一开始就要培养学生对汉字的正确感觉和认识,使他们对探索汉字的构造充满兴趣,喜欢认字和写字。这是一个很重要的教学目标,这个教学目标是潜藏在字理教学中完成的。"[1]因此,识字教学固然需要借助拼音读准字音,也需要积极发掘汉字造字的理据性,依据汉字造字原理,把握汉字形体结构的内在理据,并通过汉字的构形理解其构意,建立起音形义之间的联系,减少错别字发生。

2. 以生为本,尊重学生的认知心理逻辑

生本理念,要求教师在识字教学的过程中将学生视为主体,激发学生的识字兴趣,让学生自主地参与到识字活动中,通过汉字溯源的方式,把汉字解码的钥匙交到学生手中,使他们从接触汉字的那一天开始,就涉足汉字的源头,触摸汉字的古老初文,引起他们探索汉字奥秘、了解古代文化的兴趣。此外还要为学生创造适合识字分享的平台,让学生养成良好的识字习惯。这些都是基于生本理念下的小学语文识字教学的有效策略。

3. 举办多种识字活动,在活动中发展识字兴趣、提升识字能力

小学可以开展的识字学习活动主要有:① 定期举行"最佳播音员"的评比活动,让孩子"录一录"自己朗诵的作品,教师随机抽查。让学生跟每个字、每个读音较真,录下自己"最美的声音",在全班播放。② 利用公交站牌识字。作业:放学回家,你坐哪路公交车?这趟公交车都经过哪些站点?边念边贴出所经过的公交站点。③ 收集自己最喜欢的食品、玩具等的外包装,模拟开一个小超市,进行物品的交换,前提是要念出想要交换的物品的名称。

4. 渗透中华优秀传统文化

汉字富含历史文化信息,"家、多、男、女、南"等汉字都蕴含中华传统文化观念。凭借汉字解码古代文化是传承中华文化的重要渠道。

统编教材中的识字课文文化内涵也丰富。如《天地人》一课中蕴含天人合一、人与自然和谐相处的智慧;《姓氏歌》一课展现中华民族传统姓氏文化的魅力;《人之初》

---

[1] 王宁.汉字构形学导论[M].北京:商务印书馆,2015.

中有中华儿女的勤劳善良与好学专一。教学时应引导学生在识字中感受中华传统文化的魅力,激发热爱中华文化的情感。

第二节 小学写字教学的理论

一、小学三个学段写字学习的学业质量要求

按课标,第一学段的写字质量要求涵盖写字知识、写字能力、写字习惯与汉字形体审美等多个方面,具体包括:① 掌握汉字的基本笔画和常用的偏旁部首;② 能按基本的笔顺规则用硬笔写字,注意间架结构,能正确书写 800 个左右常用汉字;③ 初步感受汉字的形体美;④ 努力养成良好的写字习惯,写字姿势正确,书写规范、端正、整洁。

第二学段的写字质量要求具体包括:① 写字姿势正确,养成良好的书写习惯;② 能用硬笔规范、端正、整洁地书写 1 600 个左右常用汉字;③ 用毛笔临摹正楷字帖,感受汉字的书写特点和形体美。

第三学段的写字质量要求主要涉及写字姿势、习惯、写字能力、与汉字形体审美等多个方面,具体包括:① 能用硬笔规范、端正、整洁地书写 2500 个左右常用汉字;② 写字姿势正确,有良好的书写习惯;③ 硬笔书写楷书,行款整齐,力求美观,有一定的速度;④ 能用毛笔书写楷书,在书写中体会汉字的优美。

二、统编本小学语文教科书在写字学习方面的编排特点

统编本语文教科书主要通过四条路径安排写字知识与写字训练:① 通过一至十二册各课后面的"会写字表"学习书写汉字。一上教材各课课后"会写字表"上方还提示笔画与笔顺、偏旁部首、间架结构;② 通过各册的"学习园地·书写提示"点拨各种笔顺规则与各类字在间架结构上的特点;③ 通过附录汇聚关于笔画与偏旁方面的知识。一上附录中有"常用笔画名称表""常用偏旁名称表",一下附录中也有"常用偏旁名称表";④ 展示多位书法大家的作品并点评。第三学段教材分册展示欧阳询、颜真卿、柳公权、赵孟頫等书法大家的楷书作品并点评,借优秀案例指点达到"行款整齐,力求美观,有一定的速度"这三大目标。

三、小学写字教学与评价策略

1. 坚持循序渐进、逐步提高的原则

写字教学任务重,循序渐进、逐步提高是关键。从整个程序来说,应先掌握正确的写字姿势与执笔方法,然后认识笔画名称、笔顺规则以及学会使用田字格等。从速度来说,一开始慢,待到将基本笔画练熟了,基本字形掌握了,再逐渐由慢到快并最终

与识字基本同步。从字形来说,先写独体字,后写合体字;先练结构简单、对称整齐的字;后写结构复杂,不易搭配匀称、不易摆放整齐的字。从练习方式看,用硬笔写字一般采用临写、抄写、听写、默写几种方式;用毛笔写字则从描红到影写再到临摹,最后独立地写字。

2. 重视书写基本功训练,要领介绍与当堂示范并用

写字姿势、执笔运笔方法、基本笔画书写、基本结构布局及基本字练写,所有这些,全都是能写出一手好字的关键因素,应该将它们全都纳入写字基本功训练范畴中,予以重点训练与反复训练。训练时既要介绍要领,还要当堂示范。譬如训练写字姿势,教师一边说"头正、身直、臂开、足安",一边一样样地示范;待再次练习时,这八个字就能成为学生摆正姿势的指南。为方便小朋友理解与记忆,要领介绍不仅要尽可能简短,还要尽可能使用形象化的比喻,化抽象为具体,引发书写兴趣与联想。譬如介绍基本笔画书写要领时,教师一边说"撇"像扫把"捺"像剑,"竖"若悬针"点"如水滴,一边一笔一笔地示范,孩子边观察边联想,笔画美感随即产生,于是"笔笔到位"也可望做到了。

3. 观察与临摹结合,提高写字教学效率

唐代书法理论家孙过庭认为只有观察精准,才能临摹得惟妙惟肖。他在《书谱》中说:"察之者尚精,拟之者贵似。""察","观察",其不只是一般意义上的"看",还有研究分析的成分。"察"这一步对写好字至关重要。譬如"鼎"字,一旦发现其部件布局规律——上下结构,"目"字居中略小,下边左右对称,于是,这个总也写不美观的字就变得容易写了。"拟"就是"临摹"的意思。

由此看来,写得一手好字的人岂止仅仅是"手巧",其首先还是"心灵"!因此,写字教学应该让学生"先眼到、心到再手到"。譬如:会写"八"字后,出示"人""大""太""犬""天"等一组字,让学生"找共同"。会写"若"后让写"苦"字、会写"日"后让写"曰"字、会写"监"后让写"临"字,让学生去领悟形体变化及部件组合规律。教写"食"字后,让学生找其与"奏""林""众"等字之间的"共同",认识"避免重复""穿插避就"等写字结构规律。

而且,高明的写字教师不光教写字规律,还会兼教审美知识与人生道理。如教写"永"字时,会说:"汉字结构一般是上紧下松,笔画齐聚字的上半部,有如玉树临风,挺拔稳健而不失洒脱大方。"指导写"典"字时,会说:"中间是一块面包,横着一刀,竖着两刀,要切得均匀才会好看。"教"府"字时,会说:"二撇相并互相揖让,一短一长,避免了冲突。"

4. 师评与生评相结合,提高讲求书写美的自觉性

当"评论家"、当"小医生"都是第一学段小学生特别喜欢的事情。写字评价反馈可分三步进行。第一步,我是"评论家",小组内同伴互相点赞,互相激励。具体做法为:用红笔在同伴写得相对好的生字旁打上五角星或画个笑脸。第二步,我是"小小医生",小组同伴相互问诊,找找书写不规范、不美观的地方。第三步,小组汇报交流与点评,进一步打开眼界,提高审美能力,增强提高书写水平的自觉性。

5. 利用信息技术，积极开发写字教学软件，提高写字教学的直观性

目前，借助信息技术，针对汉字书写难点，已经开发了不少软件。在教学中，教师除亲自示范外，还可利用投影、录像与已开发软件，帮助学生在头脑中构建可参照的"书写形象"。初入学的孩子写字，难在"心""手"不协调。如果能进一步开发写字教学软件，让初入学的孩子像拼积木一样自由拼摆汉字部件，并开展拼摆比赛，那么，写字教学将会更为容易、更有效果。

第三节 小学拼音教学的理论

一、课标对小学汉语拼音学习的学业质量要求

课标明文提出了第一学段汉语拼音学习的目的与学业质量标准。汉语拼音学习的总目的，课标的表述为"学会汉语拼音，能说普通话。"第一学段汉语拼音学习的质量要求，主要包括四个方面：① 能读准声母、韵母、声调和整体认读音节；② 能准确地拼读音节；③ 正确书写声母、韵母和音节；④ 认识大写字母，熟记《汉语拼音字母表》。

二、统编本小学语文教科书在汉语拼音学习方面的编排特点

1. 集中编排汉语拼音单元

教材致力于提高学生学习拼音的效率，一年级上册第二、三、四单元集中完成拼音部分所有教学内容的学习。基于常用音节的频率，以及儿童常用口语词的调查，精心选择使用频率高的、与儿童口语联系最为密切的生活常用音节作为学习内容。教材中出现带调音节都是有效音节，都有实际意义，可以使音节的学习更加高效。

2. 巧妙引导孩子认识汉语拼音的学习价值

一上一单元最后一句话是："学了汉语拼音就可以识更多字、读更多书了。"这是首次明确点出拼音学习的价值，一上第二、三、四单元为拼音单元，但也出现少数带拼音的常用词，如"爸爸""妈妈"，这是对拼音学习价值的又一次照应。从第四单元开始，生字上都带拼音，这是对拼音学习价值的再次照应。基于此，我们的启示是，小学低年级语文教学活动，要积极创设情境，引导学生充分感受汉语拼音的工具性作用，并积极利用这一工具识字读书。

3. 随课匹配精致的情境图

统编本课本拼音单元的情境图不仅多，而且相当有意味，多数更颇费匠心。如第一、二课，"e"在大白鹅水中的倒影里，"i"藏在衣服的衣襟和纽扣中，"u"在乌龟壳上，"ü"是小鱼和水珠的组合。再如第七课"zcs"的情境图上，熊老师在教"z"，三只听课的

刺猬蜷缩成"c"的形状,树叶上的蚕吐出的丝成"s"的图像。

4. 在丰富多样的游戏与诵读活动中安排拼音学习

孩子喜欢游戏,喜欢诵读朗朗上口的儿歌。基于儿童这一学习心理,统编本汉语拼音单元安排了很多的游戏活动与儿歌诵读活动。譬如用毛线、小塑料棒等材料摆"x、s、c"三个字母的图案,譬如一边看插图一边诵读《在一起》这首儿歌。

三、小学汉语拼音教学与评价策略

1. 从看课本插图切入或从学生的口语经验切入

一方面,统编本教材插图的质量优良,教拼音时从看课本插图切入,可以增强读书意识,增强形象感。另一方面,汉语拼音是一套抽象的表音符号,在教学时教师应借助小学生生活经验、生活情境与日常口语词汇,从学生的口语经验切入,使音节与意义关联,增强拼音学习的意义感与胜任感,降低畏难情绪,维持学习汉语拼音的兴趣。

2. 有选择性地传授拼音字母的发音方法

不是每个拼音字母都需要传授发音方法,可以有侧重地教学发音方法。一般说来,每个单韵母的发音要领借助儿歌让学生一个个掌握。下面这首儿歌编得简明好记:单韵母,很重要,发音口形要摆好。张大嘴巴 a a a,拢圆嘴巴 o o o,嘴巴扁扁 e e e,牙齿对齐 i i i,嘴巴小圆 u u u,撅嘴吹哨 ü ü ü。再如"ie-ei""iu-ui"这两组复韵母,发音方面,孩子们常常犯难,张嘴发音感到困难。这就需要传授"摆首字母口型区分法",并当堂示范,学生练读。

3. 适度练习书写声母、韵母和音节

声母和韵母,统编本语文教科书均要求描一个,写一个。复韵母部分一共只要求书写五个词语,分别为:pái duì、xiǎo niú、xiě zuò yè、lún chuán、míng liàng。适度练习书写声母、韵母和音节的作用有:① 促进对字母形体的掌握;② 引导学生初步养成良好的书写习惯;③ 培养书写兴趣;④ 练习小肌肉群;⑤ 提升注意力;⑥ 在巩固拼音的同时,为今后更好地书写汉字打下基础。

课程思政

中华文字博大精深,是传承中华优秀传统文化的有效载体。要在熟知汉字的音、形、义的基础上深入了解汉字的造字原理、框架结构、构字来源、意义所指及背后的文化故事,将传统文化融入识字写字教学,让学生传承中华传统美德,培养学生对中华优秀传统文化的热爱之情,真正达到启迪智慧、提高素质、健全人格的目的。

项目实践

1.《小书包》是一上识字课第 7 课,一般教 2 个课时。该课会写字共 7 个。如果

由你教写字部分,你分别在什么时段教哪些字?说说你的具体教学过程。

2.《"贝"的故事》是二下识字课,一般教 2 个课时。该课会写字共 9 个。如果由你教写字部分,你分别在什么时段教哪些字?说说你的具体教学过程。

3.《天地人》是统编本语文课本识字课第一课。请运用第二章关于语文教学设计的知识,评估下列有关该课的"教材分析""学情分析"及"教学目标定位"在质量方面的优劣高下。

【教材分析】《天地人》是统编本语文教科书识字单元第一课,也是学生正式学习语文的首课。全课只有 6 个字,"天地人 你我他",分两行呈现。"天地人"是构成世界的三大要素,"你我他",是"人"的三个代称。背景图画是现代画家傅抱石的国画作品《一望大江开》,寥寥几笔,绘出万千意象,隐含"天地人"三者之间的关系。

【学情分析】学习本课,学生还没学习汉语拼音,也没有任何正规的识字学习经历。本课的教学,首先要激发学生对识字的渴望:中国字是最好的中国文化,中国人要识中国字,识字后就能读书,读书就能让人变得聪明。其次要让学生体会到识字的重要性:认识汉字,可以掌握更多的识字本领,能更好地理解世界。

【教学目标】

1. 准确认读"天、地、人、你、我、他"6 个生字。
2. 通过跟读,学习朗读课文。

第五章 小学识字与写字教学的实践

学习目标

1. 能依据教学设计的基本理论，设计格式规范且合乎学理的小学识字、写字、汉语拼音教学方案。
2. 能依据教学评价的基本理论，合理评价各类小学识字课、写字课与汉语拼音课。
3. 能依据教学实施的基本理论，妥善实施小学识字、写字、汉语拼音教学课，做到：教态大方，全程脱稿，表达流畅，板书精美。
4. 涵养基于国家课程标准、统编本教材与学生实际情况开展教学设计与实施的意识，培养严谨、细致、规范的工作作风。

问题探究

1. 汉字应该如何学？
2. 小学写字教学的基本程序是什么样的？
3. 小学汉语拼音学习方面，哪些点是必须引领学生梳理、辨别并加以区分的？
4. 小学可以开展哪些识字与写字学习活动？

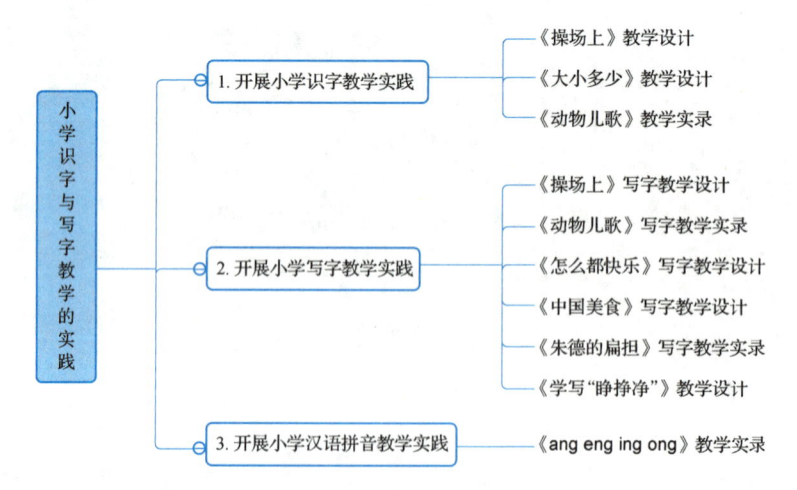

思维导图

小学识字与写字教学的实践
- 1. 开展小学识字教学实践
  - 《操场上》教学设计
  - 《大小多少》教学设计
  - 《动物儿歌》教学实录
- 2. 开展小学写字教学实践
  - 《操场上》写字教学设计
  - 《动物儿歌》写字教学实录
  - 《怎么都快乐》写字教学设计
  - 《中国美食》写字教学设计
  - 《朱德的扁担》写字教学实录
  - 《学写"睁挣净"》教学设计
- 3. 开展小学汉语拼音教学实践
  - 《ang eng ing ong》教学实录

第一节　小学识字教学示例

汉字是音、形、义结合体。识字教学就是要使学生读准字音，认清字形，了解字义，并建立三者之间的联系。当然，教学时不能平均用力，要根据生字音、形、义的特点及学生的认知心理逻辑有针对性地开展教学工作。本节以《操场上》《大小多少》《动物儿歌》等课例为载体，体现我们关于小学识字教学的思想。

一　《操场上》教学设计①

【教材分析】

本课是识字课文，以体育活动为主题，由一幅图、一组词串和一首儿歌组成。词串中的词语都是体育活动的名称，其中第一行的活动以手为主，词语中的动词都带着提手旁；第二行的活动以脚为主，动词都是足字旁；这一编排结构体现了编者要求根据汉字字形规律指导识字的意图。儿歌描绘了下课后同学们在操场上活动的情景，告诉小朋友参加体育活动可以使我们的身体更健壮。课文后有会认字表、会写字表与两道练习题。会认字表除列出"操、热、闹、锻、炼"等12个生字外，还特别标出了"火"字旁。会写字表共有"打、拍、足、跑"等7个字，左边两列田字格上分别有示范字与描红字，右边两列田字格上都没有字。一道练习题为朗读课文。另一道练习题为："你喜欢什么体育活动？和同学说一说。"显然，会认12个生字、会写7个字、根据偏旁四点底、火字旁、提手旁与足字旁掌握这四类字的字义特点、正确朗读课文及引发

参加体育活动的兴趣都是编者编辑这一课的意图所在。

【学情分析】

与体育运动有关的生字中，"跳绳、羽毛球、篮球"都是"识字表"中的会认字。"踢毽子、打篮球、踢足球、跳绳"等词语在之前的课文中出现过。"毽"与"乒乓球"的"乒乓"在之前的"识字表"中虽然都没有出现过，但因为是常用词语，所以，很多学生都已能认读出来。根据上述学情，拟采取复习旧知引入新课的教学方法。再，因为一年级下册的学生，有意注意时间还极为有限，思维还处在形象思维为主的阶段，所以，为增强形象性与趣味性，除引导学生借助图片阅读课文掌握字义、词义外，还采取课堂运动法、开火车读与猜字游戏法等教学方法。

【教学目标】

1. 会认"操、热、闹、锻、炼"等12个生字，会写"打、拍、足、跑"等7个字。认识偏旁火字旁，知晓火字旁与四点底的联系。学习"天天""锻炼""热闹"等

---

① 本教案由赵年秀设计。

词语。

2. 领会文中的儿歌内容并能正确、流利、有感情地朗读课文中的词串与儿歌。

3. 增进对祖国语言文字的热爱之情,激发参加体育活动的兴趣与注意活动安全的意识。

【教学重点】

"操"等12个会认字;"打"等7个会写字;火字旁与四点底的联系;"天天""锻炼""热闹"等词语的含义。

【教学难点】

读准平舌音"操"、翘舌音"场"和"热"、后鼻音"铃";明白"打""拍""拔"三个词的词义区别;正确使用"炼"与"练"这两个字;读准儿歌中的轻声音节,读出这首儿歌活泼轻快的语调;理解"天天""锻炼""热闹"等词语的意思。

【教学方法】

自读法、小组合作学习法、借助读物中的图画阅读法和课堂游戏法。

【教学准备】

教师方面的准备:"操"等12个会认字字卡;"打"等7个会写字的田字格字卡;课外体育活动图片及与之配套的词语卡片;菜场、广场与农场图片;将跳绳的"绳子"及羽毛球藏在讲台的抽屉里。

学生方面的准备:每人一套"操"等12个会认字字卡(不注音的);写上自己喜欢的体育活动名称的词语卡片。

【教学时数】 2课时。

第一课时

【教学要点】

学习课题与课文的词串部分。

【教学过程】

一、联系生活引发兴趣导入

同学们好!老师带来了两样好玩的东西,想不想看看?(从讲台抽屉中拿出"绳子")对,跳绳的绳子。(指PPT上的"跳绳")这个词语谁能读准确?后鼻音读得真准。大家齐声读。老师还带来了一样好玩的东西,想不想看看?(从讲台抽屉中拿出"羽毛球")对,羽毛球。(指PPT上的"羽毛球")大家齐声读。羽毛球谁打过?很好。谁还打过篮球、打过排球或者打过乒乓球?好玩的体育运动还有哪些?你最喜欢哪项体育运动呢?××举手了,你来说。谁还来说?嗯,咱们班热爱体育运动的孩子真多。

二、读课题,学词串,认读生字并理解运用

1. 初读课题与词串,整体感知

现在请打开书本第58页,大声读这一课的课题与词串部分,让老师听得见你的读书声。遇到不认识的生字,多读几遍,争取读准确。

2. 借助图片,读准生字读音,记住字形,理解词义,能区分"打""拍""拔"这三个词的意义

大家读得真认真,声音都很响亮。现在,老师要考考大家的音准了。××举手了,你来读,其他同学听。(PPT出示带"踢、操、拔、拍、跑、场"这6个生字的词语及配套体育活动图片,每个词语上都带拼音。边听边观察)。嗯,有同学听出来了,"操场"的"操"应该是——"平舌音",××,你再读读这个词语。这回读对了。全班同学齐读。谁来当小老师

领着全班同学齐读?

词语都会读了,接下来看看生字的字形。谁发现了记住"踢、操、拔、拍、跑、场"这六个生字字形的方法?预设答案:① 熟字加偏旁法:"拍、跑";② 偏旁归类法:"操、拔"都是提手旁,"跑、踢"是足旁;③ 字形归类法:都是形声字;④ 组词法。拔:拔河、拔萝卜、拔草;拍:拍手、拍打、球拍;跑:跑步、赛跑、起跑。场:农场、林场、菜场、广场。

字音、字形都会了。接下来看看字义。(PPT 出示带"拔、拍、打"这 3 个生字的词语及配套体育活动图片)请看 PPT,"拔、拍、打"三个动作中,哪一个不怎么用力也能完成?对,就是"拍"这个动作。下面,全体起立,出列。一边听老师说词语,一起展开想象做动作,比比看谁做得好。(词语分别为:打篮球、打羽毛球、打乒乓球、拍皮球、拔河、拔萝卜)

3. 边读边想,读出词语的味道来

(一边指 PPT 上的图片,一边说)同学们,假定现在是体育课,我们都来到了——操场上,操场好大好大,有很多的运动器材。于是我们就开始玩起来了。有的打球,有的拔河,有的拍皮球,有的跳高,有的跑步,有的踢足球,好不欢快。看着你们玩,老师情不自禁地想读课文中的词串了。边拿好书,边看课文插图,听我读。(教师认真地读,像在读诗歌)

同学们,老师读得好听吗?谁愿意当小老师,也像我一样地读?××,你一手拿好书,一边想象课文中的画面,像老师一样地读,其他同学边看 PPT 上的图片边听。嗯,操场上热闹的体育活动场面给读出来了,读得真好。(转)大家是不是都想读课文中的词串了?接下来,

男生读课题,女生也像读诗歌一样地读词串。老师发现大家朗读的声音都很响亮。接下来,女生读课题,男生也像读诗歌一样地读词串。嗯,同学们读书的声音真好听。

4. 运用"定位联想法"巩固学习成果

(PPT 显示课文词串中的生字:"操、场、拔、拍、跑、踢",编排位置同课文词串上的)同学们,PPT 上的生字,去了拼音宝宝,你们还认识吗?谁认识?谁还认识?谁能当小老师带着大家读?谁能不看课本就能根据这些生字读出课文中的词串?谁还能?谁能领着大家眼睛看着 PPT 上的生字并背诵课文中的词串?

三、在田字格中练写"打、拍、足、跑"四个字

此处从略。

四、总结与提升

同学们,操场很大,可以开展各项体育活动,快从抽屉中拿出词卡,告诉同桌,你喜欢哪项体育活动。谁愿意对着全班同学说说自己喜欢的体育活动并举着词卡当小老师领着大家读?谁还来当小老师?

同学们,刚刚你们说的体育活动,有的与手有关,如扔沙包、掷飞镖等,所以,都是提手旁;有的与脚有关,如踢毽子、跳绳、跨栏等,所以,"踢、跳、跨"都是足字旁的。嗯,铃声响了,现在下课。

第二课时

【教学要点】

学习课文中的儿歌部分。

【教学过程】

一、复习导入

（指PPT）同学们，上节课学的词串，不带拼音，还能都认识吗？像读诗歌一样各自读读。同学们，从你们刚才的朗读声中，老师听出了你们对操场上的体育活动的喜爱之情。有一位小朋友啊，不但和你们一样喜欢体育活动，而且还编儿歌表达自己的喜爱之情呢。

二、认读课文儿歌中的生字并理解儿歌

（一）初读儿歌，整体感知

现在请打开课本第59页，大声读这一课的儿歌部分，让老师听得见你的读书声。遇到不认识的生字，多读几遍，争取读准确。

（二）借助图片，读准生字读音，记住字形，理解字义与词义，认识偏旁火字旁，知晓火字旁与四点底的联系

1. 读准字音

大家读得真认真，声音都很响亮。现在，老师要考考大家的音准了。××举手了，你来读，其他同学听。（教师指PPT上的图片及带拼音的词语：铃声、热闹、锻炼、身体。边听边观察）嗯，有同学听出来了，"铃声"的"铃"应该是——"后鼻音"，"热闹"是轻声词，nao应该读轻一点短一点。××，你再读读这两个词语。嗯，这回读对了。全班同学齐读。谁来当小老师领着全班同学齐读？

2. 记住字形

词语都会读了，接下来看看生字的字形。谁有记住"铃、热、闹、锻、炼、体"这六个生字字形的好方法？预设答案：① 熟字加偏旁。如"铃、体、闹"。② 形声字归类。如"铃、锻、炼、热"。③ 组词法。铃：门铃、风铃、铜铃；热：热水、热心、热爱；体：体育、体操、全体、身体。

嗯，说得都不错。老师这儿还有一种记住字形的方法：偏旁归类法。我们上节课也用过。"铃、锻"都是金字旁，与金属有关。（PPT呈现工人炼钢图片）"锻炼"的"炼"，左边是我们这节课要学的新偏旁"火字旁"，"燃烧"两个字也都是"火字旁"。（PPT呈现火焰图片及火字的原初字形）"火"是象形字，意思是燃烧的火焰。"火"做偏旁时，如果在字的下部，便紧缩身体成了四点底（灬），（呈现柴火煮饭图片）如"炎热"的"热"，"煮饭"的"煮"。

3. 知晓词义并用词造句说话

字音、字形都会了。接下来看看词义。

（1）辨别"热闹"与"冷清"两个词语的意思

（PPT呈现两幅操场图）同学们，这两幅操场图，哪幅热闹？对，这一幅上，有的跳绳，有的踢毽子，有的丢沙包，很热闹。另一幅，空空的，一个人也没有，很冷清。（PPT呈现两幅课堂教学图）这儿有两幅课堂图片，哪幅图更热闹？对，左边这幅图，老师一提出问题，同学们便纷纷举手，这场面很——热闹。

（2）理解"锻炼"与"天天"的意思

（PPT呈现工人炼钢图片）请看这幅图。谁能使用"在"字句看图说一句话。预设：工人在炼钢。孩子们，百炼成钢，容易吗？嗯，是的，显然不容易。那，每天坚持跑步打球容易吗？是的，

也不容易。(提升)所以,只要是锻炼,都辛苦,都不容易。那,谁还愿意天天锻炼?愿意的举手。啊,都愿意,很好。现在我是记者,我来采访一下××同学。天冷了,北风吹得呼呼响,你还锻炼吗?还愿意!好。那,天热了,一走动就流汗,你还坚持锻炼吗?还愿意,好!也就是说——不论刮风下雨,不论寒冷或炎热,你都坚持锻炼,这就叫——天天锻炼。我再来采访采访。××同学,天天锻炼很辛苦不容易,你怎么还愿意呢?嗯,说得太对了,因为天天锻炼了身体就好。

(三)朗读儿歌并理解儿歌内容

1. 朗读儿歌,读准轻声词,读出欢快的韵味来

生字认识了,词语的意思明白了,接下来我们一起来读儿歌。同学们读上句,老师读下句。(下句含有轻声词,所以老师先示范读)接下来,老师读上句,你们读下句。预设评价语:嗯,都不是一字一字地读,而是一组词一组词地读,读得好。

现在开展男女生对读比赛,其他同学与老师当评委,看看哪一方读得好?嗯,有同学举手了。"了""闹"应该轻读。××,请再读一次。嗯,这回不仅读准了,还读出了轻快活泼的味道。真好,大家为他鼓掌。还有谁愿意代表男生参加比赛?女生呢?好。其他同学与老师仍当评委。比赛开始——(本环节评价语预设:嗯,不仅读得正确,还能注意轻声和停顿,读出了节奏,读出了韵味,真好听,真了不起。为他鼓掌)

老师发现大家都想读了。这样吧,同桌之间互相对读,比比看,谁赢了?

2. 理解儿歌内容

儿歌大家会读了,接下来老师考考你们的理解能力。老师问,你们根据课文回答。比比看,谁听得明白?谁答得准确?

第一个问题:在这首儿歌中,小朋友们是在什么时间跳绳、踢毽、丢沙包?对,在下课时间。

第二个问题:在这首儿歌中,小朋友们是在什么地方跳绳、踢毽、丢沙包?对,是在操场上,不是在公路上,公路上人多车多玩起来不安全。(举起字卡)齐读:操场,操场,操场。"场"是提土旁,与地方有关。(PPT呈现操场图片)这是——操场,做操的地方。(PPT呈现菜场图片)这是——菜场,卖菜的地方。(PPT呈现广场图片)这是——广场,集会的地方。(PPT呈现农场图片)这是农场——种植农作物的地方。无论是菜场、农场还是广场,地方都——比较大。

第三个问题:小朋友在操场上干什么?预设:跳绳、踢毽、丢沙包。嗯,回答正确,但用了七个字。谁能将这七个字的回答浓缩成两个字?对啦,就是"锻炼"这两个字。

第四个问题:为什么要坚持锻炼?预设:为了身体好。对的,身体好,才能学习好,才能建设好祖国。咱们班哪些同学身体好?你为什么这么认为?答案预设:身体强壮、生病少、不怎么感冒、做事有劲儿。

(四)运用"定位联想法"巩固学习成果

(PPT显示课文儿歌中的生字:铃、热、闹、锻、炼、体,编排位置同课文儿歌上的)同学们,白板上生字,去了拼音宝

宝,你们还认识吗?谁认识?谁还认识?谁能当小老师带着大家读?谁能不看课本就能根据这些生字读出课文中的儿歌?谁还能?谁能领着大家眼睛看着PPT上的生字背诵课文中的儿歌?

现在打开课本59页,齐读儿歌。

三、学写"声、身、体"三个字

此处从略。

四、复习巩固并布置作业

字都写完了。现在,拿出生字卡,同桌之间你读我听,你读生字我组词,比比看,谁念得准,谁组词组得多。

接下来开展男女生认字组词比赛,比比看,哪一方念得准,哪一方组词多,哪一方边组词还能边做动作或者用词语说一句话。答案预设——操:做操、操练;场:场地、农场、菜场、广场;拔:拔河;拍:拍手、拍打、拍桌子;跑:跑步、长跑;踢:踢腿、踢足球;铃:铃声、铃铛;热:火热、炎热;闹:闹心、闹市、哪吒闹海;锻:锻造;炼:炼钢铁、磨炼;体:体会、体味、体察、身体、物体、体育。

同学们,今天这两节课,我们不仅认识了12个生字,还学写7个字,积累了很多词汇;不仅会读课文中的词串,还会背诵课文中的儿歌。学了这么多的新本领,你们能不能干哟?一齐夸夸自己吧。"能能能,我们能;行行行,我们行。"

同学们,今天的课后作业为:和爸爸妈妈一起,选择喜欢的体育活动,每天坚持运动半小时。可以把运动的过程,尝试编成小儿歌。还可以搜集有关体育活动的小儿歌背一背。这周的课外阅读课上展示交流。现在下课。

《大小多少》教学设计[①]

【教学目标】

1. 通过图文对照等方法,认识"多、少"等12个生字,认识"反犬旁",会写"少、小"等生字。

2. 正确朗读课文,了解"大、小""多、少"的对比关系。

3. 在朗读中初步感知"个""只"等量词的使用。

【教学过程】

一、揭示课题,导入新课

1. 今天我们一起来学习《识字7》。(板书课题:大小多少)

(1)学习生字"小"。"大"这个字我们学过了,跟老师一起写。(指名上台)让我们用身体摆个"大"字。在你们的心中,什么又是"小"的呢?(指名答)一颗颗的沙粒就非常的小。(板书:小)写的时候要先写中间的竖钩,后写两边的点。看看"小"字,在这个字中,你还能找到小沙子吗?(指名答)

(2)学习生字"多""少"。"多"这个字很好玩,上下两个"夕"搭在了一起,你知道这搭在一起的是什么吗?这个字最早表示肉很多,都堆起来了。"少"和"小"很像,看老师写,仔细观察有什么不同?(指名答,注意第一笔不能带钩。)

2. 指名读课题《大小多少》,注意词

[①] 史春妍.《大小多少》教学设计[J].小学语文教学,2020(7):47-48+45.

连读。再看看这四个字,说说你发现了什么?(反义词)

3.(出示开心农场地图)老师要带小朋友去好玩的开心农场游玩,看看这里什么大,什么小,什么多,又什么少呢。

【设计意图】识字教学要重视培养学生热爱汉字的情感,感性形象地识字,感受汉字的情趣,不要割裂汉字的音、形、义,将汉字作为抽象的符号死记硬背。要增强学生学习汉字的信心,养成独立识字的能力。

二、初读儿歌,整体感知

1. 师范读。

2. 指名读儿歌,注意相机正音。

3. 谁来说一说,你通过读儿歌知道开心农场里有什么吗?(生交流)

4. 开心农场里有可爱的动物,还有好多的水果,真是个好玩的地方,我们快走进去看一看吧。

三、学习课文第一部分

1. 走进开心农场,这里的动物可真多。(出示第一、二句话)读一读,圈出动物的名字。

2. 指名读,师相机在课件上圈出。

3. 我们来认一认它们的名字。(出示词卡:黄牛、猫、鸭子、鸟)指名读,相机正音,"黄"是后鼻音韵母,"鸭子"的"子"是轻声。

4. 我们的祖先为什么给它们起这样的名字呢?

(1)(出示黄牛图)这就是牛。瞧一瞧,牛的头上有什么?(指名答)"牛"这个字里面也有牛角呢(出示牛头图、牛的古字和"牛"字)。你发现了吗?"牛"这个字就是根据牛头的样子造出来的,我们一起再读一读这个字。(师指黄牛图)"黄牛"可是农民伯伯种田的好帮手。它的兄弟姐妹也都个个棒棒的。(出示其他牛的图片)这些你都认识吗?和小朋友说一说你对它们的了解。(生交流)这是水牛、奶牛、牦牛。(相机出示它们的名字,一起读一读)这些牛都很能干,我们对很能干的人也会说:你真牛!

(2)教学"犭"。(出示"犭"和一只小狗的图片及"犬"字)反犬旁就是一只站起来的小狗的样子,数一数,小狗有几条腿?(出示猫图)再看看小猫呢?很多像小狗一样有四条腿的哺乳动物,名字里都有反犬旁。(出示汉字"猫")我们再把右边的"苗"连起来读三遍。你发现了什么?(像猫叫)

(出示其他带有"犭"的动物名字:狼、猪、猴……生认读。)

(3)(出示小鸟图和汉字"鸟")看小鸟的图片,再看"鸟"字,你能在汉字中找到小鸟的眼睛和爪子吗?(指名答)一点就是小鸟的眼睛,一横就是小鸟的爪子,"鸟"这个字就是根据小鸟的样子造出来的。

(4)(出示鸭子图和汉字"鸭")鸭子的名字里面怎么也有一只"鸟"呢?让我们仔细看一看它的样子,再摸一摸它。(指名答)鸭子和鸟一样有翅膀有羽毛,所以是鸟字旁。我们再来看看这个字左边是"甲",古音"ga"。按照古时候的音念三遍,嘎嘎嘎。这一次,你又有什么发现呢?("甲"和叫声有关)这些动物的名字是根据它们的样子和特点造出来的,我们再读读它们的名字。

【设计意图】关注汉字的构字思维去教学"牛""犭""鸟"和形声字"鸭",引

071

导学生探寻识字的逻辑线索,学会思考和分析,科学地识记字形,发现规律,举一反三,自主识记。这样引导学生识字,不是只关注眼前的一个字,而是重视培养学生的识字思维,促使学生对识字序列性和规律性的感知与掌握。

5. 黄牛和猫谁大谁小呢?看一看它们的样子,比一比,请你们上来贴生字字卡"大"和"小"。像小猫一样小小的,我们说——(一只。出示词卡,认读),像牛一样的大个子,我们说——(一头。出示词卡,认读)。我们一起再来读一读这句话,读出它们不同的样子。

6. (播放动画歌曲《数鸭子》)看鸭子游过来了(贴图),快来数一数吧,你数了多少只鸭子?(生自由发言)这么多的鸭子在一起就叫——(一群。出示词卡,认读)。这里又有几只鸟儿呢?(点红"一只")(出示第二句和图)我们一起读一读。鸭子和鸟儿谁多谁少呢?(指名生上台贴词卡"多"和"少")

7. 小结:我们通过比一比,开心农场中动物的"大小多少"就弄明白了。

8. 齐读第一、二句话。

四、学习课文第二部分

1. 开心农场里有很多的果树呢,我们今天来得正好,果子大丰收了,老师把它们都装在这个袋子里了。它们的名字都写在了你们桌上的信封里,请你们和同座位小朋友拿出来认一认,选出你最想吃的,准备来点餐。(同桌互相认读生字卡片)

2. 你想吃什么呢?请一个同学上来,摸出来哪一个,想吃的人就举起它的名字。(依次贴卡片:苹果、枣子、桃子)少了什么?画出杏子。

3. 再读读它们的名字,你有什么发现?(这些字里都有"木"),都是长在树上(出示苹果树、枣子树、杏树、桃树图片)

4. 我们也来帮它们比一比"大小多少"吧。(出示第二部分课文,指名读)

5. 像小枣子这样圆圆的,我们就用——(一颗)。杏子会有多少呢?我们一起来画一画。(师生一起动手)真像高高的小土堆啊!所以"堆"字左边有个"土"。

6. 我们也来比一比,你会用上"大小多少"来说吗?苹果大,枣子小,你能把"苹果大"变成"苹果小"吗?学生自由想办法。(出示图片:西瓜大,苹果小)瞧,大小多少都是相对的,要看它和谁比了。

【设计意图】 在识字教学中关注学生的学习心理,将学生熟识的语言因素作为主要材料,结合学生的生活经验,识用结合。这里没有用教师为主的讲解汉字和机械地重复抄写方式,而是让学生自主发现和实践运用,提高识字的效率。

五、齐读全文

齐读。分男女生读。

六、书写生字

1. 练手腕。下雨了,沙沙沙,小朋友,转圈圈。滑到左,滑到右,遇见朋友,点点头。

2. 师范写,指导书写"牛"和"鸟"。

【案例评析】

教师在教学汉字时,一方面关注学生的学习心理,将学生熟识的语言因素作为主要材料,结合学生的生活经验,引导学生关注汉字的构字思维,以构字思维去教学"牛、犭、鸟"和形声字"鸭";另一方面,引导学生自主识记,发现规律,探寻识字的逻辑线索,学会思考和分析,举一反三,提高识字的效率。

二 《动物儿歌》教学实录①

【教学过程】

一、进入情境,明确任务

师:小朋友们,下学期就会有新的小弟弟小妹妹们来上学了。咱们来送他们一份自己做的小礼物吧!

师:他们都喜欢小动物,咱们就送动物名片给他们吧!这张动物名片里要有小动物的头像、名字,还要有一句夸它们本领的话。

师:要完成这张动物名片,可以向一首儿歌学一学,这首儿歌是?(出示课题)生(齐读):《动物儿歌》。

二、多种形式,读准儿歌

师:要向儿歌学习,就要先会读儿歌。请大家打开课本,自由朗读,读准字音。(生自由朗读)

师:哪位同学认为自己能够把儿歌读正确、读流畅了?请举手。

(举手的学生不多)

师:不敢读整篇,那就先读两行,谁来?(很多学生举起了手)这么多人呀!自信的同学把手举得直直的,请你来!

生(声音较响,略有拖音):蜻蜓半空展翅飞,蝴蝶花间捉迷藏。

师:读正确了,而且声音响亮,掌声送给他!(全班鼓掌)谁接着读?

生(声音更响亮):蚯蚓土里造宫殿,蚂蚁地上运食粮。

师:读得多好啊!掌声送给他!同学们,一定要相信自己,在课堂上抓住机会练习!(全班同学都举起了手,师请一生读)

生:蝌蚪池中游得欢,蜘蛛房前结网忙。

师:大家都读好了。我想了解一下,认为自己同桌读得很棒的,请举手!(大部分学生举手)请你把大拇指送给他,真诚地夸夸他。想想看,你会怎么夸?

生:你都读对了,真了不起!

生:你读出了节奏,声音很好听!

师:快来夸夸你的同桌吧!(生互夸,互竖大拇指)

师:刚才读错了得到同桌帮助的小朋友请举手!是哪一句读错了?

生:蚯蚓土里造宫殿。

师:现在读对了,进步了!我们一起不打节奏读一读这首儿歌,看看能否做到不拖音。(师生共读,读正确,读出节奏)

三、借助形声字规律,识记生字

师:儿歌里写到了哪些小动物?请大家再读一读,圈出动物的名字。

(生圈画动物名字,汇报)

生:我圈出了蜻蜓、蝴蝶、蚯蚓、蚂蚁、蝌蚪、蜘蛛。

师:跟她一样的举手!把大拇指送给自己!现在,看仔细,小动物的名字从

---

① 曹爱卫,吴忠豪.《动物儿歌》课堂实录及点评[J].语文建设,2023(18):54-60.

句子里跑出来了,你们还认识吗?如果叫对了小动物的名字,它们就会出来见你们。(教师出示带拼音的动物名字,一个名字请一位学生读,读对了,全班跟读,出示动物图片;读错了,教师纠正读,读对后再出示动物图片)

师:如果没有拼音,你们还能叫对它们的名字吗?(去掉拼音,全班齐读六种动物的名字)

师:这六种小动物的名字,其中三个是我们今天要会认的。来,读一读!(教师分别举起"蜻蜓、蚂蚁、蜘蛛"三个词卡,学生认读,读准后贴在黑板上)

师:刚才是把两个字连成一个词语读。如果把两个字分开,你还会读吗?(用课件动画单独呈现"蜻、蜓、蚂、蚁、蜘、蛛"六个字)

师:读着读着,你们发现这些汉字有什么共同点?

生:都是虫字旁。

师:说明这些小动物都与什么有关?

生:昆虫。

师:对,虫字旁告诉我们这些汉字的意思。再看"蜻",把"蜻"右边的"青"字单独请出来,读读这两个字!

生:蜻,青。

师:你又有什么发现?

生:两个字的读音是一样的。

师:那下面这些字的读音有什么规律呢?我读带虫字旁的字,你们读没有虫字旁的字。(师生合作读:蜓—廷,蚂—马,蚁—义,蜘—知,蛛—朱)

师:这些字右边的部分在提示我们这个字的?

生:读音。

师:太棒了!这样的字就叫形声字。(出示词卡"形声字",生齐读)

师:这样的字就可以借助形声字的规律来认。(师板书"形声字规律")

师:大家借助形声字规律认识了这么多生字,你有信心很快地认出单个汉字吗?我们来玩一个叫"汉字大转盘"的游戏,如果你忘记了这个字的读音,可以借助形声字规律,根据右边字的读音来认读哦!(师生一起玩"汉字大转盘"游戏)

师:借助形声字规律,大家很快地记住了这六个生字。课文里还有三个小动物的名字,我们一起来认一认。

师:这两个字读?(课件展示带拼音的"蝌""蚪")这两个字呢?(课件展示"蝌、蚪")(生读得准确无误)

师:下一个可难了。先读一读这两个字。(课件展示"胡、枼","枼"标注拼音)再来读这两个字。(课件展示"蝴、蝶")(生读得准确无误)师:"枼"和"蝶"读音有点不同。"枼"读"ye","蝶"的韵母是"ie",它们俩读音接近,也可以借助形声字规律来识记。我们再读一读这三个词。(生读)

师:你还见过哪些小动物的名字里有虫字旁,且符合形声字规律的?

生:蛙、蝉。

师:对!还有吗?(生一时想不起来)老师给出几个,你们来猜读!(课件出示词语"蜈蚣",生认读)

师:你是怎么猜出来的?

生:"蜈"的右边是个"吴"字,"蚣"的右边是个"公"字。

师:猜得对不对呢?(课件出示"蜈蚣"的拼音和图片。以同样的方法,指导学生认读"虾""蝈蝈""螳螂")

师:我们已经能借助形声字规律认识这么多字了,把掌声送给自己!

四、多种方法,趣味识字

师:认识了小动物,知道了它们的名字,动物名片的前面两部分就可以做出来了。最后我们还要夸夸小动物的本领。

师:《动物儿歌》里的小动物都有什么本领?请你用横线画出来。蜻蜓最大的本领是什么?

生:展翅飞!

师:对!把"展翅飞"画出来。下面请你们一边轻声读,一边画出小动物的本领。(生自主学习,边读边画,画完后请一生汇报)

师:你们太厉害了!现在,我读前面四个字,你们把小动物的本领读出来。蜻蜓半空——生(齐读):展翅飞。(师生合作读)

师:这些小动物可真了不起!有四种动物的本领中藏着我们今天要认的字,来读一读这四种本领。(课件出示四个短语,将"迷、藏、造、运、食、粮、网"标成红色)

生(齐读):捉迷藏、造宫殿、运食粮、结网忙。

师:红颜色的字是我们今天要认的字,老师把它们请出来,谁有好办法给它们归归类,让我们记起来更方便一点?

生:迷、造、运。

师:你为什么把这三个字放在一起?

生:因为它们的偏旁相同。

师:真好!你有自己的分类依据。我们一起读!(学生认读"迷、造、运")

师:这三个字的偏旁相同。这个偏旁叫"走之旁",跟老师一起读——走之旁。

(生读)

师:老师把它们三个请到黑板上。刚才这位同学把相同部件的汉字归成一类来记。(师板书"同部件归类")这三个字偏旁相同,长得很像,怎么区分它们呢?

生:"迷"有个"米","米"和"迷"读音很接近,可以借助形声字规律识记。

师:同一个汉字,我们可以用不同的方法来记。只要便于自己识记,都是好方法。这里还有四个字,哪个字可以用"同部件归类"的方法来记?

生:"食"和"粮",都有一个"良"字。

师:"粮"和"食"连在一起,也可以组成一个词,叫?

生:粮食。

师:我们课文里说的是?

生:食粮。

师:对,"粮食""食粮"意思相近。(师指"藏"字)

这个字可难了,读?

生:cáng。

师:如果请你用动作来演示"藏"的意思,你会怎么做?(学生纷纷演示)

师:好,请大家回到座位上。刚才大家的动作,让你们想到了哪个带"藏"的词语?

生:躲藏、东躲西藏、隐藏、埋藏。

师:我们把自己的身子藏起来,也可以说是?

生:藏身。

师:通过做动作、组词,同学们很快记住了"藏"字。(师板书"组词识字")

师:最后一个字,老师想请你们仔细看(师手持"网"的图片及相应的象形字),你发现了什么?

生:网里面有很多线,"网"字里的叉叉表示里面有很多线。

师："网"的字形和"网"的样子很像，这样的字我们一年级就学过，叫？

生：象形字。（师板书"象形识字"）

师：把学过的识字方法用起来，能帮助我们快速记住生字。我们再一起读一读今天学的生字吧！（生结合板书，认读生字）

五、借助句式，创编儿歌

师：学到现在是不是有点累了？轻轻起立，我们一起加上动作读一读这首儿歌。（生起立，结合视频，加上自己喜欢的动作读儿歌）

师：大家能不能根据我的提问读出儿歌中相应的句子——谁在半空展翅飞？

生：蜻蜓半空展翅飞。（后面内容师问生答）

师：又读了一遍儿歌。现在同学们知道儿歌在写动物本领的时候是按照什么句式来写的吗？

生：先写"谁"，再写"在哪里"，最后写"干什么"。

师：我们用上句式，来夸一夸小动物的本领。（师出示蝈蝈、小虾的图片）

生：小虾水里游得欢。

师：掌声！第一位小诗人诞生了！谁还会？

生：蝈蝈草丛唧唧叫。

师：不错。还有没有？说自己喜欢的小动物也行。

生：小狗草地跑得欢。

师：小狗是动物，也可以。现在小组内互相说说，如果小伙伴没说好，你就帮帮他。（生练说句子）

师：很多同学都已经会说了。通过互相帮助，我们有进步了。谁想跟大家分享？

（小组汇报：小鸟天空飞得高，小狗地上跑得快，小鱼水里游得快，小猫花丛捉蝴蝶）

师：把我们编的句子写到"动物名片"上，动物名片就制作好了。课堂上我们没有时间一起来画、来写，把这个小任务带回家完成。

六、归类习字，学写走之旁（略）

【案例评析】

案例中教师善于运用字理识字法，教认"形声字"。首先，引导学生发现这六个汉字有"虫字旁"，归纳出"虫字旁"的汉字一般与昆虫有关，让学生初步了解形声字"形旁"与意义有关。其次，再出示"蜻—青"这一组读音相同的字，引导学生发现"青"加上"虫字旁"读音不变，认识形声字声旁表音的规律。接着出示"蜓—廷、蚂—马、蚁—义、蛐—知、蛛—朱"五组生字，师生互读对照，引导学生认识什么是"形声字"，并且很自然地归纳出形声字"形旁表义，声旁表音"的规律。最后，在学生知道了利用形声字规律识字的方法后，教师继续引导学生回忆自己还见过哪些符合形声字规律且是虫字旁的字，这样运用规律自主识字的设计，有助于学生真正掌握借助形声字规律识字的方法。整个环节的指导细腻且扎实有效，符合低年段学生的认知规律。

扫描目录页二维码，学习《天地人》教学设计和《人之初》教学设计。

第二节 小学写字教学示例

第一学段的写字质量要求涵盖写字知识、写字能力、写字习惯与汉字形体审美等多个方面。本节以《操场上》《动物儿歌》《怎么都快乐》《中国美食》《朱德的扁担》《学写"睁挣净"》这些课例为载体，体现我们关于小学写字教学的思想。

一 《操场上》写字教学设计[①]

【教学过程】

1. 认字组词

（指课件上的"声、身、体"三个字）这三个字谁认识？谁还会用这三个字组词？（边听边在副板书区写下相关词语：声音、身体、体会、自身）

2. 观察并说说"声、身、体"各部件的占位和书写要注意的笔画

具体过程从略。

3. 范写"声、身、体"

边写边提示：① "声"字上小下大，"士字头"上横长，下横短。下面部分中间的短竖要与"士字头"的一竖对齐，最后一撇要舒展。② "身"字是独体字。书写时，注意横之间要均匀；横折钩有如人的站姿，从头经后背到腿脚，长而挺拔；最后的撇从横中线以上起笔，贯穿整个字。③ "体"字左窄右宽，左右高低差不多。撇紧靠竖中线起笔后穿插到单人旁的下面，整个字左右要紧凑。末笔是一短横，提示身体是根本，要爱惜，千万别忘记。

4. 学生练写

接下来同学们在课本上练写"声、身、体"三个字。先描红后书写。先做写字操调整写字姿势，做到头正、身直、臂开、足安。开始描红。开始书写。（学生描红写作过程中，教师巡视监控并个别辅导）

二 《动物儿歌》写字教学实录[②]

【教学过程】

师：今天我们要写的三个字是？（出示田字格里的"迷、运、造"）

生：迷、运、造。

师：它们都有相同的偏旁，叫？

生：走之旁。

师："走之旁"里面有一个新笔画，叫"横折折撇"。（师手持笔画卡片）请跟我读——

生：横折折撇。

---

① 本写字教案由赵年秀设计。
② 曹爱卫,吴忠豪.《动物儿歌》课堂实录及点评[J].语文建设,2023(18):54-60.

077

师：来跟老师念儿歌："横要往上斜，顿笔往左折，折折撇，像小s，笔画弯弯写得快。"看老师写一遍，举起手跟着老师一起写，准备！（师生一起边念儿歌边写笔画）

师："横折折撇"和"点""捺"合在一起，就形成了新的偏旁"走之旁"。怎么写呢？第一笔"点"，第二笔"横折折撇"，第三笔"捺"。这个"捺"有点难写，像我们滑滑梯，先是平着起笔，再往下滑，最后"捺"出脚。（师生一起书空）

师：所有"走之旁"的字，都是先写里面，再写外面。（师一笔一笔写"迷"，生在课本上先描红再写，师点评修正）

师：这节课我们就上到这里，再见！

【案例评析】

案例中教师注重写字要领的介绍和书写示范。譬如教写"横折折撇"，教师一边说"横要往上斜，顿笔往左折，折折撇，像小s，笔画弯弯写得快"，一边示范；要领介绍简短、形象，示范及时恰当。

三 《怎么都快乐》写字教学设计①

【教学过程】

1. 生字归类

提示：本课7个生字，按照不同的结构、不同的偏旁，可以这样分，上下结构有"当、音"，左右结构有"玩、很、讲、行、许"。

2. 指导书写

（1）学写"当""音"。提示："当"和"音"的起笔很重要，都是稳稳当当站在竖中线上，写好这一笔，你就能找准它们的位置。

（2）学写"很""行"和"讲""许"。提示：指导"双人旁"，两撇要在一条直线上起笔，第二撇比第一撇稍长。双人旁略高，右半边略低；言字旁的字，左右等高。

（3）学写"玩"。提示：指导穿插避让，王字旁，横变成提；"元"的一撇穿插到左下半格。

3. 生练写，师点评后再次练写

具体过程略。

【案例评析】

书写前，教师引导学生将生字归类，通过观察每组字的构字特点，发现写字规律。再由写好一个字迁移到写好一类字，通过一组一组的讲解，进而学会所有生字的书写。循序渐进、逐步提高，既提高了课堂效率，又提升了学生学习能力。

四 《中国美食》写字教学设计②

【教学过程】

今天，老师教给你们一个学习生字的好方法。（出示"烧、烤、炒"三个生字）

1. 教给自主写字的方法

比较宽窄与高矮：这几个字都是火字旁，又都是左右结构的字，我们来比

---

① 韩玉婵.《怎么都快乐》教学设计[J].小学语文教学，2021(Z1)：34-35.
② 杜春蕾.《中国美食》教学设计[J].小学语文教学，2021(Z1)：99-100.

较一下左右两边的比例,谁高谁矮？哪边宽哪边窄？预设：左窄右宽、左低右高。

注意穿插：右边都有撇,并且都正好要穿插到"火字旁"的底下。找关键笔画：仔细观察一下,哪个笔画的位置正好压在横中线或竖中线上,可以帮助我们把整个字摆正的？

易错提醒：哪些地方容易错,应该如何避免写错？(口诀记忆："烧"的右上角没有点,"烤"的右下角没有横)形成口诀,指导书写："烧"字上面没有点,"烤"字下面没有横。左边窄,右边宽,一撇撇到火堆下。

2. 运用以上方法,学写"鸭、鸡"两个生字

方法提示：插—关键—易错—口诀。

【案例评析】

教师将同样结构的汉字放在一起,引导学生比较"烧、烤、炒"的构字特点、间架位置和比例关系。通过一次一次的追问,引导学生辨析三个字的不同,帮助学生精准地掌握字形结构。既培养了学生的观察能力,又提高了写字效率。

五 《朱德的扁担》写字教学实录[①]

【教学过程】

师：生字会认了,我们还要来写四个生字,这四个生字可以组成两个词语。请看——(出示田字格里的"扁担"和"志士",学生齐读词语)

师："扁担"的意思我们知道了,那"志士"是什么意思呢？(生摇头)

师："志士"是指有坚定意志和高尚情操的人。这种人,很值得大家尊敬呢！比如朱德就是志士。理解了"志士"的意思,我们再来看这四个字的结构。

生：这四个字结构不同,"扁"是半包围结构,"担"是左右结构,"志"是上下结构,"士"是独体字。

师：请看"扁"和"志",老师给它们加上三角形,你发现这两个字写的时候,要注意什么？

生：上面写得小一点,下面写得大一点。

师：如果再加上两条线,你们能发现得更多。

生："扁"下面的横折钩要写到上面"户"字横折的外面。

师：对,这样才能做到上面小,下面大。再看"志",我也给它加上两条竖线。你们又有什么发现？

生："志"下面的"心"要比"士"写得宽。

师：好,看老师写一个,请你们举起右手,伸出食指,跟着老师一起书空。(师边写边强调书写要注意的关键点,生跟着书空)

师："担"和"士",请你们看着田字格以及老师给出的图形提示,自己书空一遍。(生观察,书空)

师：现在请拿出写字本,描一个,写一个。把四个生字写正确,写漂亮。(生

[①] 曹爱卫.《朱德的扁担》(二上)教学[J].小学语文教学,2022(Z1):14-19.

练写)

师:最后,请大家把"扁担""志士"连起来,一个词语抄一遍。(生抄写词语)

师:朱德同志到底怎么挑粮的,后面的故事又是怎么发生的?我们下节课再来学习。

【案例评析】

案例中教师引导学生主动评价与比较"扁、担、志、士"四个字结构的不同,归纳出"扁"是半包围结构,"担"是左右结构,"志"是上下结构,"士"是独体字的结论;再适时点拨书写要点,最后进行书写示范,使得学生对所学汉字产生了深刻的印象,掌握汉字书写的规律。

六 《学写"睁挣净"》教学设计[①]

【学情分析】

课前调研发现中年级学生已基本上养成了先观察再临摹的写字习惯,但还不会自觉地去找"一类字"写法上的共同点。

【教学目标】

1. 复习"睁、挣、净"三字的字音、字形与字义,领悟这三个字的形体变化及部件组合规律,明了其运笔要领,争取在田字格中把这三个字写美观。

2. 在探讨字形组合规律中领悟挣钱致富靠劳动、讲究卫生勤动手等人生道理。

【教学重难点】

在田字格中把"睁、挣、净"这三个字写美观。

【教学准备】

演示"睁、挣、净"三字书写过程的多媒体课件及若干空白田字格磁板。

【教学方法】

要领讲解法、示范法、演示法、观察与临摹结合法。

【教学时间】

10分钟。

【教学过程】

一、学写"睁"字

1. 开门见山提出写字任务导入

接下来"写字",请看白板,这个字谁认识并能组词?

预设答案:睁,睁眼的睁,睁开的睁。预设评价语:发音和组词都正确。你当小老师领着大家读。全部跟读。

2. 讨论字形特点与运笔方法

一起察看察看这个字,谁来说说它的字形特点?

预设答案1:形声字,左边"目"旁表义,说明这个字与眼睛有关,右边是声旁"争"。教师理答:说得好。谁还有发现?

预设答案2:左右结构,左窄右宽。

教师理答:说得好对。"目"字单写宽宽的,做了偏旁后身子变窄了。声旁"争"在书写时有要特别注意的地方吗?

预设答案:第一撇在竖中线上起笔。而且起笔还要略高。长横靠近横中线运笔,穿过横折的右侧。竖钩就像一个人站得直直的。

[①] 本写字教案由李楠设计。基于该教案的课堂教学演示荣获"语文报杯"全国微课大赛特等奖。

教师理答:说得形象生动,运笔时,竖钩靠近横中线,要挺。

3. 描红书写

(1) 教师示范书写

对"睁"字我们已经心领神会了。接下来,边看老师写,边琢磨书写要领。教师边写边讲解书写要领:……"目"中间两横分均匀才好看,竖钩挺拔带弧势……重点笔画用红色粉笔标红。

(2) 念书写姿势口诀并开始书写

书写姿势口诀:头正、身直、臂开、足安。请两位同学上黑板书写。其余同学在座位上描红。教师巡视监控并进行个别辅导。

4. 点评黑板上的作业

时间到,谁来评一评?答案预设:两个人的字都很美观、很和谐,刚才讲的地方都注意到了。

教师理答:写得好,评得也很到位。

二、学写"挣、净"

1. 复习字音与字义

请全体看白板,这两个字,谁认识并能组词?预设答案:挣,挣钱的挣,挣扎的挣;净,干净的净。教师理答:发音和组词都正确,你当小老师领着大家读。全班齐声跟读。

2. 辨别"睁、挣、净"这三个字的异同

一齐看课本。找找"挣、净"这两个字在字形上与"睁"字的相同点。参考答案:都是形声字,声旁都是"争";都是左右结构,左窄右宽。教师理答:说得对。现在请找找这三个字之间的不同。预设答案:形旁不同,因而含义也不一样。"睁"字与眼睛有关,是"目"旁,早晨闹钟一响,要努力睁开眼睛不迟到;挣扎的"挣"与动作有关,是提手旁,勤动手才能挣钱致富;干净的"净"与水有关,简化为两点水,含义是勤动手、勤用水洗洗涮涮才卫生。教师理答:不仅能据形辨义,还能据字领悟人生道理,真是勤用心、会学习的孩子,咱们一起夸夸他:"棒棒棒,你真棒!行行行,你真行!"

3. 边看多媒体书写演示边书空

接下来,边看多媒体动画边跟着书空。PPT 呈现"挣、净"二字的书写过程。学生边念笔画边跟着书空。

4. 讨论"挣、净"这两个字的书写要领

指白板上的"挣、净"这两个字,问:怎么写才能更美观?有哪些书写要领?预设答案:"扌"的横和提短短的,要避让右边的声旁。教师理答:声音真好听,观察得细致,用词也准确。老师也想写一写这个字了。边写边讲解要领:横画略向右上斜,竖钩挺拔带弧势,提由左下而右上,线条由粗而细、分明有力。

指白板上的"净"字,问:关于"净"字的书写要领,谁有发现?预设答案:左边的两点要呼应,右边的"争"字上小下大;整个字左散右聚。教师根据情况理答后,在黑板的田字格中示范书写"净"字,边写边强调书写要领。

5. 学生练写"挣、净"二字

接下来写挣扎的"挣"、干净的"净",先描红后书写。学生按照写字操调整写字姿势,力求头正、身直、臂开、足安。开始描红。开始书写。教师巡视监控并个

别辅导。

三、总结收课

时间到,看看这几位同学今天的书写作业,可以说是——"笔笔"到位。咱们班的同学在写字课上啊,不仅观察细致,书写也很认真;不仅心灵,还手巧。咱们互相夸夸:棒棒棒,你真棒;行行行,我们行!

第三节 小学汉语拼音教学示例

本节以《ang eng ing ong》课例为载体,表达笔者关于小学汉语拼音教学的主张。

《ang eng ing ong》教学实录[1]

【教学内容】
一年级上册第三单元第14课。

【教学目标】
1. 能正确认读鼻韵母 ang、eng、ing、ong,记住字形,学习在四线格里书写。
2. 学习拼读由声母和鼻韵母 ang、eng、ing、ong 组成的音节。
3. 认识本课的生字。

【教学过程】

一、创设情境,引出字母发音

师:小朋友们仔细地看一看,图上画了谁,都在做什么呀?(出示图片)

生:妈妈抱着孩子哄她睡觉。

师:妈妈正在床上哄宝宝睡觉。再看看,图上除了有妈妈抱着宝宝,你还看到了什么?

生:窗外还有弯弯的月亮。

师:说话真完整。窗外有弯弯的月亮。屋内,你看到了什么?

生:我看到了猫头鹰钟。

师:墙上还有一个猫头鹰挂钟。观察真仔细!

生:床头还有一盏台灯。

师:床头啊,还有一盏台灯。有一首小儿歌写的就是图上的内容——"月儿悄悄上窗台,妈妈床上哄小孩,床头台灯暖又亮,猫头鹰钟滴答响。"下面小朋友跟着老师一起来读一读。(生读)

师:今天我们要学的4个汉语拼音字母,就藏在刚才你们说的这首小儿歌的发音中,下面我们就一起把它们找出来。首先,我们来看"窗",窗户的"窗"。如果我们把"窗"的尾音加长,你能听到什么?(师读)

生:我听到了"ang"。

师:我们把"窗"的尾音拉长,就找出来"ang"的音。跟老师读,ang。(生读)

师:ang 读的时候啊,声音又长又响,再来一遍——ang。

生:ang。

师:我们再来找第2个字母。你瞧"台灯"的"灯",我们也用刚才的方法,把

---

[1] 史春妍.把握教材特点玩转拼音教学——一上《ang eng ing ong》教学[J].小学教学设计,2019(25):18-21.

它的尾音拉长。（师读）这时，你听到什么声音？

生：我听到了"eng"。

师：是的，这是"eng"。我们找到了第2个字母"eng"。（生读）

师：接下来我们再找。"猫头鹰"的"鹰"，谁来帮我把尾音拉长？

生：鹰——

师：你们听到了什么？

生：我听到了"ing"。

师：听到了"ing"这样的声音。是的，这就是我们要学的第3个字母。跟老师念——ing。（生读）

师：还有一个字母，它藏在哪儿呢？我们来看"钟"，我们把"钟"尾音拉长，谁来帮忙？

生：钟——

师：听到了什么？

生：听到了"ong"。

师：听到了"ong"的声音，这就是我们要学的第4个字母。听老师念——ong。（生读）

师：小朋友们真聪明，刚才我们齐心协力把今天要学的4个字母都找了出来。

二、感知发音要领，学习正确发音

师：下面请你们仔细看一看这4个字母，你有什么发现？

生：后面都有"n"和"g"。

师：后面都有一个我们学过的"n"和"g"组成的大尾巴。这个尾巴叫作"后鼻音大尾巴"。

生：后鼻音大尾巴。

师：当我们看到这个大尾巴的时候，我们就要知道，舌头要放平向后缩，舌根用力，鼻子出气。听老师念一遍。你看，舌头放平，向后缩，舌根用力，鼻子出气，ng——（生读）。

师：下面让我们把手放到脖子这儿来感受你的舌根有没有用力，来试试看。感觉到什么？

生：感觉到脖子不停在震动。

师：哦，不停地在震动的感觉，那就是我们舌根在用力。我们一起来再来念念它，ng——

生：ng。

师：它的名字就叫作"后鼻音大尾巴"。接下来我们来看"ang"。这是谁长了后鼻音大尾巴？

生：a长了后鼻音大尾巴。

师：是的。a长的后鼻音大尾巴。你看啊，a长了后鼻音大尾巴以后就变成了今天我们要学的第1个字母。看老师的口型，听老师发音，ang——。看口型，不出声，再听老师读，ang——。再看，发这个音的时候，我的嘴巴怎么样？

生：像读a的音，嘴巴张得大大的。

师：看清了口型，再请你们竖起耳朵仔细听老师来读。（师读）发"ang"的时候，声音是怎样的？

生：声音拖得比较长。

生：把嘴巴先打开，再合上。

师：老师说的是声音。声音怎么样？

生：声音很响。

师：发"ang"的时候，声音要又长又响。来，张大嘴巴，舌头放平，准备舌根用力。我请一组开火车来读。（学生开火车读）

师：声音要又长又响。好的，我们一起再来读一读，嘴巴张大，一起读，ang——

生：ang——

师：接下来我们再来看第2个字母，它是谁长了大尾巴呀？

生：是e长了一个后鼻音大尾巴。

师：这次是e长了一个后鼻音大尾巴了，这时候它怎么念呢？看口型听声音，看我的嘴巴。eng——eng——你发现我的嘴巴怎么样？

生：很扁。

师：我的嘴巴很扁，嘴巴扁扁的。再听声音怎么样呢？eng——

生：声音拖长了一点。

生：也很响亮。

师：是的，同样很响亮。那我们扁扁嘴巴，舌根用力。eng——

生：eng——

师：下面我们看第3个字母。这次谁又长大尾巴了？

生："i"长后鼻音大尾巴了。

师："i"长了后鼻音大尾巴了。现在，听老师发音，ing——看到了什么，听到了什么？

生：嘴巴很扁。

生：牙齿是对齐的。

师：牙齿对齐了。是的，再看一遍。ing——ing——这次你又听到老师的声音怎么样？

生：还是很响亮。

师：还是又响又长。来，我们牙齿对齐，舌根用力。ing——ing——

生：ing——ing——

师：接下来，我们来看，又变了，这次是谁长了尾巴啦？一起来告诉我。

生：o。

师：o长上了后鼻音大尾巴。ong——ong——我的嘴巴是怎么样的？

生：你的嘴巴很圆。

师：我的嘴巴圆圆的，就像发"o"时

一样。声音呢？

生：声音响亮。

师：而且拖得很长。那我们一起来试试看。ong——ong——

生：ong——ong——

师：小朋友，刚才啊，我们一起学会了这4个字母的发音，我们发现这4个字母都长着一个后鼻音的大尾巴。所以啊，我们就叫它们"后鼻音韵母"。跟老师说，后鼻音韵母。

生：后鼻音韵母。

师：当我们看到有后鼻音长尾巴的韵母时，我们就知道要舌根用力，鼻子——

生：出气。

师：我们一起再来读一读这4个后鼻音韵母。

生：ang、eng、ing、ong。

三、学习声母和后鼻音韵母组成的音节及整体认读音节

师：小朋友，这4个后鼻音韵母念准了，接下来我们要让它和声母交朋友了。你们都想让哪些声母跟它交朋友呢？我们先来做游戏，用毛线把声母给变出来。听好，首先请你变个"b"。"b"是什么样子呀？还记得吗？圆圆的肚子朝右边。好，接下来，请你在汉语拼音字母卡片中找到ang，请你把ang放在b的旁边，你自己拼拼看。谁会？

生：b—ang—bang。

师：一起来。（生读）接下来请你变声母了，请你把b变成p。这次它和ang相拼，你还会吗？谁来？

生：p—ang—pang。

师：声母要放在前面。请你再拼一遍。

生：p—ang—pang。

师：好的,接下来又变了,现在请你用毛线变个"m"。mang 谁会？

生：m—ang—mang。

师：真好！再请一个小朋友。(生读)接下来啊,我要换韵母了。请你在卡片中找到后鼻韵母 eng。它和 m 在一起,你会拼吗？

生：m—eng—meng。

师：接下来,请你把声母变成"d"。谁来,谁会拼？

生：d—eng—deng。

师：接下来啊,又变了,现在请你帮我变成声母"z"。"z"是什么样子的？摆好了吗？请你把韵母换成 ong,找到了吗？你来拼拼看,现在你桌上的音节会拼吗？

生：z—ong—zong。

师：好的,迅速地把毛线绕成"s"。这时变成了什么音节？你来拼。

生：s—ong—song。

师：绕毛线的游戏就玩到这儿。刚才我们通过毛线变声母,把这 4 个后鼻音韵母都组成了音节,大家拼得很棒。(出示图片)大家看,图上有一只猫头鹰,如果我们要想给"ing"注音的话,那可不用拼,而是加上一个大 y,就变成整体认读音节,就可以给猫头鹰的"鹰"注音了。听老师念,整体认读音节 ying。刚才啊,我们小朋友用不同的声母和 ang、cng、ing、ong 相拼,大家都会拼了。如果韵母带上声调,你还会拼吗？我们来看图上画的是——

生：图上画的是一口缸。

师：下面的音节谁会拼？

生：g—ang—gang。

师：接下来,看清楚图上画的是什么？再看看下面的音节,你会拼吗？

生：d—eng—deng。

师：图上画的是一盏灯。接下来我们再来看,这是圆圆的——

生：饼。

师：会拼吗？

生：b—ing—bing。

师：这是什么呀？看看图,拼拼音节。

生：zh—ong—zhong。

师：小朋友真棒！韵母啊,带上声调大家也能把它们念准。下面就请同座位的小朋友互相学习。在我们的书上有好多带调的韵母,都要和声母相拼,你会吗？和你的同桌一人拼一个,完成任务以后就坐端正。开始。(小组合作学习)

师：我看有的小朋友很好,当一个小朋友不会的时候,同桌小朋友就当小老师在教他,互帮互助,共同进步。刚才啊,你们在拼的时候,老师发现还有一个这样的音节呢。你看有声母韵母,中间还有一个介母,会拼吗？

生：g—ang—gang。

师：把介母弄丢了。再来拼一遍。

生：g—u—ang—guang。

师：还记得以前我们的拼音口诀吗？声轻介快韵母响。跟老师说一遍,声轻介快韵母响。

生：声轻介快韵母响。

师：三音连读真顺当。

生：三音连读真顺当。

师：g—u—ang——

生：guang。

师：三音连读。g—u—ang—guang。再看看你的课文纸上,有没有这样的三拼音节？自己找到拼一拼,开始读。

（生读）

师：好了坐端正朝我点点头，我就知道了。

四、认读音节词，朗读儿歌认识汉字

师：韵母带声调的音节大家会了，现在把音节组成词，你还认识吗？请你看看图，读读音节，再想一想应该怎么连线呢？首先我们来看，这是一只——

生：熊猫。

师：它正在——

生：游泳。

师：请小朋友看看音节，认认字。游——

生：泳。

师：游泳。

生：游泳。

师：再看，大象正在干什么？

生：骑自行车。

师："骑自行车"这几个字在哪儿呢？读读上面的音节，认认字，再找一找。（生读）

师：一起读。

生：骑自行车。

师：大象正在骑自行车，我们再看看他们俩在做什么？

生：他们两个在打乒乓球。

师："乒乓"两个字都是后鼻音，念得很准。"打乒乓球"这几个字你找到了吗？看看音节，它们在哪儿呢？一起指给我看一看。请一个小朋友带我们认认这4个字。

生：打乒乓球。

师：一起念。

生：打乒乓球。

师：在这些字中有一个字特别好玩。这个字就是"车"。一起念。

生：车。

师：大象骑的是什么车？

生：自行车。

师：那我们来到古时候看一看，最早的车可不是这个样子的。你看，它是用木头做的，我们祖先做的车，根据它的样子，我们就造出了最早的"车"字（出示"车"的古文字）。在这个字中你找到车轮了吗？在哪呀？指给我看一看。（学生指）哦，这就是车轮。你看经过演变，车的样子发生了变化。这是什么车？

生：马车。

师：马车坐着舒服多了，有了车厢挡风遮雨。于是车又在变，变成了什么？

生：汽车。

师：跑得更快了。"车"这个字也在不断地变得简便。你看！我们再认一认这个字。

生：车。

师：除了马车、汽车、自行车，你还见过什么车？

生：消防车。

生：救护车。

师：它们的名字里都有——

生：车。

师：学了拼音，我们不仅可以读各种车的名字，还可以读同学的名字。下面请每个小朋友看看你自己的名字，名字里韵母是后鼻音的，请你带着小朋友念念你的名字好吗？上来的时候我们小朋友就说"我叫×××"，指着你的名牌；下面的小朋友就说"你好，×××"。

生：我叫王禹哲。

生:你好王禹哲。

师:好的,再请 个。

师:下课以后啊,我们互相到小朋友的身边去认识他们的名字,我相信今后你们再叫他们名字的时候,一定不会再叫错了。接下来我们来看,刚才我们小朋友都非常有礼貌,见面打招呼都会说"你好",可是有两只小羊,它们可没有礼貌,它们之间发生了什么事儿呢?借助拼音,读一读书上的小儿歌《两只羊》,自己试试看能不能读准。

(生读)

师:有礼貌吗?

生:没礼貌。

师:没有礼貌。史老师请小朋友读一读。

生:桥东走来一只羊。

师:后面。

生:桥西走来一只羊。

师:继续。

生:一起走到小桥上。

师:一起走到——小桥上。

生:你也不肯让,我也不肯让。

师:最后怎么样了?

生:扑通掉进河中央。

师:不相让的结果就是扑通掉进河中央。让我们拍手一起把这首好玩儿的小儿歌来念一念。(生读)

师:这两只小羊都不相让。那我们来看看,这个字就是——

生:羊。

师:y—ang——

生:yang。

师:那我们再来看,还有一个字,这个字是——

生:走。

师:再看,还有一个字你们认识吗?

生:也。

师:好,让我们走近这三个字去看一看。首先我们看"羊"。你发现这个"羊"字像什么呀?

生:像一只羊的头。

师:像一只羊的头。让我们来看一看这个汉字"羊",你能找到羊角吗?羊角在哪?我请一个小朋友上来指一指。羊角在哪啊?指给我们看一看。(学生指)上面就是羊角,那我们来摆好头上的小角,我们都是可爱的小羊。你看头上长着角的这个字就是——

生:羊。

师:下来我们再看,这个人在干什么?

生:走。

师:他在跑。你看,他甩开膀子,正在奔跑。膀子甩得可有劲了,所以跑得可快了。这个字在古时候表示跑,而现在,它表示走。这个字就是——

生:走。

师:一起念。

生:走。

师:认识了汉字,现在这些字宝宝又回到了儿歌中,还认识吗?请再把儿歌读一读。(生读)

师:扑通掉进河中央,两只小羊都变成了——

生:落汤鸡。

生:落汤羊。

师:有小朋友说都变成了落汤鸡,还有人说是落汤羊。所以,以后我们小朋友跟别人相处的时候要懂得——

生:谦让。

师:老师相信你们都是有礼貌的孩子。接下来我们来看这个音节词,你认识吗?谁拼出来了?

生：明亮。

师：这个词是——明亮。你都见过明亮的什么？

生：明亮的水珠。

生：明亮的月光。

师：月亮不能叫明光。晚上时候的月光是皎洁的月光。

生：明亮的星星。

生：明亮的宝石。

师：那我来看一看你们每一个小朋友是不是都有一双明亮的大眼睛。看好了，当我们在写音节词的时候，两个词中间要稍微——

生：空一点。

师：接下来我们要来书写音节词。当两个音节组成音节词的时候，我们在写的时候中间要注意留空，要空一些。看老师来写。（师板书）第三个音节写的时候和前面的音节稍微空一点。接下来请你调整坐姿，像图上的小朋友那样头正，身直，臂开，足安。两只小脚也不乱动，才能静心写好字。握笔，请你像图上的小朋友那样，握起铅笔。跟老师一起读，老大老二——

生：捏着。

师：老三——

生：托着。

师：老四老五——

生：弹着。

师：笔杆落在骨头上，手心像握着一个空鸡蛋。写字。（学生写字）

师：头正，身直。真好。

师：写好的小朋友，检查一下自己写的音节。你看两个音节中间你注意到了空一点的，就给自己打一颗星。

师：今天啊，我们学习了汉语拼音的第13课，我们认识了4个后鼻音韵母，它们是———ang、eng、ing、ong，还学会了声母和它们相拼。

【案例评析】

汉语拼音学习的总目的是"学会汉语拼音，能说普通话。"第一学段汉语拼音学习的质量要求为：① 能读准声母、韵母、声调和整体认读音节；② 能准确地拼读音节；③ 正确书写声母、韵母和音节。案例中教师紧扣课标理念，巧妙设计了"创设情境，引出字母发音——感知发音要领，学习正确发音——学习声母和后鼻音韵母组成的音节及整体认读音节——认读音节词，朗读儿歌认识汉字"四个环节，高效达成了本课的教学目标。

扫描目录页二维码，学习《i u ü y w》教学设计和《b p m f》教学设计。

课程思政

在识字写字教学过程中，要根据学生的年龄特点，激发学生主动识字、写字的兴趣。要深入挖掘汉字的优秀传统文化内涵，引领学生从不同角度了解汉字文化，掌握汉字在音、形、义等方面的特点，使识字变得更简单、直观，使学生更热爱祖国文字，更深层次认知中华优秀传统文化，培养学生的文化自信。

项目实践

1. 阅读一年级识字课文《日月明》，思考：这一课的教学计划应该怎么做？

2. 学习关于拼音教学的理论为的是能独立从事关于拼音教学设计与实施工作。请各小组组长本着这一学以致用的目的从下列 8 道实训题中抽取至少 2 道题，组织本组成员利用课内外时间完成教学设计任务、录制演示视频并上传到学习平台。

（1）新课学完后，还需复习巩固。请问，新课《③bpmf》正式学习前，你组将借助哪首儿歌帮助小朋友快速复习单韵母的发音要领？试据此题目编写单韵母复习教程并加以演示。

（2）课标要求"正确书写声母、韵母和音节"。请在四线三格内一边书写 aoe，一边讲解其书写要领。

（3）研究表明，汉语拼音学习，小朋友常常混淆"b-d　p-q"这二组字母。请针对这一现象，依据统编本一上教材，确定辨析与巩固时机，并演示具体教学过程。

（4）课标要求"在日常交际情境中学习汉语拼音和普通话"。又：从学生的口语经验切入，是拼音课设计的一个基本窍门。请根据上述"一要求"与"一窍门"设计 ic 与 üe 这两个拼音字母的教程并演示。

（5）研究表明，汉语拼音学习，小朋友常常混淆"ie-ei""iu-ui"这二组字母。请针对这一现象，依据统编本一上教材，确定辨析与巩固时机，并演示具体教学过程。

（6）儿童喜动不喜静，请针对这一学情演示你组结合动作教学第 38 页"zhuō、chuō、shuā"这三个音节的设想。

（7）研究表明，"jū-qū-xū""jué-quē-xué""juān-quān-xuān""jūn-qún-xún""yu-yuan-yun"这四组音节一年级上册的小朋友常常读错，请判断出错原因，并演示突破对策。

（8）设计一个既教汉语拼音又育人的教学片段并演示。

第六章 第一学段阅读与鉴赏指导的理论与实践

学习目标

1. 清楚小学第一学段阅读与鉴赏的学业质量要求，知晓统编本第一学段阅读与鉴赏教材的编排特点，明了课标与统编本教材视域下第一学段阅读与鉴赏教学的策略与方法。

2. 能运用课题计划、分课时计划方面的知识判别第一学段阅读与鉴赏案例的优劣高下。能基于课标要求、教材特点与学情实际，设计与实施小学第一学段阅读课。

3. 涵养基于国家课程标准、统编本教材与学生实际情况开展阅读教学设计与实施工作的意识。

问题探究

1. 一年级各篇阅读课文后都有哪几个项目？据此是否可以说："认字、学词、朗读课文"是小学一年级课文学习方面的最基本的三件事？

2. 语文教师阅读课文与一般读者阅读文本的"视点"有哪些不同？

思维导图

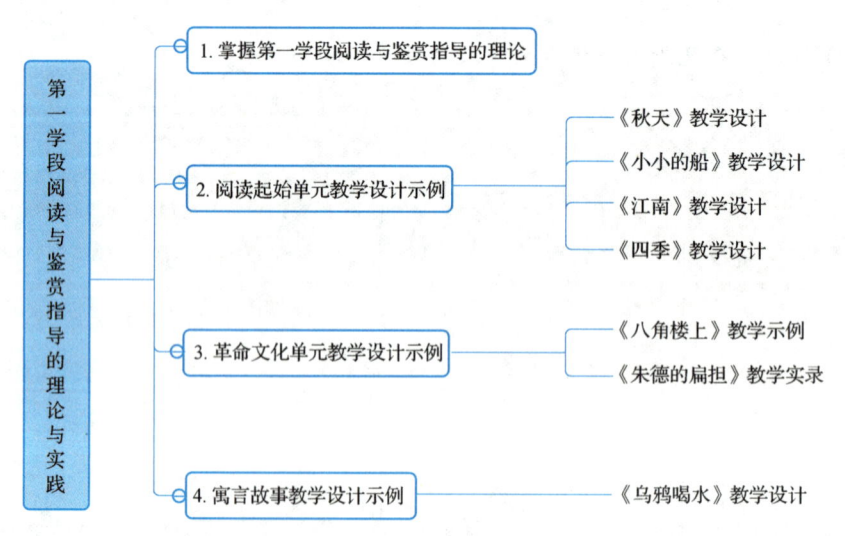

第一学段阅读与鉴赏指导的理论与实践
- 1. 掌握第一学段阅读与鉴赏指导的理论
- 2. 阅读起始单元教学设计示例
  - 《秋天》教学设计
  - 《小小的船》教学设计
  - 《江南》教学设计
  - 《四季》教学设计
- 3. 革命文化单元教学设计示例
  - 《八角楼上》教学示例
  - 《朱德的扁担》教学实录
- 4. 寓言故事教学设计示例
  - 《乌鸦喝水》教学设计

第一节　第一学段阅读与鉴赏指导的理论

一、第一学段阅读与鉴赏的学业质量要求

课标对第一学段阅读与鉴赏的学业质量提出了明文要求。具体包括：① 愿意为他人朗读自己喜欢的语段；朗读时能使用普通话，注意发音；注意用语气、语调和节奏表现对文本的理解和感受；愿意和同学交流朗读体验，能简单评价他人的朗读。② 喜欢阅读图画书、儿歌、童话、寓言等，在阅读过程中能根据提示提取文本的显性信息，通过关键词句说出事物的特点，做简单推测。③ 喜欢读古诗，能熟读成诵。④ 喜欢阅读故事，能借助关键词句复述自己读过的故事或其他内容，尝试对阅读内容提出问题；愿意向他人讲述读过的故事。⑤ 喜欢积累优美的词句，并尝试在口头和书面表达中运用。

二、第一学段阅读与鉴赏教材的编排特点

1. 题材丰富

统编本小学第一学段语文教科书各阅读单元入选的课文中，分享童年经历与发现的特别多，一上有《影子》《明天要远足》《大还是小》共3篇，一下有《我多想去看看》《一个接一个》《四个太阳》《怎么都快乐》《夜色》《端午粽》《文具的家》《一分钟》共8篇，二上有《玲玲的画》《一封信》《妈妈睡了》共3篇，二下有《找春天》《一匹出色的马》《彩色的梦》《枫树上的喜鹊》《沙滩上的童话》《画杨桃》共6篇。分享童年生活、感悟童年，感受生活美，应该是主要编辑意图之一。这类课文紧密联系孩童日常生活，容易激发他们的共鸣，使他们在学习过程中感到亲切、愉悦、适用，从而热爱阅读、乐于阅读。

关于自然的课文也不少，有引导感受大自然的美与变化的《秋天》《黄山奇石》《日月潭》《葡萄沟》《雷雨》，还有引导发现、思考身边的日常事物的奇妙之处的《我是什么》《植物妈妈有办法》。

伟大领袖故事在一、二年级都有安排。一下有《吃水不忘挖井人》，二上有《八角楼上》《朱德的扁担》《难忘的泼水节》，二下有《邓小平爷爷植树》。显然，这是在有意进行革命文化熏陶，帮助孩童从小树立正确的价值观，培植对革命领袖、对英雄人物的敬仰之情和向他们学习的愿望。

2. 文体多样

统编本小学第一学段语文教科书各阅读单元入选的课文，体裁多样。
儿童诗有《小小的船》《比尾巴》《雪地里的小画家》，等等。浅近的古诗有《江南》

《静夜思》《池上》《小池》《夜宿山寺》《敕勒歌》《晓出净慈寺送林子方》《绝句》,共 8 首。

童话故事最多,如《动物王国开大会》《小猴子下山》《小壁虎借尾巴》,等等。

寓言故事数量也不小。一上有《乌鸦喝水》,二上有《坐井观天》《寒号鸟》《我要的是葫芦》《狐假虎威》。二下有《亡羊补牢》《揠苗助长》《小马过河》。

其他类型的故事有《千人糕》《曹冲称象》,等等。此外还有科普文《我是什么》《植物妈妈有办法》《要是你在野外迷了路》《太空生活趣事多》,以及短小散文如《秋天》等。让孩童在入学之初便接触多类文体与语体,从而涵养文体感、语感、文学美感,都应该是编者的意图所在。

3. 教学内容上突出入门性、基础性与牢固性

统编本小学第一学段语文教科书阅读单元中安排的基础性教学内容包括:① 识字、写字、积累语汇。这三项都是走向高质量阅读的基础工作,因此,统编本顺应阅读规律,在一年级各篇阅读课文后都安排"生字表、会写字、朗读课文、识记词语"4 个项目,于各"语文园地"安排"识字加油站""展示台""我的发现""书写提示""日积月累"等栏目。② 基本的解读方法,如朗读法、借助读物中的图画阅读法、理解词句的方法、读讲结合法,等等。其中,"快乐读书吧"指点的具体阅读方法如表 6-1。

表 6-1 第一学段"快乐读书吧"提示的阅读方法

册次	主题	提示的阅读方法
一上	读书真快乐	(1)和大人一起读法:我经常和爸爸妈妈一起读有趣的故事书; (2)读、讲结合法:我读了很多书,会讲很多故事,同学们叫我"故事大王"。
一下	读读童谣和儿歌	(1)读、背结合法:我来背一首童谣……; (2)换书看:我喜欢你的书,我们可以换书看吗?
二上	读读童话故事	(1)从封面读起:每次拿到书,我都要看看书的封面,找找书名和作者;(2)猜读法:看到这些书名,先猜猜看,再打开童话故事书,我们一起来读一读。
二下	读读儿童故事	读目录:看书的时候,要学会看目录。目录告诉我们书里主要写了什么,要读的内容从哪一页开始。

牢固性方面,最突出的表征便是,编者在各课课后常发"背诵课文"这一指令,其中,一年级阅读起始单元的篇篇课文都要求背诵。

4. 学习项目设计上融合了"学—用结合""读—说(写)融合"新理念

学、用结合,读、说(写)融合,都是整体教学观的体现。统编本小学第一学段语文教科书阅读单元于课文后和字词句运用栏目均安排了数量相当可观的这类体现新理念的融合型学习项目。具体如表 6-2。

表6-2 第一学段设计的"学—用结合""读—说(写)融合"学习项目举例

学习项目	具体表述举例	出处
照样子说词语	读一读,照样子说一说(含叠音词的短语)。	《小小的船》课后题
照样子说句子	小熊也想写一张卡片,挂在风筝上送给松鼠,请你替他写一写吧。	《纸船和风筝》课后题
照样子说句子	照样子,用加点的词语说句子。	二下"字词句运用"
照样子说语篇	青蛙最后吆喝了些什么?如果向同学推荐一样东西,如一本书、一种文具,你会说些什么?	《青蛙卖泥塘》
照样子说段落	你找到的春天是什么样的?仿照课文第4—7段或第8自然段说一说。	《找春天》

5. 阅读活动设计有梯度,循序渐进,由扶到放、由读单篇走向读整本书

统编本小学第一学段语文教科书阅读单元在阅读活动设计上讲求系统性与循序渐进性,与课标"统筹安排课内与课外、个人与集体的阅读活动"这一要求完全一致,表6-3可见一斑。

表6-3 第一学段阅读活动设计有梯度

序号	栏目	位置	读物举例	编排特点
1	和大人一起读	一年级各册"语文园地"中	《小松鼠找花生》《春节童谣》《阳光》《孙悟空打妖怪(儿歌)》	单篇,带拼音,配彩色插图
2	我爱阅读	二年级各册"语文园地"中	《企鹅寄冰》《鲁班造锯》《李时珍》	只有生字带拼音,有时不配插图
3	快乐读书吧	各册第一单元"语文园地"后	《读书真快乐》《读读童谣和儿歌》《读读童话故事》《读读儿童故事》	一册安排一次。一年级读单篇,一年级读整本书

研读课标、解读教材,是做好教学工作的两项前提条件。统编本小学第一学段语文教科书阅读单元是编者用心之作,在编排上还有其他不少特点,等待你去梳理与发现。

三、第一学段阅读与鉴赏指导策略

1. 将培植阅读兴趣、良好的阅读习惯作为第一学段的重要教学内容

"喜欢"一词在课标第一学段阅读与鉴赏的学业质量描述中反复出现,如"喜欢阅读图画书、儿歌、童话、寓言""喜欢读古诗""喜欢阅读故事""喜欢积累优美的词句"等。这意味着"喜欢阅读"应该成为每个学生具备的品质。对阅读有兴趣,为学生持续阅读提供了内因条件。阅读是一个复杂的过程或行为,如果缺失与文本主动交流的态度,如果离开了与文本的相互作用,读者是不能从读本中构建出意义的。正因如此,所以,"喜欢阅读,感受阅读的乐趣"成为课标第一学段阅读与鉴赏目标下的第一项目标。

不光设法让孩子感到阅读的乐趣、培植其读的兴趣与愿望应该成为小学阅读课的一项主要任务,阅读习惯的培养,也应从小学第一学段抓起。相关研究表明,良好的阅读习惯与阅读的高效率之间呈正相关关系。而儿童时期是一个人阅读习惯养成的关键期。所以,阅读习惯养成也应该是小学阅读课的一个开课目的。良好的阅读习惯,包括自主积累好词佳句的习惯、为他人朗读自己喜欢的语段的习惯、根据文体选择阅读点的习惯。如果读的是故事,则关注情节;如果阅读寓言,那寓意是关注点;阅读童话,关注人物;阅读古诗,关注诗人思想情感、节奏和韵律。

2. 将"认字、学词、朗读课文"作为小学一年级课文学习方面的最基本的三件事

一年级各篇阅读课文后都有"生字表、会写字、朗读课文、识记词语"4个项目。阅读教学时既要充分考虑一年级学生的识字数量不多,生活经验不够,阅读能力较为薄弱的年龄特点,还要考虑一年级教材编排的特点,将"认字、学词、朗读课文"作为小学一年级课文学习方面的最基本的三件事,帮助学生夯实阅读基础,实现小学第一学段向第二学段的顺利过渡。

3. 将发音、语气、语调和节奏作为第一学段朗读教学的4个主要教学点与评价点

课标要求第一学段"学习用普通话正确、流利、有感情地朗读课文",课标还要求第一学段学生"朗读时能使用普通话,注意发音;注意用语气、语调和节奏表现对文本的理解和感受"。这就表明,应该将发音、语气、语调和节奏作为第一学段朗读教学与评价的四个点。

4. 将古诗朗诵和讲述课文中的故事作为第一学段阅读课的重要教学活动

第一学段涉及的文体有图画书、儿歌、古诗、儿童诗、童话故事、寓言故事。课标要求"喜欢读古诗,能熟读成诵",要求"喜欢阅读故事,能借助关键词句复述自己读过的故事或其他内容,尝试对阅读内容提出问题;愿意向他人讲述读过的故事"。所以,应将古诗朗诵和讲述、复述故事作为第一学段的重要教学活动。

5. 通过仿说与仿写活动发展"字词句运用"能力

如前所述,统编本语文课本中,"字词句运用"是第一学段每个单元都有的项目,"仿照课文说一说"是一年级各篇课文后惯常的项目,"仿照课文写一写"是二年级下册课文后的常见项目。这就表明,统编本编者视域下,仿说与仿写,是发展第一学段学生"字词句运用"能力的重要途径。

第二节　阅读起始单元教学设计示例①

一年级上册阅读起始单元围绕"自然"主题编排《秋天》《小小的船》《江南》《四季》4篇课文。这些课文题材丰富，体裁各异。有散文、古诗和儿歌。课义语言简洁明快、亲切自然，能唤起学生对四季的感受，激发学生对大自然的喜爱之情。

一　《秋天》教学设计

【教学目标】

1. 感受秋天美景，感悟作者的表达美。

2. 明白"秋、气"等10个生字的音、形、义，清楚"了、子、人、大"四个会写字在田字格中的占位与笔形，积累"一片片、一群、一会儿"等词语，明白什么是自然段。

3. 能认"秋、气"等10个生字，能写"了、子、人、大"四个会写字，能正确、流利、有感情地朗读并背诵课文，能使用课文中的词句说说自己眼中的秋天。

【教学重点】"秋、气"等10个生字的音、形、义，"了、子、人、大"四个会写字在田字格中的占位与笔形，"一"的不同读音，认识自然段并正确、流利、有感情地朗读与背诵课文。

【教学难点】读好文章的第2句与第4句。

【教学方法】汉字溯源法、练习法、借助插图阅读法。

【教学课时】2课时。

第一课时

【教学要点】① 10个生字的音、形、义；② "了、子"两字在田字格中的占位和笔顺；③ 读好带"一"字的词语；④ 将课文读正确、读通顺。

【教学过程】

一、学习课题，唤起关于秋天的经验

从今天开始，正式学习阅读。今天一起阅读一篇写景小散文，题目为《秋天》。看老师书写题目。谁能借助拼音读准文章题目。请说说你了解的秋天是什么样子的。

二、初读课文，力求读准确、读通顺

1. 各自读

要求读准字音、读通句子，不认识的字借助拼音，多读几遍。难读的句子也多

---

① 本单元教学方案由赵年秀设计。

读几遍。(教师巡视指导,帮助有困难的学生)

2. 同桌合作学习

同桌互相读读,互相帮帮。再一起读读。

3. 指名读

根据学情先选读得好的,给读得不好的学生更多准备的时间,再让他们读。

4. 读好文章的第2句与第4句

这两句包含本课9个会认字,还包含"一"的变调。教师相机范读或带读、引读。

三、评估与巩固提升

(1) 读好两组相关词语。文章读熟了,这些词语也会读了吧?词语如下:
① 一片片 一群 一会儿 排成个"一"字;
② 树叶黄了 秋天来了 天气凉了 大雁南飞。

(2) 生字从课文中跳出来,你们还认识吗?你会用哪个字组词?谁还能推测这些字最初的样子及所用的造字方法吗?

四、朗读全文,强化记忆

生字都认识了,读课文应该更顺了。请尽量不看拼音,就看着汉字读。

五、指导书写"了、子"

读好了课文,还认识了10个字,真了不起!接下来学写生字。请睁大眼睛,仔细观察生字的占位和笔顺……

第二课时

【教学要点】① 认识木字旁、口字旁、人字头;② 认识自然段;③ 能正确、流利、有感情地读、背课文;④ "人、大"两字在田字格中的占位和笔顺;⑤ 运用课文中的词句说说自己眼中的秋天。

【教学过程】

一、复习生字

读给同桌听、开火车读,教师相机点拨并指导。

二、认识偏旁

具体内容此处从略。

三、联想情景,读、背课文

1. 认识自然段

具体过程此处从略。

2. 读、背第一自然段

具体分四步进行:

① 听读课文,闭上眼睛,边听边想象文字描写的画面。② 看着课文插图听读第一自然段。③ 各自朗读第一自然段。④ 眼睛看着插图背诵课文。

3. 读、背第二自然段

方法同读、背第一自然段。

4. 读、背第三自然段

方法同读、背第一自然段。

四、练习说话

秋天美,作者的语言也美。你能用课文中的词语或句子说说你眼中的秋天吗?

五、指导写字

指导书写汉字:人、大。

【案例评析】

《秋天》一课语言生动,朗朗上口,适合低年级孩子朗读。课例中教师采用初读课文—朗读全文—联系情景读课文的形式,训练学生读课文的能力。符合课标的教学与评价理念。

《小小的船》教学设计

第一课时

【教学要点】①"的、船"等10个生字的音、形、义;②"只、两头"两个词语的意思;③"蓝"字笔画多(别同"兰"混淆了);④田字格中书写"月、儿"两字;⑤初步读通课文。

【教学过程】

一、介绍文体,导入课题

今天我们一起来阅读一首儿歌。一起读课题。"的、船"是两个生字,一个读轻声,一个是翘舌音。船,也被称作"舟",字形上,船是舟字旁。谁看到过船?谁坐过船?有哪些船呢?独木舟、小木船、轮船、货船、帆船、宇宙飞船、油轮。那么,我们今天学的这首儿歌里,讲的是什么样的船呢?请你们翻开书第56页,自己先学一学,不认识的字,可以读读拼音。

(要求小声读课文、读拼音、学生字,既有利于集中注意、边读边思,也有利于保护小学生稚嫩的嗓子)

预设:这只船不是小木船,不是大轮船,不是帆船,也不是宇宙飞船,是把弯弯的月儿当作一只小小的船。(指课文插图)这个小朋友坐在月亮上,把月亮当小船。**【教学意图】**用具体鲜明的图画强化对句子意思的理解。

二、随文识字词

(一) 学习第一、二句

这只弯弯的月儿船在形状上有什么特点呢?我们一起读读一二句。

预设:"两头尖"。指插图,船的这一头和那一头都尖细尖细的。讲述:"两、头"是生字。"两"字在甲骨文中像两匹马在拉车。提问:谁能分别用这两个字组词说话?提议:将这两句读给同桌听;一起再读读这两句。

(二) 学习第三、四句

这两句包含"在、里、看、见、闪、星"六个生字和一个多音字"只"。

教程:各自读读。各自读给同桌听。全班一起读读。"我"指代谁?预设:图上小朋友的自称。"在、里"是两个生字,谁能分别用这两个字组词说话?这个小朋友坐在弯弯的月亮船中,抬头一看,看见了什么?

预设:星星和蓝天。除此之外,还看见什么?其他都没看见,这就叫"只看见"。谁能用"只"组词说话?

预设:只做了一道数学题,只背了一首诗。"看、见"也是生字。谁能用这个词造句说话?猜猜"看"在甲骨文中会怎么写好吗?对,一只手放在眼睛上。

"闪"是生字,一个人到了门里一忽儿便不见了。谁能用这个生字组词说话?

预设:闪烁、闪亮登场。灯光一闪一闪的。对,灯光一亮一亮的就叫闪,星星一会儿亮,一会儿不亮,好像在眨眼睛,课文称呼这样的星星为"闪闪的星星"。

"星"是生字,是形声词,上边的"日"旁提示,星是星球的星。白天我们看到的天是蓝色的,一到晚上,我们看到的天便是什么颜色的呢?对,黑色的了。注意,"蓝"字没有简写,笔画比较多。各自读读这两句。全班齐读。

三、练写"月、儿"两字

具体过程此处从略。

第二课时

【教学要点】① 复习生字;② 读、背课文;③ 初识叠音词的作用并练习运用;④ 激发探究星球奥秘的兴趣。

【教学过程】

一、复习生字

具体内容此处从略。

二、指导朗读

要点如下:①"只"要读得长而重一些;②"闪闪的""蓝蓝的",这几个字连起来读,而且头一个字应该读得慢而重一些;③ 韵脚字读重一点。

你们念念这第一句、第二句和第四句话的最末一个字:船 chuán、尖 jiān、天 tiān,韵母都是什么?韵母都是 an。这首儿歌第一、二、四句最后一个字都是押 an 韵的,所以读起来顺口。我们再来

读一遍。

三、指导学习叠词

小小的、闪闪的、蓝蓝的、弯弯的,你们想想,为什么要用两个字重叠呢?小的、闪的、蓝的、弯的,不是也可以吗?"小的船""蓝的天"和"小小的船""蓝蓝的天"哪个好?"小小的"比"小的"还要小。"小小的""蓝蓝的",读起来更顺口。你们也能用重叠的词说一句话吗?

预设:红红的太阳出来了。/玫瑰花是红红的。/白白的墙壁上挂着一张地图。/穿着蓝蓝的衣服。/花园里长着青青的小草。/我的铅笔削得尖尖的。

四、激发探究星空奥秘的志向

(一) 比赛有感情地朗读课文

现在世界上已经有人能够飞上天,到月球上去,有的人还能飞到比月球更远更远的星球上去。你们也想上天去吗?想到月球上去吗?你们现在好好学习,钻研科学,将来也能飞上天。

(二) 指导书写"头、里"两个字

具体内容此处从略。

【案例评析】

《小小的船》是一首优美的儿童诗,课标中对于儿童诗的学习要求定位为"展开想象,获得初步的情感体验,感受语言的优美"。课例中教师以随文识字的形式讲解字理,品味语言,在识字的同时提升学生品味语言的能力。除此之外,教师还关注学生语言的表达,以学习叠词、尝试用叠词说话的形式引导学生积累语感,尝试表达。

三 《江南》教学设计

【教学目标】

1. 感受江南美景,体会采莲人的欢快心情。(课程思政与审美)

2. 知晓"江、南"等9个生字的音、形、义,认识三点水、草字头及竖钩、竖弯两种笔形,明了"可、东、西"三个汉字的笔形与间架结构。(知识建构)

3. 会认"江、南"等9个生字,能正确书写"可、东、西"三个汉字,能正确、流利、有感情地读、背课文《江南》。(能力养成)

【教学重点】 会认"江、南"等9个生字,能正确书写"可、东、西"三个汉字,能正确、流利、有感情地读、背课文《江南》。

【教学难点】 理解"何田田"等词语的意思并体会采莲人快乐的心情。

【教学课时】 2课时。

第一课时

【教学要点】 ①"江、南"等9个生字的音、形、义;②"可、何、田田、戏"等字词的意思;③在田字格中书写"可"字;④初步读通课文。

【教学过程】

一、学习课题,学习生字"江、南",了解"江、江南、乐府"等词语的意思

我们今天阅读的诗歌课题叫《江南》。(指向挂图——中国地图)课题中的"江",特指长江,是我国的一条很长很长的河流,它由西向东流入东海,它流经的中下游以南地区就叫"江南"。

《江南》是一首乐府诗,唱出了两千多年前江南地区劳动人民采莲时的欢乐情景。

二、随文识字词

1. 学习一二句,认识"可、采、莲"三个生字,认识草字头

孩子们,这是一幅荷叶图,请睁大眼睛,仔细看看,图上有什么?长得怎么样?

预设:莲叶长得特别茂盛,一片连着一片。这样的景色,古人只用三个字就说得明明白白。请各自读读课文一二句,找出这三个字来。这二句包含五个生字。"江、南"二个生字已学。接下来学习"可、采、莲"三个生字。

2. 学习第三句,认识生字"鱼"

创设情境:"莲叶这么美,你想不想和采莲姑娘一起去采莲呢?那我们乘上小船出发吧!莲叶何田田,看,在碧绿的荷叶下面,还躲着谁呢?"课件出示课文插图,问:"图上,小鱼儿在干什么?"各自读课文第三句,看看采莲姑娘看到了什么?对,"鱼戏莲叶间——鱼儿在莲叶间嬉戏。""鱼"字是生字,你能在"鱼"字中找到鱼头、鱼身、鱼尾吗?

3. 学习其余各句,认识生字"东、西、北"

具体内容此处从略。

第二课时

一、复习生字

具体内容此处从略。

二、指导朗读

具体内容此处从略。

三、仿句练习

现在嬉戏的主角变成了"鸟",嬉戏的地点变成了"树林间",该怎么说?

现在嬉戏的主角变成了"蜜蜂",嬉戏的地点变成了花丛中,又该怎么说?

四、指导书写"东、西"二字

具体内容此处从略。

【案例评析】

随文识字最大的特点是"字不离词,词不离句,句不离文"。案例中教师找到了识字与阅读恰当的融合点,以随文识字的形式,一方面引导学生识字,了解莲;另一方面又通过读文、看插图、联系生活想象等,引导学生走进江南的美丽画卷,了解江南水乡人们的快乐美好生活。

四 《四季》教学设计

【教学重点】①"尖、春"等 11 个生字的音、形、义;②"天、是、四"三个会写字在笔形与间架结构上与已学字"西、大"之间的联系与区别;③"四季、鞠躬、挺、顽皮"等词语的含义,叠音词的特点与作用。

【教学难点】能使用"谁对谁说""谁怎么样说"两种句式及叠音词仿写诗句。

【教学方法】汉字溯源法、比较法、练习法、借助插图阅读法。

【教学课时】2 课时。

第一课时

【教学要点】①"尖、春"等 11 个生字的音、形、义;②"四"这个会写字在笔形与间架结构上与已学字"西"之间的联系与区别;③"四季"的内涵;④ 正确、流利地朗读课文。

【教学过程】

一、学习课题并练写"四"字

知识点:"四季"的内涵。具体过程此处从略。

二、初读课文并学习"尖、春"等 11 个生字

知识点:"尖、春"等 11 个生字的音、形、义。具体过程此处从略。

三、读、背课文,力求正确、流利

各自朗读,读准字音。分角色朗读,注意连读,读准停顿与语气。运用定位联想法,背诵课文。

　　　　尖尖,

　　　　对　　　　说;

"　　　　春　　　　。"

第二课时

【教学要点】① "天、是"两个会写字在笔形与间架结构上与已学字"人、大"之间的联系与区别;② 积累"鞠躬、挺、顽皮"等词语;③ 总结叠音词的特点与作用;④ 使用"谁对谁说""谁怎么样说"两种句式及叠音词仿写诗句。

【教学过程】

一、借助课文插图细读课文第一节

知识点:边读边想象场景与画面,借助课文插图用自己的语言描述场景与画面,借助桃花图片、蜜蜂图片、小鸟图片使用"谁对谁说"句式及叠音词仿写第一节。

1. 感受春天景物

游客们赶紧坐好,我们一起坐上四季列车,开往四季第一站——春天。(大屏幕出示:春天及第一节诗)可爱的游客们,睁大眼睛,细细地找一找,这句话中你们看到了哪几个与春天有关的景物?参考答案:草芽,小鸟。哪位小游客能告诉我,为什么春天要写草芽和小鸟?预设:这是春天特有的景物。

2. 总结叠词的特点与作用

小草芽,你是什么样子的?请你用文中的一个词告诉小游客们。预设:我是"尖尖"的。"尖尖"这个词中,两个"尖"靠在一起,这类词叫叠词。叠词读起来朗朗上口,富有音韵美。听,草芽尖尖。一起读一遍。

3. 练习使用叠词

草芽尖尖,说的是草芽的形状。草芽是什么颜色的?谁能用叠词形容草芽的颜色? 预设:绿绿。连起来说,草芽——绿绿。还可以说,草芽——青青。春天的草芽刚刚长出来,可嫩了,谁还能用叠词形容小草芽?预设:草芽嫩嫩。刚长出来的小草摸上去,感觉——软软的,请你连着说一遍?预设:草芽软软。小草芽摸上去感觉非常柔和,也可以说:——草芽柔柔……原来小草芽能带给我们这么丰富的感觉,一起来读一读:草芽绿绿、草芽青青、草芽嫩嫩、草芽软软、草芽柔柔。

4. 扩展对叠词作用的认识

叠词,又叫"叠音词""叠字""重言""复字",它是将相同音节重叠起来使用,以加强描写效果的一种语言表达方式。《诗经》开篇第一句便是"关关雎鸠,在河之洲","关关"这一叠音词描写的是雌雄二鸟相与唱和的声音。及至汉赋、唐诗、宋词,叠词使用就更为普遍了。如:"离离原上草,一岁一枯荣""江南可采莲,莲叶何田田",等等。李清照《声声慢》开首连用7个叠音词。现代诗文中也有:"弯弯的月儿小小的船……""一片片树叶从树上落下来"。总而言之,叠词,体现了中华语言的音韵美和表现力,听起来悦耳,读起来上口。

二、借助课文插图细读课文第二节

知识点、教学方法同指导细读第一节。

三、借助课文插图细读课文第三、四节

知识点与能力训练点:边读边想象

场景与画面,借助课文插图用自己的语言描述场景与画面;使用"谁对谁说"句式改写三四节。借助课文插图使用"谁怎么样说"句式改写第一、二节;借助桃花、燕子图片使用"谁怎么样说"句式及叠音词仿写三、四节。

四、练写"天、是"两个字

具体内容此处从略。

五、有感情地朗读课文,并使用定位联想法有感情地背诵课文

具体内容此处从略。

【案例评析】

插图是课文内容的有机组成部分,是教学中不容忽视的教学资源。案例中教师借用插图,引导学生"边读边想象画面"及"用自己的语言描述场景与画面",是寓阅读、表达、想象于一体的设计。不但可以激发学生的阅读兴趣,还能有效地引导学生理解课文、复述课文,实现创意表达。

第三节 革命文化单元教学设计示例

课标要求"统筹安排体现中华优秀传统文化、革命文化、社会主义先进文化的作品"。革命文化教育题材类课文是统编版小学语文教材的重要组成部分。通过梳理发现,第一学段共有7篇革命文化教育题材类课文。《八角楼上》《难忘的泼水节》《朱德的扁担》是以"伟大人物"为主题的课文。

一 《八角楼上》教学示例[①]

一、认识"八角楼"

师:我们先来看一个字——(出示:楼),你家住在几楼?(生答略)

师:古时候,能称为"楼"的,往往是指有多层的房子。这个"楼"字你能组词吗?

生:高楼大厦。

生:楼房。

师:文章的题目是《八角楼上》,第1自然段两次出现了"八角楼",我们来读一读。(出示)在井冈山艰苦斗争的年代,毛主席住在茅坪村的八角楼。每当夜幕降临的时候,八角楼上的灯就亮了。

师:为什么把这座楼称为"八角楼"呢?猜猜看。

生:这座楼有八个角。

[①] 设计者为浙江杭州市天长小学蒋军晶。

师:(出示毛主席住的八角楼图)1927年,伟大领袖毛主席率领秋收起义部队在湖南和江西两省交界处的井冈山上建立了我国第一个农村革命根据地。当时生活条件非常艰苦,毛主席就住在井冈山上的一个村子里。这个村子叫茅坪村,村子里有一座小楼,毛主席就住在那儿,因为楼的屋顶是八角形的,所以叫八角楼。

师:在井冈山期间,毛主席就在这座八角楼休息、办公。这篇文章就写了毛主席在里面工作的情景。请大家继续往下读,遇到生字、新词,借助拼音多读几遍。

二、那一夜,主席在"八角楼"辛苦工作

师:我们再来读一组词语。(出示"军衣、毯子、文章、笔、灯芯")

师:这些词都是一些事物,哪个事物你不太熟悉,想看一下实物图片?

生:我想看"军衣"的图片。

师:(出示图片)"军衣"就是军人穿的衣服,也叫"军服"。

生:我想看"灯芯"的图片。

师:(出示图片)将近百年前,生活条件艰苦,农村还没通电,用蜡烛、油灯来照明,油灯中间,就是"灯芯"。

师:我们再来读一组词语,这些词有一个共同点,都是动词。

(出示"穿、披、写、握、拨")

师:你们能完成这道连线题吗?将上面的动词和下面的事物合理搭配起来。(出示连线图片:上面的动词是穿、披、写、握、拨,下面的事物名称是文章、毯子、笔、军衣、灯芯)

师:课文中这段话写得多准确啊,我们来读一读。(出示)

这是个寒冬腊月的深夜,毛主席穿着军衣,披着毯子,坐在竹椅上写文章。他右手握着笔,左手轻轻地拨了拨灯芯,灯光更加明亮了。凝视着这星星之火,毛主席在沉思,连毯子滑落下来也没有察觉到。

师:你有没有发现,刚才我们读那段话,和原文比较少了两个字?(出示)

这是个寒冬腊月的深夜,毛主席穿着单军衣,披着薄毯子,坐在竹椅上写文章。他右手握着笔,左手轻轻地拨了拨灯芯,灯光更加明亮了。凝视着这星星之火,毛主席在沉思,连毯子滑落下来也没有察觉到。

师:联系前面一句话,就知道为什么原文要强调单军衣、薄毯子了。

生:毛主席的生活条件很艰苦,在很冷的天,他却穿着单军衣,披着薄毯子。

师:你从哪里看出当时很冷?

生:我从"寒冬腊月"这个词看出来的。

生:我从"深夜"这个词看出来的。

师:是啊,"寒冬"是一年中最冷的季节,"腊月"是农历十二月,是冬天最冷的月份,而"深夜"是一天中最冷的时候。你们想啊,"寒冬腊月的深夜",正是最冷的时候。让我们强调这一句读读整段话。(生齐读)

师:在这么冷的深夜,军衣是单衣,毯子是薄毯子,一般人什么反应?

生:一定冷得瑟瑟发抖。生:想钻到被窝里暖和一下。

师:可是文章中说"毯子滑落下来"的时候,毛主席没有——(生读词卡"察觉")。为什么会这样,难道是毛主席身体特别好,不怕冷?

生：是毛主席太用心了。

生：是毛主席太专注了。

生：是毛主席太投入了。

师：让我们带着这份理解读读这段话。（生齐读）

三、那些夜晚，主席在"八角楼"辛苦工作

师：这个寒冷的深夜，毛主席工作非常投入、辛苦。毛主席只有这一天是这么辛苦地工作吗？（生：不是。）你从哪里看出来？

（出示）每当夜幕降临的时候，八角楼上的灯就亮了。

师："夜幕降临的时候"是什么时候？

生：晚上。

生：太阳下山以后。

生：天黑了以后。

师：是啊，这个词把黑夜比作一块巨大的幕布，"夜幕降临"就是指黑夜来临。

师："每当夜幕降临的时候，八角楼上的灯就亮了"这句话是什么意思呢？我们多读几句含有"每当"的句子，就明白了。（出示）

每当夜幕降临的时候，八角楼上的灯就亮了。

每当下班的时候，路上就会塞车。

每当遇到伤心事，她就会哭。

师："每当夜幕降临的时候，八角楼上的灯就亮了。"这句话是什么意思呢？

生：这句话的意思是"一到晚上，八角楼上的灯就亮了"。

师：是啊，读了这句话，我们知道了不仅仅是那个寒冬腊月的晚上，而是许许多多个晚上，毛主席都在八角楼上忘我工作。我们来读一读。（出示）

那个寒冬腊月的深夜——毛主席穿着单军衣，披着薄毯子，坐在竹椅上写文章。他右手握着笔，左手轻轻地拨了拨灯芯，灯光更加明亮了。许许多多寒冷的深夜——毛主席穿着单军衣，披着薄毯子，坐在竹椅上写文章。他右手握着笔，左手轻轻地拨了拨灯芯，灯光更加明亮了。炎热的夏夜，凉爽的秋夜，许许多多个深夜——毛主席坐在竹椅上写文章。他右手握着笔，左手轻轻地拨了拨灯芯，灯光更加明亮了。

师：毛主席白天紧张繁忙，每到夜晚，依然在八角楼上思考写作，忘我工作。你觉得毛主席在想什么？

生：毛主席在写书。

生：在想怎么让中国革命取得胜利。

……

师：所以这篇文章其实思路是这样的，我们来读一读。（出示）

1. 毛主席在井冈山的时候，每晚都在忘我工作。

2. 你瞧，一个寒冬腊月的深夜，毛主席和往常一样又在投入地工作。

3. 毛主席这样辛劳地工作都是在想办法让中国革命取得胜利。

师：了解了文章的思路，请大家再读一读整篇文章。（生读）

【案例评析】

《八角楼上》是统编教材二年级上册第六单元的第一篇课文。本单元的人文主题是"革命先辈"，语文要素是"借助词句，了解课文内容"。教学时，教师借助课文插图在理解词语"夜幕降临"的基础上朗读语句和段落，再结合生活实际说说夜幕降临后发生的事情，引导学生一步一步走进那个艰苦斗争的年代，亲近毛主席；在句子的品析环节，教师抓住"每当夜幕降临的时候，八角楼上的灯就

亮了"这一句,引导学生发现语言表达的细微之处,深刻感受毛主席长年累月坚持工作的辛苦。

二 《朱德的扁担》(第一课时)教学实录[①]

板块一 初识伟人,识记相关生字

师:同学们,一年级的时候,我们学过一篇课文(出示《吃水不忘挖井人》课文插图)。看图,谁能想起课文的题目?

生:《吃水不忘挖井人》。

师:再看这幅图(出示《八角楼上》课文插图),是我们刚刚学过的课文,课题叫——

生:《八角楼上》。

师:这两篇课文都写到了同一个人,课文里称他为——

生:毛主席。

师:"毛主席"姓"毛","主席"是职务,有谁知道"毛主席"名字叫什么?

生:毛泽东。

师:你是怎么知道的?

生:我看打仗的电视剧知道的。

师:是呀,看一些有意义的电影、电视剧,也能增长见识呢!"毛泽东"名字里的"泽"字,是我们今天要认的生字。仔细看看"泽"字,猜猜看"泽"和什么有关?

生:"泽"和水有关,因为它是三点水旁。

师:是呀,"泽"本来指水或水草积聚的低洼处,你知道"泽"有哪些朋友吗?

生:水泽、沼泽。

师:真好!给"泽"找了这么多好朋友。毛主席领导工人、农民闹革命,建立了新中国。和他一起革命的还有很多伟大的人物,朱德就是其中的一位。(出示朱德照片及标注拼音的词语"朱德",请学生拼一拼,读一读)

师:朱德是中华人民共和国十大元帅之首。"朱"在这里是姓,我们班谁也姓"朱"?

生:朱某某。

师:"朱"本来的意思是红,有一个词叫"朱红"。"德"字,我们在生活中、阅读中经常见到。(出示《道德与法治》课本封面图片,并将"德"字用红笔圈出)看这本书,熟悉吗?"德"字在哪里?

生:《道德与法治》中的"德"。

师:这是我们在学习的一门课程。再看,老师这儿还有一张旅游海报(出示海报图片,并将图中的三个"德"字用红笔圈出),你发现了吗,这张海报是关于哪个国家的?

生:德国。

师:仔细数一数,这张海报中,有几个"德"字?有几个就竖几个手指头。(生数,并举三个手指头)

师:对,这张海报中一共有三个"德"字。同学们,在生活中、阅读中,只要我们有心,就能认识很多生字。毛泽东和朱德都立志解放中国的穷苦百姓,让大家过上好日子,这种有共同志向的人,我们就称为"同志"。"志",上面是个——

生:士。

[①] 设计者为浙江杭州市长寿桥小学岳帅校区曹爱卫。

师：下面是个——

生：心。

师：我们就可以这么记"红军战士一条心"。朱德称毛泽东为——

生：毛泽东同志。

师：毛泽东称朱德为——

生：朱德同志。

师：我们今天学的这篇课文是——（板书课题：朱德的扁担）

生：（齐读）朱德的扁担。

师："扁担"的"担"读轻声，再读一遍。（生再次齐读课题）

师：你们见过扁担吗？谁来指指看，哪一条是扁担？（出示一名战士肩挑扁担图片，并标注挑担、扁担、一副担子三个词语。请一生上台在课件上指出"扁担"）

师：对了！扁担扁扁的、长长的，是用来挑担子的工具。你们看，扁担的前后两头各有一个箩筐，箩筐里可以装东西。一根扁担、两个箩筐就组成了"一副担子"。朱德同志把担子挑在肩上，就叫——

生：挑担。

师：让我们再一起读一读这三个词。

生：（齐读）扁担、一副担子、挑担。

板块二　朗读课文，了解故事内容

师：《朱德的扁担》讲了什么呢？请同学们打开课文，赶快去读一读吧！这次读书，要做两件事情，请看——（出示）

1. 读：自由朗读课文，读准字音，读通句子，难读的句子多读几遍。

2. 标：给课文标上自然段序号。

师：课文总共有几个自然段？

生：4个自然段。

师：很好。这4个自然段中，有没有比较难读的句子？

生：第1自然段的第一句话，我读不好。

生：第2自然段的第二句话，我也读不好。

生：第3自然段的第三句话，我也读不好。

（根据学生反馈，教师在课件上用横线画出相关句子。）

师：看来，大家认为难读的句子主要集中在这三句话。那我们就一句一句再来练一练。先看第一句。（出示）

1928年，朱德同志带领队伍到井冈山，跟毛泽东同志带领的队伍会师了。

师：请大家根据老师的提示来读。请听：谁带领队伍到井冈山？

生：朱德同志带领队伍到井冈山。

师：对，当我们把"朱德同志带领队伍"连起来读，语义就能通过声音很清楚地表达出来了。再听：1928年，朱德同志带领队伍到井冈山，跟谁带领的队伍会师了？

生：1928年，朱德同志带领队伍到井冈山，跟毛泽东同志带领的队伍会师了。

师：发现了吗？当我们注意把几个表达完整意义的词语连起来，读起来就流畅了。那你们知道什么是"会师"吗？

生："会师"就是"两个人见面"。

师："会师"指的是两个人见面吗？我们一起去看一看当时"会师"的场景，你会有新的发现。（播放中央电视台《国家记忆》之"井冈山会师"视频片段）

师：现在谁知道"会师"是什么意思？

生："会师"就是两支队伍会合了。

师：对了！"会师"就是两支队伍会

合了。1927年,毛泽东同志带领队伍到达井冈山,建立了井冈山根据地。1928年,朱德同志也带领队伍来到了井冈山,和毛泽东同志的队伍会师了,建立了"井冈山根据地"。(师边说边板画"井冈山"简笔山形图,相机板贴"毛泽东""朱德""队伍""会师"等词语,板书"井冈山根据地")

师:两支队伍会师,是一件多么令人振奋的事啊!让我们再来读一读这句话。(生再次练读)

师:读得真好。第一句会读了,再看第二句。(出示)

井冈山上生产的粮食不多,常常要抽出一些人到山下宁冈的茅坪去挑粮。

师:哪里生产的粮食不多?

生:井冈山上生产的粮食不多。

师:所以,常常要抽出一些人到哪里去挑粮?

生:常常要抽出一些人到山下宁冈的茅坪去挑粮。

师:连起来读一读。

生:井冈山上生产的粮食不多,常常要抽出一些人到山下宁冈的茅坪去挑粮。

师:读得真不错!一学就会。那第三句能不能自己练一练,读给同桌听?(生自主练读,然后读给同桌听)

师:认为你的同桌读得不错的,请送给他(她)一个大拇指!(同桌互送大拇指)

师:课文中的长句子读好了,老师相信,其他句子你们也能读好。现在老师要请你们再读课文,完成这几件事,请看——(出示)

1. 读:再读课文。
2. 排:课文写了一件什么事?把图

片按故事内容的顺序排一排。

3. 说:借助图片,简单说一说故事内容。

(出示四幅图片:第一幅是"一起挑粮",第二幅是"藏扁担",第三幅是"重找扁担写上名字",第四幅是"井冈山会师")

师:这四幅图,根据课文内容怎么重新排序?

生:4-1-2-3。

师:故事先讲——

生:朱德同志带领队伍和毛泽东同志带领的队伍在井冈山会师。

师:再讲——

生:朱德同志和战士们一起去挑粮。

师:接着讲——

生:战士们把朱德同志的扁担藏了起来。

师:最后讲——

生:朱德同志又找来一根扁担,写上"朱德的扁担",大家就不好意思再藏他的扁担了。

师:那你们能看着图片,连起来说一说吗?(生借助图片,自己坐在位置上连起来说故事的主要内容,说完后,再请一生站起来说)

板块三　聚焦"挑粮",品咂文字中的艰难

师:红军为什么要去挑粮呢?挑粮会遇到哪些困难呢?请同学们认认真真读一读课文第1—2自然段。要求如下:(出示)

1. 读:再读课文第1—2自然段。
2. 画:红军为什么要去"挑粮",用"＿＿"画出相关句子;从哪些地方看出"挑粮"的艰难,用"＿＿"画出相关句子。

师：大家自主学得差不多了。谁读懂了，红军为什么要挑粮？你画了哪句话？

生：我画的是第2自然段的第二句话，其中"井冈山上生产的粮食不多"，就说明粮食不够大家吃。

师：两支队伍驻扎在山上，山上生产的粮食却不多，所以要去挑粮。仅仅因为这个原因吗？

生：我画的是这段的第一句话，其中"需要储备足够的粮食"，说明山上的粮食不多。

师：那你知道什么叫"储备"吗？

生：就是"准备"的意思吧！

师：这两个词意思有点接近，储备就是"储存备用的东西"。那粮食不多，吃完了再下山挑就行了，为什么要"储备"粮食呢？

生：因为敌人就在山下，等到没有粮食了再去挑，万一敌人打上来，就来不及了。

生：而且没有粮食，战士们就没有力气打仗了呀！

师：对。当时敌我双方的情形是怎样的？

生：第1自然段说井冈山下不远处就是敌人，而且敌人把井冈山包围了。

师：你怎么知道敌人把井冈山包围了？

生：课文说要"粉碎敌人的围攻"。"围攻"说明被包围了。

师：不仅被包围，而且随时有可能——

生：攻打上来。

师：这儿有一些写着"敌人"的词卡，谁能来摆一摆？

（生上台把"敌人"的词卡摆在井冈山山形示意图的周围）

师：你为什么这样摆？

生：课文中说"红军在山上，山下不远处就是敌人"，所以要把"敌人"的词卡摆在山下边，还有"围攻"这个词，可以看出敌人把井冈山根据地包围了。所以要把词卡围成一圈。

师：你很会读书！为了粉碎敌人的围攻，让他们的阴谋不能得逞，所以，读——

生：（齐读）红军要巩固井冈山根据地，粉碎敌人的围攻，需要储备足够的粮食。井冈山上生产的粮食不多，常常要抽出一些人到山下宁冈的茅坪去挑粮。

师：读得很好！你从哪些地方看出"挑粮"的艰难？用"＿"线画出了哪些句子？

生：我画的是"从井冈山到茅坪，来回有五六十里，山高路陡，非常难走"。

师：从这个句子的哪些地方看出来"挑粮"的艰难？

生："来回有五六十里"，说明路非常远，走起来会很累。

师：挑粮第一难——生：路远！

师：还有吗？

生："山高路陡"说明山很险，很难走。

师：（出示"陡"字的古文字形）请看"陡"字，古时候是这么写的。左边这部分表示陡峭的山。看图片，就像这样耸立的高山。右边的"走"，在古时候表示逃跑的意思。看到这么陡峭的山，吓得赶快逃走。这就是"陡"。挑粮第二难是——生：山险！

师：还有没有其他的难处？

生：（犹豫）非常难走也说明很难。

师：是的，但是"非常难走"到底难在哪里呢？你看前句，一个是路途远，难！一个是路很险，难！这两个难都把难在哪里说清楚了。还有一个难，需要同学们联系上下文来想。这么远、这么险的路，战士们和我们平时去旅游一样，只是背个小背包吗？

生：不是的，要去挑粮。

师：想想看，他们还难在哪里？

生：（恍然大悟）他们肩上的担子还很重。担子重了，就很难走！

师：对。担重，是第三难！山路又远又险，担子又那么重，挑粮这件事真是难上加难，步步艰难！可是这么难的事情，看看大家的表现却是——

生：（齐读）可是每次挑粮，大家都争着去。

师：这里的"大家"指哪些人？

生：可能是个身子很瘦的战士。

师：队伍里是会有身子很瘦的战士。那这个战士会怎么争？

生：我虽然身体看上去很瘦，但是我筋骨好。我要去挑粮！

师：他是从体型上来想的。还有谁不是从体型上来想的？

生：我是一位老战士。

师：你从年龄上来想了。说说，老战士会怎么强调自己的优势？

生：平时打仗，都是年轻战士冲在前面，挑粮，应该我们老同志上！

师：很有道理。挑粮可以算你一个。队伍里还有指挥官啊，想一想，他们又会怎么争？

生：我是朱德。我会这么说："我是首长，应该起带头作用，挑粮不能没有我！"

师：好一个率先垂范的朱德同志！

……

师：是啊，大家就这样"争着"去挑粮。当我们理解了红军挑粮的原因以及挑粮的艰难后，相信能把课文读得更好。我们一起再读一读课文第1、2自然段。（生齐读课文第1、2自然段）

【案例评析】

革命文化教育题材类课文往往通过细节化的语言、神态、心理等描写来塑造人物形象，表现人物精神。在课堂上，仅仅引导学生了解故事内容是不够的，要将文本的语言形式和人物内在的精神力量结合起来，将落实革命文化教育与语文要素有机结合。案例中教师引导学生聚焦关键语句体会路远、山险、担重三层困难，感悟战士和将领朱德的人物形象。学生在习得语言、积累句式的同时，深刻感悟到了朱德同志以身作则、不怕困难的品质。

扫描目录页二维码，学习《难忘的泼水节》教学设计。

第四节　寓言故事教学设计示例[①]

课标要求第一学段学生"喜欢阅读故事,能借助关键词句复述自己读过的故事或其他内容,尝试对阅读内容提出问题;愿意向他人讲述读过的故事"。本节我们以统编教材一年级上册的《乌鸦喝水》为例,探究第一学段寓言故事的教学方案。

《乌鸦喝水》教学设计

【教材分析】

《乌鸦喝水》是统编本一年级上册第8单元的课文,改编自《义务教育语文课程标准》建议课外读物《伊索寓言》,该单元的主题是留心观察。课文在交代乌鸦面临口渴找水这一生存问题后,连用6个及物动词,表现了乌鸦在面对难题时积极应对的良好倾向。显然,生字新词、故事寓意、留心观察的习惯与积极应对的人生态度及引发课外阅读《伊索寓言》的兴趣都是本文有价值的教学点。

【学情分析】

保持阅读兴趣、理解生字新词与难句含义、把握故事情节都是一年级上册学生把握本故事寓意的前提条件。课前谈话与测试发现:课后生字表中的11个生字,学生基本上都能借助拼音读准;课文中的新词学生根据经验或借助具体形象一般都能很快理解;但普遍不喜欢乌鸦,理由是它全身黑乎乎的。学生预习课文后,动嘴一问:存在哪些疑问?一部分同学答:"往瓶子里一颗一颗投石子多费劲啊,它为什么不继续到其他地方找水呢?"可见这些同学不理解乌鸦想方设法喝瓶中水的做法,究其原因,则是因为他们不曾联系上文中出现过的"到处找"这一背景去感受去思考。还有一部分同学问:"把小石子扔进瓶子里,水真的会升高然后就能喝着水了吗?乌鸦为什么能想到这样的好办法呢?"可见,这部分同学对故事情节发展的合理性也不理解,但其产生原因更多地来自教材,因为统编本在改写时省略了原文的一些细节,简化了乌鸦想办法的具体过程。

【教学目标】

1. 认识"乌、鸦"等11个生字,认识反文旁和自然段,掌握"到处"等9个新词,学会写"只"等5个字。

2. 把握故事的基本情节,充分理解故事的寓意,培养细心观察、勤于思考与积极应对人生困境的良好倾向。

3. 能以关爱的态度读出乌鸦在整个故事中的情绪变化,并争取背诵全文。

【教学重难点】

"颗"字的意义、"怎么办呢"这个句子的句意及课文的寓意是重点。联系上下文与生活经验展开想象以理解故事情节发展的合情合理性是难点。

[①] 本教学方案由赵年秀设计。

【教学方法】

① 借助插图了解"乌鸦"外形与"放进"这个词的词意；② 通过演示感受瓶子里的水渐渐升高的过程、感受乌鸦的智慧并理解"渐渐""升高""许多""旁边"等词的词意；③ 联系上下文理解课文词句意思。

【教学课时】 2课时。

【教学准备】 两三个透明的水瓶、一些小石子，乌鸦喝水的小插图。

第一课时

【教学要点】

初读课文，认识"乌、鸦"等11个生字，认识反文旁和自然段，掌握"到处"等9个新词，梳理故事的基本轮廓。

【教学过程】

一、解题导入，激发兴趣

1. 读准"乌鸦"两个字的字音，了解词意

看老师在黑板上写两个字："乌鸦"。谁认识？标注拼音之后要求齐读。问：乌鸦，谁见过？对，课文中的插图上就画了一只乌鸦。

2. 识记"乌鸦"两个字的字形

用什么好办法来记住"乌鸦"这两个字的字形呢？谁想出来了？谁还有好办法？参考答案：用熟字加一加或减一减的方法。"鸟"去掉一点就是"乌"，牙齿的"牙"加上"鸟"字就是"鸦"。

3. 引发阅读的兴趣

喜欢"乌鸦"这种鸟的举手。啊，这么多人不喜欢啊。但老师相信你们读了今天这个故事后就会喜欢乌鸦了。这个故事的题目叫《乌鸦喝水》。书写"喝水"二字并且故意将"喝"错成"渴"，引出辨析这两个字偏旁的活动。对了，"喝"错成"渴"了。"喝水"得用嘴，所以"喝"是"口"字旁；"渴"是三点水旁。一起读课题。

二、自学课文，认识自然段，认识生字，掌握新词

1. 认识自然段

现在请打开课文。同学们，每篇课文都包含好几个自然段，每个自然段的前面都有两个空格。现在，数一数，课文一共有几个自然段？在每个自然段的前面标上数字，第一自然段段前写上"1"，第二自然段段前写上"2"，第三自然段段前写上"3"。

2. 带着任务读课文

接下来，各自轻轻读故事。遇到生字，根据拼音多读几遍。

3. 认识生字

课文读完了，这些生字都认识的请举手？谁来当小老师领着大家读？去掉拼音。现在谁还能当小老师领着大家读？谁有好办法记住"放"这个字？参考答案：方＋反文旁。强调：反文旁是个新偏旁，大家要记住。

4. 理解新词

生字能认读了。有不理解的新词吗？各自轻轻读课文，标出不理解的新词。谁有不理解的新词？它出现在第几自然段？如果有新词没被提出来，则主动结合PPT问：这些新词分别是什么意思呢？各自然段的新词及其词意罗列于下。

第一段的新词及其词意：

到处：各处、处处的意思。

找：寻找，在课文中指乌鸦努力地去发现活命的"水"。

办：办理、处理、应对的意思。办公室，就是处理公务的屋子。办法：指处理事情或解决问题的方法。"怎么办呢？"，句末用了问号，表明它是个问句。"办"字后省略了"这件事"。全句的意思是：怎么处理这件事呢？联系上句，同学们说说看："这件事"是指代哪件事啊？对，指上句中叙述的"喝不着瓶中水"这件事。孩子们，应对困难、办事情都需要下大力气，所以，"办"的中间部分是"力气"的"力"字。

第二段的新词及其词意：

旁边：左右两边，靠近的地方。

许多：很多。

第三段的新词及其词意：

放进：在课文中指乌鸦用嘴将石子叼到瓶子里。

渐渐升高：在课文中指瓶中水位"一点一点地""慢慢地"增高的意思。

颗：这个字学生一般不会关注。教师可以采用曲问法。问题：这些小石子是圆的还是方的？估计会出现三种答案：① 有圆的也有方的；② 方的；③ 圆的。前两种答案应该是根据插图说的，根据插图理解课文是我们要积极运用的一种阅读方法。但是，第四段说石子是"一颗一颗"的。颗：量词，多用于小而圆的东西，譬如一颗珍珠，一颗黄豆。这就说明，这些石子是圆的。所以，三种答案都有各自的道理，教师都要肯定，让孩子认识到事物的正确答案不止一个的道理。为了巩固强化所学知识，教师再次通过PPT呈现相关知识并让孩子齐声读：颗，量词，多用于小而圆的东西，譬如一颗珍珠，一颗黄豆，一颗石子。

学习第三段的新词采用边演示边讲解的方法。

三、了解故事的基本情节，布置课后作业

1. 理清故事大结构

生字会认了，新词的意思明白了。下面咱们来看看这个故事的基本轮廓。请圈出文中带"喝"字的词语。巡视课堂。三分钟后边讲说边板书，纵向书写，完成这节课的主板书。课堂话语预设：好，我看到同学们共圈出三个带"喝"字的词语，分别是"找水喝""喝不着""喝着水"。"喝不着"，表明乌鸦遇到挫折了，这也说明这个故事情节有拐弯，有曲折。有拐弯、有曲折的故事读起来才有点味儿。"喝着水"，这是故事的结局，乌鸦成功了。

2. 布置课后作业

同学们，"找水喝""喝不着""喝着水"就是这个故事的大结构，你们回家后按照这个大结构将这个故事讲给爸爸妈妈听听。现在下课。

第二课时

【教学要点】

熟读课文，读懂寓意；联系生活，培养积极应对人生困境的良好倾向。

【教学过程】

一、熟读第一段，感受乌鸦找水的艰难，读出乌鸦内心的情感变化

1. 通过问题探讨的方式感受乌鸦找水的艰难

同学们，这一节课继续学习《乌鸦喝

水》这个故事。顺手在课题中添上5个字:"喝瓶子里的",然后自言自语:乌鸦喝瓶子里的水。问题是——这瓶子里的水容易喝着吗?为什么?好,有同学找着了,请说。教师边指PPT,边要求学生齐读。PPT上的文字为:"(因为)瓶子里水不多,瓶口又小,(所以)乌鸦喝不着水。"这一个长句子将两个原因和结果一块说了。先说原因,后说结果,中间用逗号分开。大家真聪明,一下子就发现了这种因果关系。

为了应用课标要求的联系上下文了解课文词句意思这一方法,也为了加深学生对乌鸦想方设法喝瓶中水行为的同情与理解,教师继续提问。

同学们,老师这儿还有一个问题:既然"瓶子里水不多,瓶口又小""喝不着水",那么,乌鸦为什么非得想方设法地去喝瓶子中的水而不另想其他办法呢?谁最聪明,还能从第一段中找到答案?

预设答案:第二句紧跟在第一句之后,说明"发现一个有水的瓶子"是这只乌鸦"到处找水"后的结果。评价语预设:能联系上文根据句间关系做判断,真是棒棒棒!大家一起说:棒!棒!棒!你真棒!

第三个问题:这只乌鸦究竟是在什么样的天气里飞到一个什么样的地方,竟然到处找不到水啊?请根据我们的经验,联系我们读过的书与看过的电影电视,展开我们想象的翅膀,用学过的词语说说你想到的这只乌鸦找水的环境。

预设答案:很久没有下雨了,太阳火辣辣的,十分炎热。山沟里没水了,池塘里没水了,河床干枯了。大地一片枯黄,毫无生机,荒无人烟。评价语预设:想象得很好,还能用上这么多学过的词语,真是不错。

2. 运用填补法扩展第一段的故事,加深对乌鸦想方设法去喝瓶中水的同情与理解

教师:接下来我们一起来扩展第一段的故事。一只乌鸦飞到正在闹干旱的地方,烈日炎炎,满地枯黄,荒无人烟,这时,它口渴了。它感觉必须喝水,不然活不下去了。它到山沟里找,到池塘里找,到河里找,都没找到。最后,它飞到了一个屋子里,看见了一个瓶子,它急忙飞到瓶沿上往里一看,瓶子里竟然有水!孩子们,如果你是这只乌鸦,还会放弃这来之不易的活命水吗?"怎么办呢?"这句话的意思是——"怎么处理喝不着水这个问题呢?"这个问句表明:乌鸦这时一心只想着怎么喝到这瓶子里的水了。孩子们,至此,你们对乌鸦为什么非得想方设法地去喝瓶子中的水而不另想其他办法多了一点理解了吧?

3. 以关爱的态度朗读第一段,争取读出乌鸦的情绪变化,争取背诵

下面请大家边想象画面,边读第一段,将故事中乌鸦的心情读出来。学生朗读,教师巡视课堂。

谁能有感情地读读这一段的四个句子?读得真好,从你的朗读中我听出了故事主人公乌鸦的心理变化过程:口渴找水的焦急——四处寻找的无奈——看见水瓶的喜悦——喝不着水的失望——积极应对的执着,还听出了你对乌鸦命运的关切之情。大家一齐读一读。各自试着背一背吧。谁能背出来?谁再来背背?

二、熟读第二、三段,感受乌鸦想出办法的具体过程

1. 运用联系上下文理解词句意思的策略领会乌鸦想出的办法

第一个问题:看见旁边的小石子,乌鸦想出了一个什么样的办法?各自读读第二、三段,找找答案。

答案:把石子一颗一颗地放进瓶子里,瓶子里的水渐渐升高,就喝着水了。评价语:答得对。能联系上下文理解词句意思,你真会读书。

2. 联系生活经验,丰盈乌鸦想出办法的过程

遭遇难题,一想就对的可能是有的,但不会很多。更多的时候得反复尝试才能解决。如果你就是这只乌鸦,你会使用哪些办法?讨论。预设答案:① 把瓶子撞到;② 用石头砸开水瓶;③ 用吸管吸出来。评价语:都能根据自己的生活经验想办法,真是一群聪明的孩子,有些办法还同《伊索寓言》原文一模一样。

3. 引入原文中的相关情节,增强对本故事情节合理性的认同度,扩展故事寓意

想看看《伊索寓言》原文是怎样写的吗? 好,我们一起来读读相关情节。用PPT呈现原文下列情节。教师用讲述故事的口吻有感情地讲说。

……乌鸦想,把水瓶撞倒,就可以喝到水了。于是,他从高空往下冲,猛烈撞击水瓶。可是水瓶太重了,乌鸦用尽全身的力气,水瓶仍然纹丝不动。

乌鸦一气之下,从不远处叼来一块石子,朝着水瓶砸下去。他本想把水瓶砸坏之后饮水,没想到石子不偏不倚,"扑通"一声正好落进了水瓶里。

乌鸦飞下去,看到水瓶一点儿都没破。细心的乌鸦发现,石子沉入瓶底,里面的水好像比原来高了一些。

"有办法了,这下我能喝到水了。"乌鸦非常高兴,他"哇哇"大叫着开始行动起来。他叼来许多石子,把它们一块一块地投到水瓶里。随着石子的增多,水瓶里的水也一点儿一点儿地慢慢向上升……

终于,水瓶里的水快升到瓶口了,而乌鸦总算可以喝到水了。他站在水瓶口,喝着甘甜可口的水,心里是那么痛快、舒畅。

4. 有感情地朗读第二、三段,争取背诵

提醒学生仍然带着关爱乌鸦命运的态度去朗读。

三、领会寓意,培养积极应对的人生态度

通过问题促进领会。第一个问题为:乌鸦为什么能喝到瓶子中的水?靠的是什么?请读出相关句子。预设答案:积极行动+细心观察+动脑筋。为巩固积累,要求全班齐读下列句子:"到处找水喝。看见一个瓶子,瓶子里有水。喝不着水。怎么办呢?看见旁边有许多石子,想出办法来了。把小石子一颗一颗地放进瓶子里。就喝着水了。"

第二个问题如下:生存是艰难的,谁都会遭遇困难。面对生存难题,故事中的乌鸦,积极应对,终于获得生机。你遭遇过困难吗?又是怎样应对的呢?你周围的人遭遇过哪些生存困难？他们是怎么应对的呢？

点多名学生回答。教师边听边运用"积极行动、细心观察、动脑筋"等词语点评。预设答案："嗯，是遭遇到生存困难了。""遭遇到生存困难后不是灰心丧气，而是积极动脑筋、想办法，真是生存赢家。"

四、布置课后作业

课外和爸爸妈妈一起读《伊索寓言》中感兴趣的故事。

【板书设计】

乌 鸦 喝 水　　　《伊索寓言》

找水喝——积极行动　　到处　　旁边

喝不着——细心观察　　许多　　渐渐

喝着水←—寻找办法　　颗粒　　放进

【案例评析】

"教学解读可以分为三个层级：释义层、解码层、评鉴层。释义层就是要求读懂文章的内容、主题、情感；解码层就是找到这篇文章(课文)的'文眼诗心'或文本奥妙之处；评鉴层是对课文进行理性审视并在阅读过程中能够批判反思，进而实现情境化迁移。"[①]案例中教师先是以儿童化的语言引导学生理解字义、词义，进而以抓关键词、加强朗读的形式引导学生理解课文。如：引导学生理解"到处"一词，再将这一词语带入句中朗读，学生便有了更深刻的体会，完成课文的基础释义。其次，依据故事情节发展脉络，引导学生解开"乌鸦是如何想出这么巧妙的办法"的疑问，找到课文的奥妙之处，完成课文的解码。最后，引导学生品鉴课文的寓意，明白"遇到生存困难后不是灰心丧气，而是积极动脑筋、想办法"的道理。学以致用，一步一步引导学生走向深度学习。

扫描目录页二维码，学习《蜘蛛开店》教学设计及儿童诗教学设计示例(《怎么都快乐》教学设计和《夜色》教学设计)。

课程思政

小学语文教材中有大量的思政元素，如第一学段的革命文化教育题材类课文描写了波澜壮阔的革命历史，展现了中华民族的光荣传统和优良作风，能让学生从中汲取智慧和力量，从而更加认同社会主义核心价值。语文教育不是单纯地传授语文知识、发展学生的语文能力，还要体现育人过程，帮助学生塑造正确的世界观、人生观和价值观，充分发挥语文教材"培铸魂魄、启智增慧"的育人价值，切实落实"立德树人"的根本任务。语文教师心中要有思政意识，让红色基因固本铸魂于语文课堂教学，植根于学生心田。

项目实践

1. 一年级上册《雪地里的小画家》一课的教学重难点分别是什么？
2. 二年级下册《雷雨》一课的教学程序可以怎么安排？

---

① 徐瑾,黄伟.创建层级进阶的语文课堂——以《乌鸦喝水》解读与教学为例[J].语文建设,2023(4):55-59.

第七章 第二学段阅读与鉴赏指导的理论与实践

学习目标

1. 明了第二学段阅读与鉴赏的学业质量要求,知晓统编本第二学段阅读与鉴赏教材编排特点,思考统编本第二学段阅读与鉴赏的教学策略。
2. 运用第二学段阅读教学的理论及关于课题计划、分课时计划方面的知识,基于统编本语文教科书,尝试设计并实施第二学段阅读与鉴赏课。
3. 涵养基于国家课程标准、统编本教材与学生实际情况开展教学设计的意识,培养严谨、细致、规范的工作作风。

问题探究

1. 阅读的目的可以有哪些?为什么?
2. 何谓"有感情地朗读"?
3. 谈谈确定一篇课文教学内容的正确做法。

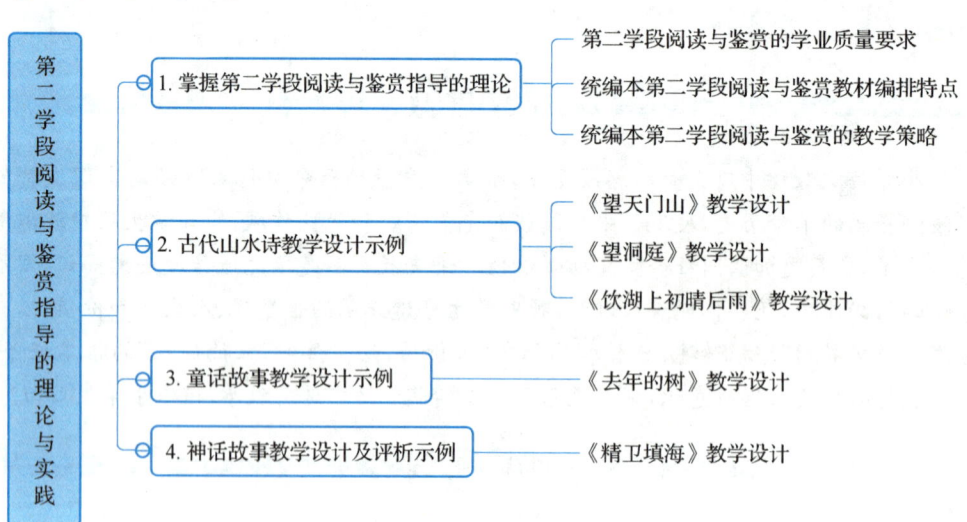

思维导图

第二学段阅读与鉴赏指导的理论与实践
- 1. 掌握第二学段阅读与鉴赏指导的理论
  - 第二学段阅读与鉴赏的学业质量要求
  - 统编本第二学段阅读与鉴赏教材编排特点
  - 统编本第二学段阅读与鉴赏的教学策略
- 2. 古代山水诗教学设计示例
  - 《望天门山》教学设计
  - 《望洞庭》教学设计
  - 《饮湖上初晴后雨》教学设计
- 3. 童话故事教学设计示例
  - 《去年的树》教学设计
- 4. 神话故事教学设计及评析示例
  - 《精卫填海》教学设计

第一节　第二学段阅读与鉴赏指导的理论

一、第二学段阅读与鉴赏的学业质量要求

课标主要按语篇性质分两处提出第二学段学生在实用性阅读、文学阅读与思辨性阅读三个方面的学业质量标准。具体描述有：①能阅读常见的图文结合的材料，注意图文关联，初步把握材料的主要内容。②喜爱阅读童话、寓言、神话等，在阅读过程中能提取主要信息，借助阅读经验和生活经验预测情节发展；能结合关键词句解释作品中人物的行为，从某个角度分析和评价人物；能发现作品中的优美词语、精彩句段，并根据需要进行摘录；能借助上下文语境，说出关键语句、标点符号、图表在表达中的作用；能复述读过的故事，概括文本内容，根据自己的阅读理解提出问题并与他人交流；乐于和他人分享阅读所得，关注有新鲜感的词句，并有意识地在口头和书面表达中运用。

二、统编本第二学段阅读与鉴赏教材编排特点

统编本第二学段语文课本中蕴藏着丰富的达标教学资源。具体包括：

1. 从选文看，注重经典性，重视价值观养成

统编本第二学段精选了诸多名家名篇。如曹文轩的《芦花鞋》，管桦的《小英雄雨来》，老舍的《猫》，梁启超的《少年中国说》，歌颂祖国美丽、富饶的《富饶的西沙群岛》《美丽的小兴安岭》，《伊索寓言》《克雷洛夫寓言》、《韩非子》等中外典籍中收录的寓言故事。四年级下册的现代诗歌单元，让学生接触到冰心、艾青等现代诗人的作品，在诵读中感受诗歌的魅力。从儿童文学过渡到现当代文学经典，引导学生与文学、思想大师进行心灵沟通；带领学生领略人与人、人与自然、人与社会关系的真知灼见，足以涵养学生的人性，培育着儿童真善美的内心世界。

2. 从单元的组元方式看，有按体裁编排的单元，有以作品内容编排的单元，还有按阅读策略编排的单元

三下第二单元系寓言专题。四上第四单元系神话专题。四下第三单元系现代诗专题。四下第二单元为科普文专题。四上第八单元是历史故事专题。四下第六单元系成长故事专题。童话专题则有4个：三上的第三、四单元，三下第五单元，四下第八单元。四下第四单元，为作家笔下的动物专题。三上第四单元、四上第二单元，都是阅读策略单元，分别学习"预测"和"提问"两种阅读策略。

3. 从语文知识编排看，连续性与发展性、整体性与综合性兼顾

从纵向看，突出知识编排的连续性与发展性。如一、二年级安排了学习联系上下文、联系生活经验等多种理解词语的方法，三年级上册第二单元则安排了"运用多种

方法理解难懂的词语"的语文要素,引导学生对以往学习过的方法性知识进行系统梳理和巩固,凸显知识编排的连续性和发展性。从横向看,各单元的编排,突出了知识学习的整体性与综合性。单元导语页,明白交代所在单元的语文要素,课后思考题进行落实,"交流平台"进行回顾总结,每个部分环环相扣,将语文知识的学习落到实处。

三、统编本第二学段阅读与鉴赏的教学策略

1. 精研教材明思路

统编本第二学段语文教科书的故事专题,包括童话专题、神话专题、寓言专题、成长故事专题与历史故事专题。研读各单元提示语、各课课后练习题、各语文园地中的交流平台及单元习作栏目,就会发现,同为故事单元,因而教学思路存在相通的地方;但是,由于各专题的具体体裁与内容有异,因而具体要求上的侧重点不同,表7-1,可见一斑。

表7-1 第二学段故事类专题教学思路一览

年级	专题	课文	语文要素	读故事	讲故事	写故事
三上	童话	《去年的树》《在牛肚子里的旅行》等	感受童话丰富的想象	走进人物内心世界,读出人物心情	把故事讲给家人听	我来编童话
三下	寓言	《守株待兔》《池子与河流》《陶罐与铁罐》《鹿角和鹿腿》	读寓言故事,明白其中的道理	先读懂故事内容,再联系生活中的人和事,体会故事背后藏着的深刻道理	说说陶罐与铁罐的性格有什么不同?	用自己的话讲讲这个故事
四上	神话	《盘古开天地》《精卫填海》《普罗米修斯》	感受神话中神奇的想象和鲜明的人物形象	找出你认为神奇的地方	按照起因、经过、结果的顺序,讲讲这个故事	展开想象写故事:我和_____过一天
四上	历史故事	《王戎不取道旁李》《西门豹治邺》《扁鹊治病》《纪昌学射》	了解故事情节,简要复述课文	说说为什么"树在道旁而多子,此必苦李";说说西门豹的办法好在哪里	召开故事会	选一件你心儿怦怦跳的事情写下来
四下	成长故事	《小英雄雨来》《我们家的男子汉》《芦花鞋》	学习把握长文章的主要内容	照样子列小标题,体会景物描写的作用,体会作者对人物的情感	/	按一定顺序把事情的过程写清楚

2. 比较阅读强思维

四下第四单元,具体编排如表7-2。该单元人文主题为《作家笔下的动物》,单元语文目标有两个:① 体会作家是如何表达对动物的感情的。② 写自己喜欢的动物,试着写出特点。达到以上两大教学目标,做好比较阅读是关键。首先,做好同一作家不同作品之间的比较。题目为:"《猫》和《母鸡》都是老舍先生的作品。比一比,说说两篇课文在表达上有哪些相同与不同之处。"其次,做好不同作家写同一种动物的作品之间的比较。题目可为:"下面的'阅读链接'链接了俄国作家叶·诺索夫《白公鹅》,和丰子恺的《白鹅》比一比,说说两位作家笔下的鹅有什么共同点,再体会两篇文章表达上的相似之处。"

表7-2 统编本四下第四单元编排一览

序号	作者	课文	用词	表现手法	阅读链接
1	老舍	猫	说它老实吧,它的确有时候很乖	贬词褒用	周而复的《猫》、夏丏尊的《猫》
2	老舍	母鸡	听吧,它由前院嘎嘎到后院……	欲扬先抑	/
3	丰子恺	白鹅	鹅老爷、高傲、架子十足	比较	(俄)叶·诺索夫《白公鹅》

3. 梳理策略促落实

四下第三单元是现代诗赏析单元,"体会现代诗歌的韵味"应该是本单元的教学目标。"韵味",含蓄的意味。那么,怎样才能体会到现代诗歌的"韵味"呢?抓手在哪儿?教学本单元必须予以梳理,否则,难以品味到经典现代诗的韵致与情趣。

首先,以"意象、意境"为抓手,并兼顾写作背景去体会。对冰心的《繁星(七十一)》,可以使用这一赏析方法去赏读。"月明的园中,藤萝的叶下,母亲的膝上"三大意象,构成一个温馨美好的港湾意境,强烈地表达出了海外游子的思乡之情。

其次,以情感为抓手,感受韵味。冰心《繁星(一三一)》的韵味在哪儿?"大海啊!那一颗星没有光?那一朵花没有香?哪一次我的思潮里,没有你波涛的清响?"字面上是比喻与排比,实质上是在表达自己绵长的无处不在的思念之情。

最后,以"用词、造句、章法、结构、表现手法"为抓手去体会。冰心《繁星(一五九)》中"风雨"一词连用:"母亲啊!天上的风雨来了,鸟儿躲到它的巢里;心中的风雨来了,我只躲到你的怀里。"这两个"风雨"有什么不一样?感受到其中的不一样,才能领悟到这首诗的韵味。同样,感受叶赛宁的《白桦》一诗的韵味,"涂、披、灿灿的金辉、晶亮的雪花"等词语是抓手。至于艾青的《绿》这首诗的韵味的感受,则可以"赋、兴"这两大传统表现手法为抓手。

第二节　古代山水诗教学设计示例[①]

伟大的祖国,河山壮美。历代诗歌中,都有为数不少的精美山水田园诗。本节以统编本三上第六单元的《古诗三首》为例,编写教案,表达笔者对古代山水田园诗歌的教学主张。

一　《望天门山》教学设计

【教学目标】

1. 感受天门山的神奇壮丽以及诗人李白的自信豪迈和兴奋愉悦之情。

2. 稍稍了解李白的雄心壮志与抱负,明白"天、门、碧、回、孤"等汉字的含义与韵味,知晓"相对""出"等词语的意思。

3. 能用自己的话讲解各句诗的意思,能正确、流利、有感情地读、背《望天门山》这首诗。

【学习方法】借助关键字词理解一句话的意思及所表达的意境。关键字词有:天门、中断、碧水、回、相对出、孤帆、日边来。

【教学准备】长江地图。

【教学过程】

一、复习导入,学习课题

诗题为《望天门山》和《望洞庭》,何为"望"? 甲骨文从臣(眼),从壬(人立土堆上),是站在土堆上举目向高远处看的意思。古人写诗词的时候,有很多时候都以"望"作为题目,譬如《望庐山瀑布》。一起背诵。

想象一下,"天门山"是一座什么样的山呢? 从字面上看,这"天门"可理解为:"天造之门"。知道古代的"门"字是怎么写的吗? 左边一扇,右边一扇。单扇为"户",两扇合为"门"。

在哪儿望? 诗人李白是在哪儿望天门山? 预设:飞速行驶的船上望。

李白的这首《望天门山》,让天门山成了著名的旅游景区(出示天门山景区图片),来到这里的游客都会情不自禁地朗诵起这首诗。现在,老师给这首诗配上音乐,全班起立! 带着感情,带着李白报效祖国的雄心壮志,一起朗读。

二、以关键词句为抓手想象诗境,读出诗意

第一句:词序有颠倒,天门山被长江从中间撞开,写出了江水的磅礴气势。中断:从中间断开。我国地势西高东低,所以长江由西往东流,落差很大,气势磅礴。边读边想象这一句描绘的景象。预设:既写了山的雄伟,更写了水的势不可挡。让我们想象着奔腾东去的楚江水,咱们一起读! 一起写写"断、楚"二字。

[①] 本节教学方案由赵年秀设计。

第二句：东流的长江水至此回转向北流去。"碧"是古代诗人喜欢用的一个字。如：

碧玉妆成一树高，万条垂下绿丝绦。（贺知章）

接天莲叶无穷碧，映日荷花别样红。（杨万里）

阶前碧草自春色，隔叶黄鹂空好音。（杜甫）

"回"字有三种解释——回旋；回转，改变方向；返回。你觉得诗中的"回"应该用哪种解释？预设：第二种。是谁有如此能耐让汹涌不可挡的楚江"至此回"呢？预设：是天门山。楚江撞到天门山就被挡回。看来天门山也毫不示弱。这句诗写出了山的刚强伟岸与水的柔美灵活。

练写"至"字。

第三句：小舟向前行驶，两岸青山相对而出，像在热情相迎。出，突出，出迎。问：这两岸的青山像热情的礼仪队员一样出来迎接谁呢？预设：李白。好一个"出"字啊，我们似乎看到诗人的船是由远及近，这两岸的山在列队迎接他。

第四句：还有一艘船只从日边迎面驶来。

《望天门山》开头两句"天门中断楚江开，碧水东流至此回"是从江与山的关系着笔，首句着重写出浩荡东流的楚江冲破天门山奔腾而去的壮阔气势，借山势写水的汹涌；次句着重写夹江对峙的天门山对汹涌奔腾的楚江的约束力和反作用力，借水势写出山的奇险。两句诗充分展现了作者创设的空灵意境，再现了大自然的壮美。后两句"两岸青山相对出，孤帆一片日边来"写天门山的雄姿，诗人立脚点在船上，尤其是一个"出"

字，让人如身处其境，逼真地再现了舟行江中望天门山特有的样态，而且寓含了舟中人的新鲜喜悦之感。全诗意味隽永。"孤"字也是一个颇有意味的字眼，诗人很喜欢用这个字，如：

孤帆远影碧空尽，唯见长江天际流。
孤舟蓑笠翁，独钓寒江雪。
众鸟高飞尽，孤云独去闲。
黄河远上白云间，一片孤城万仞山。
寒雨连江夜入吴，平明送客楚山孤。

练写"孤、帆"二字。

三、基于写作背景，读出诗情

天门山位于今天安徽芜湖附近。李白，顺长江东下，漫游荆楚与吴越，就到过天门山。20岁时写诗歌，把自己比作大鹏：大鹏一日同风起，扶摇直上九万里。25岁，李白怀着济世安民的雄心壮志离开家乡巴蜀，顺江而东，途经天门山。

李白是从四川顺流而下的远行客，天门山等座座青山就是主人，想想，在李白的心中，这座座青山的欢迎词会是什么样的呢？此时此刻，如果你就是初出巴蜀并怀着雄心壮志的李白，面对这样的奇山异水与人事景物，你会对他们说什么呢？

全诗有形有势、有声有色（碧水、青山、红日），画面明丽。全诗通过对天门山景象的描述，赞美了大自然的神奇壮丽，表达了诗人李白的自信豪迈和兴奋愉悦之情。

四、读、背、默《望天门山》

仿照样例，默写在横条信纸上，标题和作者写在醒目位置。

一 《望洞庭》教学设计

【教学目标】

1. 感受洞庭湖湖光秋月交相辉映、秋水、山色相互浸润的美妙境界。

2. 知晓"未、磨、盘"三个生字的音、形、义,积累描写洞庭湖景致的诗句及"相、和、翠"三个词语,粗略了解刘禹锡的相关生平经历、关于君山的美丽传说。

3. 认识"未、磨、盘"三个生字,会写"镜、未"二字,能用自己的话讲解每句诗的意思,能正确、流利、有感情地读、背全诗。

【教学过程】

一、学习课题,粗略了解刘禹锡的相关生平经历及其诗歌特点并复习杜甫、范仲淹描写洞庭湖的诗词文句,唤起学生的阅读期待

在诗豪刘禹锡笔下,洞庭湖的景色是什么样的呢?

刘禹锡,字梦得,唐代诗人,他的少年时期在较为安定的社会环境里度过,受到了良好的教育,培养了优异的文学才能;青壮年时期也曾像唐代许多诗人一样,渴望参与政治、建功立业,并且他也真的付诸行动,成为革新运动的核心力量。但在轰动一时的"二王八司马事件"之后,刘禹锡被贬为朗州司马,而后逐渐远离权力中心,放逐在外二十余年直至垂暮。这样的人生经历,成就了刘禹锡诚挚刚毅的性格,也影响了他的诗歌创作。他生前与白居易齐名,世称"刘白"。且白居易对他也是十分敬佩赞许的,称他为"诗豪"。刘禹锡的诗歌,今存八百余首,内容涉及讽刺时弊、怀古咏史、酬赠唱和、描绘河山等多个方面,语言雅丽、重视文采,最难得的是词意相宜、意境高旷。想要达到这样的境界,既需要诗人明察秋毫,能将山川气象尽收眼底;又要求诗人博学广识、文采飞扬,能将眼中所见、心中所感恰到好处地付诸笔端;更需要诗人趣味清雅、气格超然,最终将自身的气度情致与山川景致和诗歌的艺术美感融为一体——而刘禹锡正是这样的诗人。

洞庭湖,我国第二大淡水湖,绵延八百里,烟波浩森,水天相接。孟浩然:"气蒸云梦泽,波撼岳阳城。"杜甫:"吴楚东南坼,乾坤日夜浮。"

范仲淹的《岳阳楼记》:衔远山,吞长江,浩浩汤汤,横无际涯;朝晖夕阴,气象万千。此则岳阳楼之大观也。前人之述备矣……

二、学习诗句,介绍关于君山的神话传说,明白"和、未、磨、遥、盘"等字词的意义,并用自己的话讲解各句诗的意思

诗人的视线由湖面而天空而湖面而君山。

第一句:月光与湖光交相呼应、缥缈无尘。

第二句:洞庭湖面风平浪静,像尚未磨成的镜面,朦朦胧胧,定睛细看,仍可见微微波痕。

第三句:洞庭湖的青山与绿水也遥相呼应,山愈显青翠,水愈显清澈,二者浑然一体。"色""翠"进行比较,哪个好,好在哪?

第四句：远远望去，君山就如同一颗小巧玲珑的青螺，巧置于洞庭这个晶莹剔透、朦胧梦幻的银盘里。

补充资料螺女化身的传说。相传在远古时代，洞庭湖中并没有岛屿。洞庭湖经常狂风大作，人们苦不堪言。面对此情此景，洞庭湖里的72位螺姑娘忍痛脱下身上的螺壳，结成一个个小岛，连在一起，这就是现在的君山。君山上的72峰，就是72位螺姑娘变成的。

以"螺"喻山，生动描绘了君山山形的特征，同时也暗合了君山形成的神话传说。

古代郡志中说："君山状如十二螺髻。"

造型、色彩、神采韵味，精美绝伦，它浑然天成又精巧细致，青白分明又相互浸润，给人以极大的艺术享受。

三、正确、流利、有感情地读、背全诗，深度感受诗歌意境，体会刘禹锡的诗歌风格

具体教学过程此处从略。

三 《饮湖上初晴后雨》教学设计

【文本解读】

首句写太阳照射下荡漾的湖波，次句写雨幕笼罩下的山影。两句所描摹的正是当天先后呈现在诗人眼前的真实景观，创设了一种空灵秀美的西湖胜景，显得更加真实优美。后两句"欲把西湖比西子，淡妆浓抹总相宜"成为描写西湖的千古绝唱，然而作者表现的意境又恰恰是非常模糊的、不确定的，西湖到底有多美，作者把她比作西施，而谁也没有见过西施是怎样的美，事实上是你认为有多美就有多美。可见诗境的这种模糊、朦胧和不确定性，并非西湖的自然再现，而是诗人的艺术创造。特别是"淡妆浓抹"与上两句诗的"晴"与"雨"对应，"总相宜"与"晴方好""雨亦奇"相呼应，充分展现了西湖的优美风姿。作者用"西子"比西湖，二者之美神似。全诗风格空灵含蓄。

【教学目标】

1. 感受西湖美景与苏轼乐观、豁达的人生态度。

2. 粗略了解苏轼、西施的相关人事迹，知晓"亦、抹、宜"三个生字的构形方法及表示的意义，积累"潋滟、方、空蒙、亦、欲、抹、宜"。

3. 认识"亦、抹、宜"三个生字，会写"饮、初"二字，能用自己的话讲解每句诗的意思，能正确、流利、有感情地读、背全诗。

【教学过程】

一、为学生建构提供相关知识

1. 关于苏轼

苏轼是北宋的文学家，又称苏东坡。杭州著名的苏堤是苏轼建造的。苏轼的足迹几乎遍布宋朝的疆域，所到之处都留下大量诗篇，一共有2 700多首。当然，那么多的地方，他对杭州的感情最深，因为他两次在杭州任官，于是他到杭州竟写下这样的诗句："我本无家更安住，故乡无此好湖山。"苏轼到杭州任通判的时候，办公桌就摆在西湖边，有空就泛舟湖上，留下不少诗篇。

苏轼一生三次被贬谪，一次比一次远，一回比一回艰难，如他自己所说——（生读：问汝平生功业，黄州惠州儋州。）有了这种豁达心态，苏轼面对人生中的晴雨，参透其中道理，会泰然迎接人生中更大的风雨。（出示）

贬到黄州，"长江绕郭知鱼美，好竹连山觉笋香。"（被贬，他醉在肥鱼山笋中）

贬到惠州，"日啖荔枝三百颗，不辞长作岭南人"。（再贬，他仍醉在荔枝岭南里）

贬到儋州，"九死南荒吾不恨，兹游奇绝冠平生"。（还贬，他醉在人生的奇游中）

每一个朝廷重用的晴天朗照，苏轼笑迎晴方好，每一次贬谪的狂风暴雨，苏轼坦然雨亦奇。齐读《饮湖上初晴后雨》。

2. 关于西湖

关于西施，四大美女之首。西子，即西施，春秋时期越国（今浙江诸暨）人，与王昭君、貂蝉、杨玉环并称为中国古代四大美女，列居首位。传说西施在家乡河边洗衣时，鱼儿看到她的容貌都沉到水底不敢出来。西施成为吴王妃子后，吴王被她的美貌吸引，疏于朝政，最后吴国被越国所灭。中国有四大美女，为什么不用貂蝉、玉环，我改成"欲把西湖比貂蝉"可以吗？结合资料，小组讨论，说说理由。（预设：西湖、西子，都有一个西字，读起来很有韵味；西施是越国人，南方女子的窈窕、柔美、肌肤若雪，翩若惊鸿，与水的柔美有通感；西子有"沉鱼"之称，相传在溪边浣纱，鱼儿不敢跳出水面。故事发生在水边，环境和西湖联系密切。名称同，家乡同，感觉同，多重相似，比喻如神来之笔）

二、边读诗句，边想象画面，并用自己的话描述画面

水光潋滟晴方好：方，正好。多一分嫌浓，少一分嫌淡。

潋滟、空蒙：联绵词，不能拆开来解释。结合生活经验，描述一下各是怎样一种景象：潋滟——阳光下水波闪动、荡漾的样子，这是晴天的景象；空蒙——细雨迷蒙的样子，这是雨天的景象。

想象"潋滟"：让我们随着苏轼，走进西湖，坐上小船，泛舟湖上，（音乐起）暖暖的阳光，洒在平静清澈的湖面上，你仿佛看到了西湖怎样的风光？这样的水光你该怎么赞叹？

体察"空蒙"：傍晚，蒙蒙的细雨飘洒下来，渐渐地，渐渐地，天地间迷茫一片，此时，你坐在小舟上，向远处看，睁大眼睛，眺望原本青翠的远山，什么感觉？这样的幽静，请你慢慢打开。

欲把西湖比西子，浓妆淡抹总相宜，这个比喻被称为千古一喻，西湖也因此被称为"西子湖"。清代施补华评价东坡诗：人所不能比喻者，东坡能比喻；人所不能形容者，东坡能形容。

三、联系生活领悟诗情

假如爸爸妈妈在一个晴好的天气里带你去郊游，玩着玩着，突然下起了雨，你、你身边的游人，会怎么样？（预设：难过、不开心、扫兴）可是苏轼呢？你看出了一个怎样的诗人？（预设：乐观、豁达、达观、积极开朗）

第三节　童话故事教学设计示例[①]

童话，在第二学段课文中仍是主流性文体。统编本第二学段安排了4个童话专题。课标方面，在第一学段的基础上提出了新的学习要求。本节以《去年的树》为例，编写教案，表达笔者对第二学段童话故事教学的主张。

《去年的树》教学设计

【教材分析】

《去年的树》是日本作家新美南吉的童话，被选入统编本三年级上册《语文》第三单元，是精读课文，该单元的主题是读童话并尝试编写童话。这篇课文与小学语文课本选录的其他童话作品相比，其最大的特点就在于其是以极简省的文笔、极平淡的情节书写深厚友情。课标要求第二学段学生"能初步把握文章的主要内容，体会文章表达的思想感情"。对照课标，基于整套教材的布局与这篇课文的特点，笔者认为引导学生透过简省平淡的文字读出鸟儿与树之间的浓浓深情并爱上作者的简练表达就是这篇课文独特的有价值的教学点。

【学情分析】

对《去年的树》这篇童话，若要读出鸟儿与树之间的浓浓深情，则需懂得童话常常使用虚写与暗写这两种方法，需联系生活运用填补法边读边想象，还需养成咬文嚼字欣赏精美表达的习惯。课前问卷调查显示，三年级的学生，普遍缺乏这些知识与习惯。由此可见，三年级学生学习本课并领会鸟儿与树之间的浓浓深情颇有难度，需要教师相机补充相关知识并进行相关训练。

【教学目标】

1. 积累"伐、斧、融化"等生字与新词，理解"盯、看"与"唱起去年唱过的歌给灯火听"等词句的语境含义，把握课文文字浅显简练的特点并仿写一个小片段。

2. 明了童话常常使用虚写与暗写这两种方法写作，学习运用填补法感受并读出鸟儿与树之间的浓浓深情，感悟做人要信守诺言、珍惜友情的道理。

3. 引发课外阅读新美南吉代表作《小狐狸阿权》的兴趣。

【教学重难点】

重点：主要运用填补法领会鸟儿与树之间的浓浓深情。

难点：不仅能领会鸟儿与树之间的浓浓深情还能用恰当的语气读出来。

【教学方法】

1. 运用略读法梳理故事大结构；

2. 聚焦四次对话，通过角色代入与

[①] 本教学方案由赵年秀设计。

角色扮演方式并运用填补法与问题研讨法把握鸟儿的情绪变化与这则童话的主要意蕴。

【教学准备】①"《高山》《流水》遇知音"故事、"梁祝"故事与"永远的蝴蝶"故事;②《高山》《流水》《梁祝》三支曲子。

【教学课时】2课时。

第一课时

【教学要点】
1. 略读课文,梳理故事的基本情节。
2. 精读1—5段,感受文笔的浅显与精炼,感受鸟儿和树分别时的深情。

【教学过程】

一、复习导入

一年级学了金波先生的《树和喜鹊》,谁还能背诵?(示意能背诵的举手)很好。请这一组6个同学开火车背诵,一人一段。背得不错。今天学习一篇新的童话——《去年的树》,作者新美南吉。请拿起笔在每个自然段前标上序号。

二、运用略读法梳理故事大结构

有人说,会读书的人能将一本厚厚的书读成一句话甚至几个字。现在请各自默读1—5段,运用抓关键词句法将这5个段落读成两字。时间到。这5段的关键词句有——对,就是这一句——"说完,就向南方飞去"。因而可以读成"话别"两字。

现在请各自默读6—9段,运用抓关键字词法将这4个段落读成2个字。对,"鸟儿又回到这里"是这4段的关键词句,因而可以浓缩成"归来"两字。

现在请各自读读10—13段,运用抓关键字词法将这4个段落读成两个字。这4段的关键词句有哪些呢?对,"鸟儿向山谷里飞去""问"。据此,可以浓缩成"寻找"两字。

现在请各自读读14—19段,运用抓关键字词法将这6个段落读成两字。有同学举手了。好,米兰芳你来说。杨探还举着手,看来是有不同意见,说吧。米兰芳认为根据"火柴点燃的火还在这盏灯里亮着""唱起去年唱过的歌"这些句子,可以用"履约"两字来概括,杨探认为用"重逢"两字概括更好。"重逢"一词与第一部分的概括词语"话别"照应,固然好;"履约"一词照应第一部分中的"明年春天我一定回来,还唱歌给你听"一句,体现了鸟儿信守诺言的好品质,我认为也很准确。

小结:话别、归来、寻找、重逢,就是这个故事的大结构。接下来,我们细读课文,进一步感受这则童话的特点。

三、细读1—5段,感受用语的浅显与精炼

请各自大声读1—5段,让老师听得见你的读书声。时间到。有不认识不理解的词句吗?哈哈,都摇头。几乎没有不认识不理解的词句,这说明这篇童话用语浅显。板书:浅显。同学们,文学评论家刘绪源曾这样评价小小童话:"要说浅,它已经浅到极点,两岁的幼儿也能听懂;但要说深,它又是无限的深。"《去年的树》就是这样一篇小小童话。在这篇童话中,鸟儿和树是两个主要人物,它们是好朋友。作者用"天天"一词写尽了它们之间"好"的状态;用"必须"两字交代

"鸟儿"离开的"身不由己";用"还"一个字写尽了树喜欢鸟唱歌的程度。由此可见,这浅显的文字下真藏着表达上的深功夫!(板书:深厚)一起读读刘绪源先生的这句话。

四、给定情境,仿写第一段,尝试简练的文风,并为深度理解鸟儿和树分别时的情绪与情感奠定生活基础

孩子们,在你们的生活中,谁与谁是好朋友?请仿照课文第一段也用三句话描述一下他们好的程度,学学作者的表达功夫。

好,都写完了,我发现云云、巧巧和刘笑含三位同学写得比较好。云云写道:兰兰和苗苗是好朋友。兰兰天天喊苗苗去上学。苗苗呢,天天等着兰兰一同去学校。点评:一个天天喊、一个天天等着,真是一对好朋友。只用三句话,简练。

巧巧写道:爸爸和妈妈是好朋友。爸爸天天开车接妈妈上下班。妈妈呢,天天在晚饭后陪爸爸散步。点评:说得简练。经你这一说,我真切地感到:你爸妈真是一对模范夫妻。

刘笑含写道:小明和小东是好朋友。小明天天给小东补习数学。小东呢,天天教小明弹钢琴。点评:说得不仅简练,而且还生动形象。好朋友就应该这样互相帮助,共同进步。

小结:同学们,这节课我们不仅梳理出故事的大结构,还亲自动笔向新美南吉学写作,写得还小有成果。我们一齐夸夸我们自己吧:行行行,我们行。好,现在下课。

第二课时

【教学要点】 细读课文,走进鸟儿和树的内心世界,深度感受鸟儿与树之间的浓浓深情,并布置课后作业。

【教学过程】

一、聚焦 1—5 段,感受鸟儿和树分别时的丰富情绪

同学们,这节课还学习《去年的树》这篇课文,通过角色扮演等方式一起走进鸟儿和树的内心世界。先请划出 1—5 段中鸟儿和树的对话。然后在"说"字前加词,要求所加的词能体现鸟儿和树对话时的情绪与情感。第一大组的同学请统统扮演树。那么,你们在第三段的"说"字前加的词是——好,你加的是"依依不舍",你加的是充满期待,都不错。还可加其他词吗?好,"留恋",可以。"轻轻松松","树轻轻松松地对鸟儿说",也可以。第二大组的同学请统统扮演鸟儿。那么,你们在第四段的"说"字前加的词是——好,你加的是"充满深情",可以。你加的是"依依不舍",你加的是"坚定许诺",都可以。你加的是"肯定","怎么加这个词呢?"对,根据鸟儿话语中的"一定"完全可以推断出鸟儿对自己所说的话是坚信不疑的。接下来,我扮演故事讲述者,两个大组分别扮演鸟儿和树,我们一起来有感情地读读 1—5 段。

二、学习 6—9 段,读出鸟儿询问背后的情绪和情感

接下来,我扮演故事讲述者,第二大组继续扮演鸟儿,第一大组改扮树根。边读边思考这一部分中人物背后的情绪和情感分别是什么样的？沙哑的声音！第一大组的同学读树根的答话用的是沙哑的声音，处理得真别致，理解得很到位。

现在我是一位记者，我想问问第二大组的鸟儿们，此时此刻你们内心的感觉是什么样的？小明说得好，其他同学的补充也各有道理。是的，暖春时节，鸟儿又一次守约归来。但是，好朋友树却不见了。"发生了什么事情呢？"这是此时此刻鸟儿最想弄明白的。第 7 段可以看做是鸟儿的内心独白。根据鸟儿自己的内心独白，可以推断出第 8 段的"问"字前如果非得加上表示情绪情感的词的话，那就是——"有些担心"甚或"着急""悲伤""伤心"一类词。

这一部分有几个新词：伐，砍伐的意思。斧，形声字。形旁，象斧斤形。"融化"一词在本课中的含义为：雪消失了。

请各自读读这一部分，力求读出人物背后的情绪和情感。

三、学习 10—13 段，读出鸟儿询问背后的情绪和情感

一起继续读故事。"鸟儿向山谷里飞去。山谷里有个很大的工厂，锯木头的声音沙沙地响着。"孩子们，如果你是这只鸟儿，此时此刻，你会怎么想？你内心的感觉会是怎样的？嗯，想得都不错。"好朋友树，你不会被锯掉吧？"沙沙的声音每响一次，鸟儿的心就疼痛一下。她急忙落在工厂的大门上。她着急地问大门："门先生，我的好朋友树在哪儿，您知道吗？""着急"一词，还可替换为——万分着急，可以。还可替换为——急不可耐，对。还可说成——"心如刀绞"，行。大门的回答是，齐读——。孩子们，如果

你是这只鸟儿，听到大门这样的回答后，你内心的感觉感受会是什么样的？会做出什么行为？形貌上会怎样？五脏俱焚、十分悲催、伤心欲绝、失声痛哭、哭晕过去了、泪如雨下，都是正常反应，都说得过去。

请每三人结成一小组，互换角色，反复朗读这一部分。

四、学习 14—19 段，读出鸟儿"盯""看""唱"背后的情绪和情感

从门先生那儿得到了树的踪迹后，鸟儿向村子里飞出，继续追寻。先分角色朗读 14—19 段，我扮演故事讲述者，第二大组继续扮演鸟儿，第一大组改扮女孩。

同学们，这一段有几个字反复出现，你们注意到了吗？嗯，小东注意到了，嗯，越来越多的同学看到了。是的，"盯、看"这两个字在 17 段和 19 段都有出现。"盯"的意思，我们通过查《现代汉语词典》来解决。在《现代汉语词典》中，盯的意思是——把视线集中在一点上；注视。

大家都是小侦探，任务是："盯、看"这两个字在 17 段和 19 段都有出现，含义也一样吗？谁探出了结果？好。任一新，报告报告你的侦查结果。同学们，任一新说得好吗？都认为好。那，此处应该有掌声才对啊。

同学们，任一新说，17 段中的"盯、看"紧跟在 16 段之后，这表明，小鸟是在听到小女孩说"火柴已经用光了。可是，火柴点燃的火，还在这盏灯里亮着"之后，才睁大眼睛，盯着灯火看。据此，可以推断出——这"睁、盯、看"在文中的含义是观察、判断、确认的意思。鸟儿它在想：这是我的好朋友树化成的灯火吗？

盯了一会儿,看了一会儿,于是鸟儿仿佛看到树期盼的眼神,仿佛听到树对它说:"小鸟,我就是树。你还唱歌给我听。"于是她就唱起去年唱过的歌给灯火听。所以,鸟儿这一唱,其实是在兑现诺言。唱完了歌,鸟儿又盯着灯火看了一会儿。这次的"盯"与"看"两种行为发生在确认眼前的灯火就是好朋友树的化身之后,因此,其含义也不同于第16段中的了,它们的含义是"深情注视"。鸟儿"盯"了一会儿,"看"了一会儿,仿佛听见树儿对它说:"鸟儿啊,谢谢你还给我唱歌,你真是我的好朋友,我很满足,我在天堂过得很好,你不要牵挂。"

这部小说流传过程中存在两种结尾。当小鸟"唱起去年唱过的歌,给灯火听"时,其中一个结尾中多出这样一句话:"火苗轻轻地摇摆着,好像很开心的样子。"同学们真了不起,想得与作者一模一样。

火苗很开心,那鸟儿也应该是——满意地飞走了。

五、拓展提升并布置课后作业

有人说,童话作家为了给读者留下想象的空间,往往使用虚写与暗写的方法。用间接的方式叙事写人,即所谓的虚写。根本不让被写的人和事出现,是暗写的手法。

读《去年的树》时,我总感觉新美南吉使用了虚写或暗写的手法。我常常用我熟悉的三个故事来填补。第一个故事是著名的《高山》《流水》遇知音的故事。(随即插入背景音乐《高山》《流水》,然后接着讲述)古时候,俞伯牙和钟子期是知音。俞伯牙倾情给钟子期弹奏《高山》《流水》。钟子期呢,无限欣赏地聆听俞伯牙弹琴。但是,后来子期不幸因病去世。伯牙闻听后悲痛欲绝,奔到子期墓前为他弹奏了一首充满怀念和悲伤的曲子,然后站立起来,将自己珍贵的琴砸碎于子期的墓前。从此,伯牙与琴绝缘,再也没有弹过琴。

第二个故事是民间传说中的梁祝故事。(随即插入背景音乐《梁祝》,然后接着讲述)梁山伯与祝英台同窗共读,感情深厚。祝英台伤寒感冒,梁山伯端茶送水,亲自煲药,照顾她直到她完全康复。祝英台呢,梁山伯衣裳破了,一针一线为他缝补。后来,他们的婚姻遭到父母反对,梁山伯英年早逝。祝英台呢,纵身跳入梁山伯坟墓中。然后,两人化成形影不离的两只蝴蝶。

第三个故事是小说《永远的蝴蝶》。我和樱子是一对将要结婚的情侣。一个下着大雨的晚上,樱子主动帮我到马路对面寄信。我呢,在马路这边含情脉脉地等着。随着一阵拔尖的刹车声,樱子的一生轻轻地飞了起来,缓缓地,飘落在湿冷的街面,好像一只夜晚的蝴蝶。

接下来,请每三人组成一个小组,分角色朗读课文。要求边读边展开联想,用自己熟悉的人和事来填补。

大家不光读得很认真,而且读得很有感情,从你们的朗读声中我感觉到你们对鸟儿与树之间的浓浓深情有了比较深切的把握。接下来,我考考你们,新美南吉的代表作是哪一部?对,就是晓晓说的《小狐狸阿权》。在日本即使有人不知道新美南吉的名字,也一定会知道《小狐狸阿权》的故事。新美南吉创作这篇童话时,只有十八岁。今天的课后作业就是读一读这篇童话作品,体会它的内容与风格。现在,下课!

第四节　神话故事教学设计及评析示例[①]

课标明文提出了第二学段阅读神话故事的学业质量要求。统编本语文教科书在四上第四单元安排了《盘古开天地》《精卫填海》《普罗米修斯》《女娲补天》等中外神话作品。本节以《精卫填海》课例为载体，表达笔者对第二学段神话教学的主张。

《精卫填海》教学设计

【教学目标】

1. 能正确、流利、有节奏地诵读课文，背诵课文。

2. 运用联系上下文、借助注释、借助插图等方法理解文言文重点字词的意思，用自己的话讲述故事。

3. 通过补白等方式进行想象，感受精卫征服大自然的愿望和坚持不懈的精神。

【教学课时】 2课时。

【教学过程】

一、趣猜神话人物，引出本课课题

1. 出示词语猜人物

腾云驾雾　各显神通　上天入地
刀枪不入　三头六臂　神通广大

2. 从哪吒、孙悟空这些本领高强的人物引出神话单元，并介绍《山海经》。

具体内容从略。

二、根据预习反馈，读出文言韵味

1. 回顾旧知，总结方法

我们之前学过哪些文言文呢？回忆学过的读文言文的方法。

2. 诵读体味，初步感受

主要按六个小步骤进行：① 请同学们自由诵读文言文，注意读准字音，读不通顺的地方多读几遍。② 交流这篇文言文中难读的字。预设：堙、少 shào（多音字）。③ 反馈关于"溺而不返，故为精卫"一句的停顿，并说说理由。④ 画出节奏，同桌相互练读。⑤ 教师范读，指导做到"声断气连"。⑥ 变化多种形式诵读（竖读、去掉标点读）。

三、运用多种方法，读懂文言内容

1. 概括初读后的主要内容

提示：了解女娃的身份，了解故事的起因和经过。

[①] 朱青玲, 施黎明. 赏文言韵味　品神话魅力——《精卫填海》（四上）教学设计及评析[J]. 小学语文教学, 2023(11): 57-58.

2. 读"炎帝之少女,名曰女娃"

主要分三小步进行:① 理解"少女"古今义的不同。② 拓展:炎帝的"小儿子"可以怎么称呼? ③ 学以致用:试着用小古文介绍一下自己:_____之_____,名曰_____。

3. 读"女娃游于东海,溺而不返"

主要分三小步进行:① 学习"于"字用法,调整语序为"女娃于东海游"。② 拓展:理解"学于学校",声音"不绝于耳"。③ 借助注释连起来说说意思。

4. 读"常衔西山之木石,以堙于东海"

具体分五小步进行:① 理解"衔"的意思。字典中对"衔"字有如下解释,选哪一种?(出示,略)② 做"衔"的动作。③ 指导书写"衔"。先观察学生写字,说说优点与不足,讨论怎样才能写漂亮。④ 抓住"常"字,感受精卫衔木石填东海的坚持不懈。⑤ 借助注释连起来说说意思。

四、讲好神话故事,感悟文言精髓

1. 寻找神奇之处

预设:女娃变成鸟很神奇;瘦弱的精卫,竟然衔木石填大海,真神奇。

2. 想象神奇之处

(1) 出示《山海经》中对精卫外形的描写,了解精卫外在形象。

《山海经·北山经》:又北二百里,曰发鸠之山,其上多柘木,有鸟焉,其状如乌,文首,白喙,赤足,名曰"精卫",其鸣自詨。

(2) 看课文插图猜想女娃是怎么溺水身亡的,想象她的遭遇。

具体过程从略。

(3) 创情境,感受精卫填海的执着。

无情的东海拍打着浪花,仿佛在说:_____。(生答)但精卫挥动翅膀,依旧在——(生齐读)衔西山之木石,以堙于东海。

火热的太阳炙烤着大地,好像在说:_____。(生答)但精卫高昂着头,依旧在——(生齐读)衔西山之木石,以堙于东海。

冰冷的雪花铺天盖地落下来,似乎也在说:_____。(生答)但精卫毫不畏惧,依旧在——(生齐读)衔西山之木石,以堙于东海。

小结:文言文言简而意足。在一问一答中,精卫填海的画面越来越生动。

3. 用自己的话讲一讲精卫填海的故事

(1) 发布任务:我是"精卫填海"故事传讲人。

我是"精卫填海"故事传讲人	
评价要求	级别
能把故事的起因、经过讲清楚	讲故事能手
能讲出故事的神奇	讲故事高手
能加入想象讲生动	讲故事大师

(2) 说一说精卫给自己留下的印象。

具体过程从略。

(3) 开放结尾,感受神话魅力。

小结:是的,故意不写结局,而是让大家自己去想象,大家想象的结局可能会不一样,但不管你想象的结局如何,不变的是精卫那种坚韧执着、勇敢顽强的精神。

五、触发生活感动,内化文言精神

1. 引导思辨,感悟精神

(1)同学们,针对"精卫填海"这件事还有什么想问的?

预设:精卫呀精卫,你为什么要不停地衔木石,填东海?凭一己之力,明知道不行,为什么还要填?

过渡:是啊,小小的精卫鸟衔木石填海,简直是以卵击石,即使坚持不懈,也是无法填平东海的,可是为什么精卫明知不可为还要坚持呢?这样做有意义吗?我们先来看新疆生产建设兵团治理戈壁滩的一则资料。(出示)

植树造林:沙漠边筑起绿色屏障

"小风天天有,半碗黄沙半碗酒。大风三六九,风吹石头走。"20世纪50年代起,新疆生产建设兵团便在塔克拉玛干沙漠、古尔班通古特沙漠周边以及自然环境恶劣的边境沿线植树造林,60余年接力不息。在距八十三团团部不足1公里的地方,曾有一片面积超2 000亩的沙漠。经数代军垦战士的接力奋斗,这片沙漠面积逐年缩减。53岁的赵建军亲历了人与风沙抗争的岁月:"房子和农田随时都可能被风沙掩埋,种树、设沙障,树死了再种,沙障毁了再设,第四年春天才看到星星点点的绿。"如今,点点绿色连成线、汇成片,绵延数十公里。

(2)说一说在这则资料中哪个地方最让你感动。

提示:感受人们治沙和精卫填海的相似之处。

(3)思辨:精卫这么做仅仅是为了给自己报仇吗?

具体内容从略。

(4)引导课后阅读《山海经》。

具体内容从略。

2. 背诵文言,内化于心

(生齐背诵)

【案例评析】

朱老师执教的这节课,可圈可点之处有很多,主要体现在以下三个方面:

一、在诵读中品文言之韵

诵读,是学习文言文最朴素也是最好的方式,在读准字音的基础上,还要关注文言文的节奏和气息。朱老师的诵读指导做得很充分,很自如,范读时让学生一边听一边观察老师的气息变化,读出了文言文的平仄、节奏,读出了文言文的韵味。诵读形式多样,对学生的指导也是逐步提高要求,从读准字音、读通句子到自由读、抽读、范读、齐读,创设情境引读,再到竖排的、无标点的文言文诵读,既为理解文言文打下了基础,又让学生充分感受到文言文的节奏美和韵律美,感受到中华传统文化的魅力,增强文化自信。

二、在想象中感神话之奇

本单元语文要素之一是"感受神话中神奇的想象和鲜明的人物形象"。朱老师在教学中让学生充分感受故事的神奇之处,并引导想象女娃游东海时遇到了怎样的危险,化为精卫鸟后又是怎样坚持不懈地衔木石填东海的。在引导想象时,提供了好几个支架:出示《山海经》中对精卫鸟外形描写的句子,指导观察课文插图,给出各种具体情境,让学生在想象中感悟精卫的坚韧与执着,感受神话的神奇。又创设了"我是'精卫填海'故事传讲人"的情境任务,让学生把故事讲清楚,加入自己的想象,把故事讲神奇、讲生动。学生在想象中,充分感受到中国古老神话神奇的魅力,也为学生打开了一扇通往神话世界的大门,为单元习作写神话故事做了热身运动。

三、在思辨中悟精卫之魂

这则文言文是一则古老的神话故事,有很多神奇之处,也藏有很多看似不合常理之处。朱老师在教学中敏锐地发现了这些问题,并把它们作为培养学生思辨能力的契机。让学生对"精卫填海"这件事尽情提问,从教学现场来看,学生问得相当精彩。就在学生感到茫茫然时,教师出示了新疆生产建设兵团治理戈壁滩的文字和图片,他们和精卫是多么相似呀! 茫茫的戈壁滩、茫茫的大沙漠就是"东海",一代又一代的中国人始终不放弃植树造林,虽然至今也没有完全治理好整个戈壁滩,但是,新疆的植被越来越丰富,新疆人的生活正日益改善,这不就是价值的体现吗? 教师继续提问,让学生继续思辨:"精卫这么做,难道仅仅是为了给自己报仇吗?"这一问题直指精卫之心,学生在思辨中领悟到精卫的大爱。为了大家的幸福,坚韧、执着地努力,不怕困难、永不放弃,这就是精卫之魂,是民族之魂,值得我们代代传承!

扫描目录页二维码,学习"作家笔下的小动物专题教学示例"和"科学小品文教学示例"。

课程思政

除革命文化课文外,故事类课文中也有大量的思政资源。教师要善于挖掘与拓展,引导学生从中汲取思政能量,丰盈灵魂与思想。譬如,在教第二学段的神话故事《精卫填海》时,除了在语言实践中深化内容理解外,还要引导学生多角度探究课文含意,理解精卫为了大家的幸福,坚韧执着、不怕困难、永不放弃的精神,强化学生的情感体验,促进学生的精神成长。

项目实践

1. 设计三上《不懂就要问》一课的教学目标。
2. 设计三上《司马光》一课的教学程序。

第八章 第三学段阅读与鉴赏指导的理论与实践

学习目标

1. 明了第三学段阅读与鉴赏的学业质量要求，知晓统编本第三学段阅读与鉴赏教材编排特点，思考统编本第三学段阅读与鉴赏的教学策略。

2. 运用第三学段阅读教学的理论及关于课题计划、分课时计划方面的知识，基于统编本语文教科书，尝试设计并实施第三学段阅读与鉴赏课。

3. 涵养基于国家课程标准、统编本教材与学生实际情况开展教学设计的意识，培养严谨、细致、规范的工作作风。

问题探究

1. 何谓"有感情地朗读"？
2. 应该从哪几个方面评价学生的朗读？
3. 你认为小学阅读课的主要任务有哪些？

思维导图

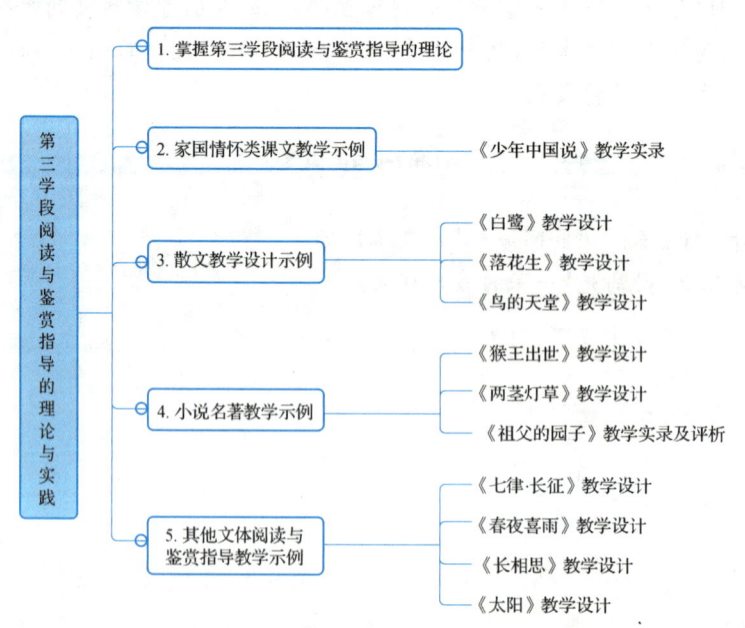

第三学段阅读与鉴赏指导的理论与实践
- 1. 掌握第三学段阅读与鉴赏指导的理论
- 2. 家国情怀类课文教学示例 —— 《少年中国说》教学实录
- 3. 散文教学设计示例
  - 《白鹭》教学设计
  - 《落花生》教学设计
  - 《鸟的天堂》教学设计
- 4. 小说名著教学示例
  - 《猴王出世》教学设计
  - 《两茎灯草》教学设计
  - 《祖父的园子》教学实录及评析
- 5. 其他文体阅读与鉴赏指导教学示例
  - 《七律·长征》教学设计
  - 《春夜喜雨》教学设计
  - 《长相思》教学设计
  - 《太阳》教学设计

第一节　第三学段阅读与鉴赏指导的理论

一、第三学段阅读与鉴赏学业质量要求

课标对第三学段阅读与鉴赏学业质量的描述相当具体详尽，具体如下：

独立阅读散文、小说、诗歌等文学作品，在阅读过程中能获取主要内容，用朗读、复述等自己擅长的方式呈现对作品内容的理解；能用文字、结构图等方式梳理作品的行文思路；能品味作品中重要的语句和富有表现力的语言，注意词语的感情色彩，通过圈点、批注等多种方法记录自己的阅读感受和体验，并主动与他人分享；能通过诵读、改写、表演等方式，表达自己对感人情境和形象的理解与审美体验；能借助与文本相关的材料，结合作品关键语句评价文本中的主要事件和人物，提出自己的观点或看法；能发现不同类型文本的结构方式和语言特点，感受作品内容、表现形式上的不同，积极向他人推荐，并有条理地说明推荐理由。在文学体验活动中涵养健康向上的审美情趣。

二、统编本第三学段阅读与鉴赏教材编排特点

1. 单元人文主题方面，突出革命文化教育

课标要求"围绕伟大建党精神，确定革命文化内容主题，注重反映理想信念、爱国情怀、艰苦奋斗、无私奉献、顽强斗争和英勇无畏等革命传统。"统编本五、六年级语文教科书按照课标要求每册均安排一个革命文化专题，具体如表8-1。

表8-1　统编本第三学段革命文化专题

单元	主题	课文	阅读链接
五上四单元	艾青：为什么我的眼泪常含泪水，因为我对这土地爱得深沉。（家国情怀）	《古诗三首》《示儿》《题临安邸》《己亥杂诗》)、《少年中国说》《圆明园的毁灭》《木笛》	《七子之歌》
五下四单元	林则徐：苟利国家生死以，岂因祸福避趋之。（伟大品格）	《古诗三首》《从军行》《秋夜将晓出篱门迎凉有感》《闻官军收河南河北有感》《青山处处埋忠骨》《军神》《清贫》	《丰碑》
六上二单元	重温革命岁月，把历史的声音留在心里。（革命岁月）	《七律·长征》《狼牙山五壮士》《开国大典》《灯光》	叶挺的《囚歌》
六下四单元	文天祥：人生自古谁无死，留取丹心照汗青。（伟大的志向）	古诗三首《马诗》《石灰吟》《竹石》)、《十六年前的回忆》《为人民服务》《金色的鱼钩》	《十里长街送总理》

2. 课文体裁安排上，入选了大量古今中外小说名著

课标要求第三学段能独立阅读小说作品。统编本小学语文教科书因此从五上开始，入选了数量可观的古今中外的经典小说作品，具体如表8-2。

表8-2　统编本第三学段入选的古今中外经典小说作品

单元	主题	课文	语文要素
五下二单元	古典名著	《草船借箭》《景阳冈》《猴王出世》《红楼春趣》	初步学习阅读古典名著的方法；学习写读后感。
六上四单元	小说	《桥》《穷人》《在柏林》	读小说，注意情节、环境，感受人物形象；发挥想象，创编生活故事。
六下二单元	世界名著	《鲁滨逊漂流记（节选）》《骑鹅旅行记（节选）》《汤姆·索亚历险记（节选）》	借助作品梗概，了解名著的主要内容；就印象深刻的人物和情节交流感受；学习写作品梗概。
其他单元		《慈母情深（节选）》《呼兰河传·祖父的园子》《小兵张嘎·摔跤》《骆驼祥子·他像一棵挺脱的树》《儒林外史·两茎灯草》《故乡·少年闰土》	

3. 阅读与鉴赏任务设计方面，突出高阶性

按布卢姆知识分类理论，"分析、综合、评价"处在高阶认知水平层次上。统编本第三学段语文教科书要求"查找资料，体会闻一多《七子之歌》（节选）与《圆明园的毁灭》表达感情的相似之处。""《马诗》《石灰吟》《竹石》三首古诗分别表达了诗人怎样的志向？表达的方法有什么共同特点？"显然，所下达的这两次学习任务，都是分析与综合层次的学习任务。

课标要求"能借助与文本相关的材料，结合作品关键语句评价文本中的主要事件和人物，提出自己的观点或看法"，统编本语文教科书针对《木笛》一课，布置了下列任务："默读课文，想想故事里的朱丹为什么在考场上没有被录取，却在考场之外得到了音乐大师的敬重。查找资料，了解南京大屠杀的相关情况，说说你对朱丹的行为有什么看法。"针对《清贫》一课，布置了下列学习任务："默读课文，说说你从方志敏的自述和他同两个兵士的对话中，体会到他怎样的本质，再和同学交流你对'清贫'的理解。"显然，所下达的这两次学习任务均属于评价层次的任务。

三、统编本第三学段阅读与鉴赏教学策略

1. 教学内容方面，作品内容品味与作品形式赏鉴兼顾

课标对第三学段阅读与鉴赏的内容及应达到的标准做出了明确规定，具体如表8-3。

表8-3　课标视域下第三学段阅读与鉴赏的内容及应达到的标准

品味 作品内容	1. 独立阅读散文、小说、诗歌等文学作品，在阅读过程中能获取主要内容； 2. 能通过诵读、改写、表演等方式，表达自己对感人情境和形象的理解与审美体验； 3. 能借助与文本相关的材料，结合作品关键语句评价文本中的主要事件和人物，提出自己的观点或看法。
赏鉴 作品形式美	1. 能用文字、结构图等方式梳理作品的行文思路； 2. 能品味作品中重要的语句和富有表现力的语言，注意词语的感情色彩； 3. 能发现不同类型文本的结构方式和语言特点，感受作品内容、表现形式上的不同，积极向他人推荐，并有条理地说明推荐理由。

2. 过程方面，适时开展朗读、诵读、复述与圈点、批注、改写、表演、列表、画结构图等多种活动

阅读教学在某种程度上可以理解成教师指导下的看书与读书活动。课标明确要求第三学段通过开展"朗读、诵读、复述与圈点、批注、改写、表演、列表、画结构图"等多种活动，促进学生形成独立阅读散文、小说、诗歌等文学作品的能力与乐于分享交流的态度。这些活动，统编本语文教科书通过课后练习题与单元语文园地都有提出，其所下达的课文朗读要求具体如表8-4。

表8-4　统编本提出的课文朗读要求（部分）

课文	朗读要求
五上五下的第四单元的《古诗三首》	有感情地朗诵
《少年中国说》	正确、流利地朗诵，做到连贯而有气势
《圆明园的毁灭》	反复朗读，读出情感的变化
《军神》	朗读课文，注意读出人物语气
《七律·长征》	朗诵课文，试着读出磅礴的气势。背诵课文
《鸟的天堂》	用不同的语气和节奏读一读相关段落

3. 学习方式方面，着力引导梳理与整合性学习，发展独立阅读能力

课标要求第三学段分类整理学过的内容。统编本第三学段语文教科书通过各单元的交流平台从不同方面梳理关于阅读与鉴赏的问题（具体如8-5），引领学生践行并发展独立阅读能力。教师应该顺应课标与教材导向，大力培养梳理与整合性学习习惯。

表8-5　六上各单元交流平台从不同方面引导梳理与整合性学习

单元	梳理对象	要点
六上一单元	如何阅读	既读进去，又想开去：(1) 联系自己的生活经验想开去；(2) 从课文的内容联想到更多。

续　表

单元	梳理对象	要点
六上二单元	如何写场面	点面结合……平时的阅读中，你是否也读到过这样的场面描写？在自己的习作中，你是怎样写场面的？
六上三单元	如何选用阅读方法	先想想阅读的目的。再根据阅读目的选择阅读关注点及相应的方法。
六上四单元	怎样理解小说的人物形象	(1)通过人物的语言、动作、心理活动去感受；(2)通过情节去感受；(3)通过环境描写去感受。
六上五单元	应该怎样写文章？	(1)先确立"本"——中心思想；(2)围绕中心思想从不同的方面或者选取不同的事例；(3)重要的部分写得详细些、具体些。
六上六单元	怎样读古诗？	(1)遇到不理解的字词，可以借助注释；(2)有画面感的诗句，可以通过想象去体会；(3)多了解一些古代文化常识，有助于我们理解古诗词的意思。
六上七单元	如何做课堂笔记	(1)记老师讲的重要内容；(2)记需要继续思考并通过查找资料解决的问题；(3)记听课过程中产生的想法。
六上八单元	如何把握文章主要内容	(1)先了解每个部分主要讲了什么，再把各个部分的主要意思连起来；(2)关注文章的题目；(3)抓关键句。

第二节　家国情怀类课文教学示例

统编本五上与五下的第四单元、六上的第二单元、六下的第四单元，这四个单元都是革命文化专题。本节精选《少年中国说》课例[1]，表达笔者对家国情怀一类课文的教学思想。

《少年中国说》教学实录

【教学目标】

1. 能正确、流利、有感情地朗读课文。背诵课文。

2. 借助注释和资料，理解课文内容，理解少年中国与中国少年之间的联系。

3. 通过了解为实现强国梦想而做出卓越贡献的人物和事迹，感受作者对于中国少年和少年中国的殷切期望。

【教学课时】1课时。

---

[1] 蒋军晶.前途似海，来日方长——《少年中国说(节选)》(五上)教学[J].小学语文教学，2023(1-2):87-89.

【教学过程】

板块一　了解题目意思

师：今天我们来学习《少年中国说（节选）》，"说"字有多种意思，"少年中国说"的"说"是什么意思？看《新华字典》中的解释，请你选择一种。（出示）

1.（动词）用话来表达意思。2.（动词）解释。3. 言论；主张。4.（动词）责备；批评。5.（动词）指说和；介绍。6.（动词）意思上指。

生：我觉得是第三个意思——言论，主张。

师："少年中国说"就是梁启超围绕"少年中国"发表自己的主张。梁启超洋洋洒洒写了三千多字，课文节选了其中的三节，自己先读一读。

板块二　学习第1自然段

师：这个自然段生僻字并不多，请自由朗读。

师：如果把这段文字分成两部分，怎么分？

故今日之责任，不在他人，而全在我少年。少年智则国智，少年富则国富，少年强则国强，少年独立则国独立，少年自由则国自由，少年进步则国进步，少年胜于欧洲则国胜于欧洲，少年雄于地球则国雄于地球。

生：我会把第一句作为一部分，后面的句子作为一部分。

师：你们为什么要这样分？理由是什么？

生：第一句是总起句，后面是分述。

师：这段话真的是总分关系吗？

生：第一句抛出了一个观点，后面讲了理由。

师：这样讲似乎更合适，第一句梁启超抛出一个观点"故今日之责任，不在他人，而全在我少年"，为什么这样讲呢？后面讲了理由。我们来读一读这段话。

师：同学们，让我们强调"今日"这个词再读读第一句话。

师：同学们，今天是几号？

生：5月18日。

师：你们觉得第一句中的"今日"指什么时候？是指今天5月18日吗？

生：不是，是指梁启超写文章的那一天。

师：确如同学们所说，梁启超文章中的"今日"不是指我们正在上课的"今天"，而是指他写文章的那段时间。梁启超于1900年写的《少年中国说》，1900年前后的中国是什么样的呢？（请几位同学联系自己读过的资料讲一讲）

师：（结合图片讲解）1900年前后，是清朝末年，当时的中国贫穷，很多地方的老百姓生活穷困，食不果腹，衣不蔽体。1900年前后的中国蒙昧，那时候，很多人相信各种迷信、巫术，因为他们没有接触到现代的医学、科学。那时候的人觉得看到皇帝、官员就应该下跪，他们不知道人与人是平等的。1900年前后的中国落后，落后是相对于欧洲来说的，当时的欧洲发现、发明层出不穷，但是当时的中国百姓对这些发现、发明闻所未闻，见所未见。1900年前后的中国弱小，西方列强仗着自己的强大，逼迫我们签订不平等条约，侵占我们的土地。

师：了解了1900年前后中国的大致状况，我们再来读"故今日之责任，不在他人，而全在我少年"这句话，你觉得梁启超在表达什么？

生：当时的中国太落后了，梁启超心

里着急,梁启超希望中国能够改变,能够强大起来。

生:梁启超希望少年们能担负起振兴中华的责任,如果少年不自强,那么这个国家就没有希望。

师:带着这样的理解,我们再来读读这段话。

师:我们接着看下面的句子,你们发现了吗?这一段如果要求背诵,是很好背的,为什么?

生:这一段是有规律的。每一句话句式都是差不多的,都是按"少年……则国……"这样的句式来写的。

生:是的,只要记住中间的关键词,整段话就基本记住了。

师:那我们看着下面这些关键词,把这段话读下来。

智
富
强
独立
自由
进步
胜于欧洲
雄于地球

师:看着下面的词语,你能把这段话读下来吗?

少年____则国____
少年____则国____
少年____则国____
少年____则国____
少年____则国____
少年____则国____
少年____则国____
少年____则国____

师:梁启超反反复复写了八句,其实都是围绕"少年与国"的关系来写。看着下面的句式,你能把整段话读下来吗?(出示)

少年____则国____

师:这段话都是围绕"少年和国"之间的关系展开的,梁启超写了八句话,如果这八句只能留下一句,你会留下哪一句?为什么?

师:有同学举手要发表自己的意见了,但是我想问,这八句话里的关键词意思你们都理解了吗?比如"少年富则国富"的"富"是什么意思?

生:"富"是"富有"的意思。

师:意思是"少年有钱了,则国家就有钱了"?

生:这里的"富"应该是"精神上富有"。

师:这里的"富"理解成"有理想、有抱负、精神上富有"更合适,这句话的意思是"少年有理想与抱负,精神上富有,那么国家也就充满希望"。

师:好。现在我们回到前面的问题,如果这八句只能留下一句,你会留下哪一句?为什么?

生:我想留下第一句,"少年智则国智"的意思是少年聪明、智慧,国家就会"智慧",科学、文艺等各个方面有发展,这是基础,只有国家各方面"智慧"了,国家才会富强、独立、自由、进步……

生:我想留下最后一句,因为所有的努力,最终是想让国家雄于世界。

师:我其实想选中间的某一句话,和我有同样想法的吗?

生:我想选"少年独立则国独立","独立"的意思是不依靠他人,人是这样,国家也是这样。处处依赖别的国家,处处受制于别的国家,就不可能真正强大。

生:我想选"少年自由则国自由",我觉得"自由"特别重要,人只有能自由发表自己的想法,才可能提升自己的智慧,精神上才能富足……

师:看来,这八句话里的每个关键词,梁启超都不是随随便便写的,而是经过斟酌的,而且排列顺序上是有讲究的,让我们带着自己的理解朗读这段话。

少年智则国智,
少年富则国富,
少年强则国强,
少年独立则国独立,
少年自由则国自由,
少年进步则国进步,
少年胜于欧洲则国胜于欧洲,
少年雄于地球则国雄于地球。

师:1900年的时候,梁启超写了这样的文章,发出这样的呼声,这一百多年来有这样的少年涌现吗?你能结合课前查找的资料说一说吗?

生:我来说一说我国的杂交水稻育种专家袁隆平……

生:我来说一说我国著名数学家陈景润……

师:(结合人物图片讲解)是啊,这一百多年来,涌现出了许许多多这样的中华少年。这是少年鲁迅,鲁迅年轻时反复权衡,最终弃医从文,打算用笔唤醒民智,少年智则国智。这是少年邓稼先,后来他成为我国"两弹元勋",推动了我国的科技进步,少年进步则国进步。这是少年李四光,后来他成为杰出的地质学家,勘察发现了大量石油等资源,少年独立则国独立。这是青年时代的屠呦呦,她几十年如一日的努力,提炼出青蒿素,给无数疟疾患者带去福音,获得了诺贝尔医学奖。这是青年郎平,她身上的女排精神激励、鼓舞了一代中国人。

师:当你了解了这么多优秀的中国少年,你再读这段话,有什么感受?

生:国家的振兴,需要中国少年勇于担当,奋勇向前。

生:我们要学习他们的精神,为理想努力,成为中华好少年。

师:好,让我们带着这样的理解背诵这段话。

板块三 学习第2自然段

师:下面我们来学习第2自然段,这段话不太好读,先跟老师读。

师:这段话不仅难读,而且难理解。请同学们借助注释,小组讨论,尝试翻译这段话。

师:这段话是什么意思呢?(出示原文与相应译文)请看"解释",如果你发现刚才自己哪句话理解错了,请将正确的理解作批注誊抄一下。

红日初升,其道大光。河出伏流,一泻汪洋。

(红日刚刚升起,道路充满霞光;黄河从地下冒出来,汹涌奔泻浩浩荡荡。)

潜龙腾渊,鳞爪飞扬。乳虎啸谷,百兽震惶。

(潜龙从深渊中腾跃而起,它的鳞爪舞动飞扬;小老虎在山谷吼叫,所有的野兽都害怕惊慌。)

鹰隼试翼,风尘吸张。奇花初胎,矞矞皇皇。

(雄鹰隼鸟振翅欲飞,风和尘土高卷飞扬;奇花刚开始孕起蓓蕾,灿烂明丽茂盛茁壮。)

干将发硎,有作其芒。天戴其苍,地履其黄。

（干将剑新磨，闪射出光芒。头顶着苍天，脚踏着大地。）

纵有千古，横有八荒。前途似海，来日方长。

（纵看有悠久的历史，横看有辽阔的疆域。前途像海一般宽广，未来的日子无限远长。）

师：这段话也可以分成两部分，请问怎么分？

生：我觉得第一部分到"干将发硎，有作其芒"。

师：说说你的理由。

生：前面这么多句子其实都在表达一个意思，我们的中国正是少年，正在蓬勃发展。而且这些句子的句式也是差不多的。而后面两句是总结，总的写少年中国顶天立地，地域广博，非常伟大。

师：是的，前面这些句子讲的是同一个意思，这些句子有很多共同点，请你们再读，小组内讨论。

生：前面的句子每句话都是四个字。

生：每一句的最后一个字都押"ang"韵。如，光、洋、扬、惶、张、皇、芒。

生：每句话都在用一种事物形容少年中国的光辉前景。如，红日、黄河、龙、虎、鹰、花、干将。

生：这些事物有一个共同特点，都是刚刚开始的状态。如，初升、伏流、潜龙、试翼、乳虎、初胎、发硎。

生：每句话里的事物都很有代表性，有象征意义。如"龙"是中华民族的图腾，中国人特别喜欢龙，衣服上画龙，器物上刻龙；"黄河"是中华民族的母亲河……

师：是啊，这段话前面部分的句子，既有内容上的共同点，也有写作形式上的共同点，让我们带着自己的发现朗读这一段。

师：这些句子都在强调中国是"少年中国"，可是中国已经有五千多年的历史了，五千多年，多么漫长啊，梁启超为什么说中国还是"少年"呢？（小组讨论）

生：我是联系后面的句子来理解的，梁启超在最后一句就说了"前途似海，来日方长"，意思是说虽然中国有悠久的历史，但未来的日子更漫长，相对于漫长的人类历史来说，五千多年历史的中国还是"少年"。

师：其实梁启超强调中国是"少年"还有一层意思，原文前面有这样一段话，我们来读一读。（出示）

日本人之称我中国也，一则曰老大帝国，再则曰老大帝国。是语也，盖袭译欧西人之言也。呜呼！我中国其果老大矣乎？任公曰：恶！是何言！是何言！吾心目中有一少年中国在！

师：这段话什么意思？

生：因为当时的中国没落了，日本等国家说我们是老大帝国，是老年人了，没希望了。

师：是啊，梁启超听了后很生气，他想对全世界说，在他心中中国还是个少年，他其实想强调什么？

生：他为当时的中国人鼓劲，不要自卑气馁。

生：他想对日本等国家说，中国的落后是暂时的，经过努力，中国会强盛起来。

师：是啊，梁启超想说，中国之所以暂时落后，是因为人民没有当家做主，但是将来一定会迎来一个崭新的中国，一个全新的少年。让我们带着理解朗读最后一句——生读：天戴其苍，地履其黄。纵有千古，横有八荒。前途似海，来日

142

方长。

板块四　总结全文

师:课文读到这儿,如果让你用现在的话,用白话文给课文加个结尾,你会怎么加呢? 请你写一写。

(生写完师点评)

师:我们来看看梁启超是怎么结尾的。(出示)

美哉,我少年中国,与天不老! 壮哉,我中国少年,与国无疆!

师:这是作者对少年中国与中国少年的赞美,用今天的话怎么说呢?

生:美丽啊我的少年中国,将与天地共存不老! 雄壮啊我的中国少年,他们的精神与胸襟将和祖国大地一样博大辽阔!

师:100多年前,梁启超抒发了自己的美好愿望,抒发了自己的坚定信念,这美好愿望成了一代又一代中国人的美好愿望,这坚定信念成为一代又一代中国人的坚定信念,让我们再来一起读一读。

扫描目录页二维码,学习《十六年前的回忆》教学示例及评析。

第三节　散文教学设计示例[①]

统编本小学语文教科书,入选了数量不小的散文,有写景观的,有写植物的,有写动物的。本节以五上第一单元的《白鹭》《落花生》及第七单元的《鸟的天堂》这三个课例为载体,体现笔者第三学段散文教学设计思想。

一　《白鹭》教学设计

【教材分析】

《白鹭》是五年级上册第一单元的第一篇课文。"初步了解课文借助具体事物抒发感情的方法"是所在单元的语文要素。借助白鹭外形、活动画面,并运用作比较、烘托铺垫、设问等多种方法表达作者主观情思,是本文的突出特点。

【学情分析】

鹤、鹭两类鸟,学生不一定能区分,因此,教学时应该提供相关图片。

【教学目标】

1. 感受白鹭如诗如画之美及作者对白鹭的喜爱与赞美之情。

2. 明白"鹭"等6个字的音、形、义,清楚"宜"等10个字的间架结构特点,了解鹤、鹭两类鸟的形貌样态,感受杜甫《绝句》和传统文化中的白鹭形象,认识"分""忽"这两个传统计量单位,积累"铿锵、适宜、寻常、绝顶、清澄"等5个词语。

[①] 本节教学方案由赵年秀设计。

3. 能正确、流利、有感情地读、背课文,并能感受到其用字、造句及章法结构上的美。

第一课时

【学习要点】

认识"鹭、嫌、黛、嵌、匣"6个生字,会写"宜、鹤、嫌、朱、嵌、框、匣"7个字,学习1—5段,正确、流利、有感情地读、背这5个段落,抄写第3段与第5段。

【教学过程】

一、由课题引出中国传统文化中的白鹭形象

今天一起学习现代诗人郭沫若先生的散文《白鹭》。"鹭"是个形声字,一起读 lù。白鹭在古诗中常常出现。譬如杜甫《绝句》:"两个黄鹂鸣翠柳,一行白鹭上青天。"请大胆推测白鹭的象征意义。预设:能飞上青天的白鹭意味着自由,拥有雪白毛色的白鹭代表着纯洁,脖子修长、不易屈服的白鹭象征着高贵。

因为"鹭"与"路"谐音,所以,传统文化中,画着白鹭、莲花、荷叶的吉祥图案,意为"一路连科";一只白鹭与芙蓉花的画面,意为"一路荣华";一只白鹭与牡丹画在一起,意为"一路富贵";画两只白鹭,一朵青莲花,表示"路路清廉",用以祝颂为官清正廉明。

【设计意图】联系杜甫《绝句》和传统文化中的白鹭形象,理解作者对白鹭的喜爱和赞美之情。

二、整体感知课文,并认识"嫌、黛、嵌、匣、嗜"5个生字

那么郭沫若想要借白鹭,抒发自己的什么样的感情呢?请各自朗读课文,标出相关关键词句,遇到不认识的生字多读几遍。

检测会认字表中生字学习情况。答案预设如下:① 嫌:嫌弃,不满意。请读下列词语:嫌长、嫌短、嫌白、嫌黑。② 黛,有两个义项:青黑色的颜料,古代女子用来画眉;青黑色的。读:黛之一忽则嫌黑。在课文这个句子中,黛的意思应为"增黑"的意思。③ 匣:收藏东西的小型箱柜,一般呈方形,盖可以开合。读课文中的句子:田的大小好像是有心人为白鹭设计的镜匣。请说说这镜匣的材质。预设:这镜匣的材质很特别,边框是田埂,下面的面板是田土,上面的面板是水。④ 嵌:把较小的东西卡入较大东西的凹陷处。提问:在第6段第一句中,田大还是玻璃框大?

【设计意图】该问落点在检测"嵌"字含义是否掌握。答案预设:根据"嵌"字的意思,应该是田小。

三、学习1—5段

1. 默读1—5段,理解词句意思

默读课文,标出难理解的词句,并使用合适的方法解决问题。预设:① 身段,《现代汉语词典》的解释为:一般指女性的身材或身体的姿态,也指戏曲演员在舞台上表演的各种舞蹈化的动作。在课文中,就是身材的意思。② 适宜,"刚刚正好"的意思,就是不大不小、不胖不瘦、不长不短、不浓不淡、不艳不素,就是精巧、匀称、和谐。③ 嫌(白鹤)生硬:嫌弃(白鹤)不匀称、不和谐、不自然。④ 大了一些:意思是"不精致"。不寻常:不平凡、不自然、不质朴。⑤ "分"与

"忽"是传统计量单位。蚕吐丝为忽,十忽为一丝,十丝为一毫,十毫为一厘,十厘为一分,十分为一寸,十寸为一尺。⑥则,表示承接关系,"就"的意思。

2. 朗读感受

接下来我们一起读读1—5段。我读1—4段,你们读第5段。第1—4自然段娓娓道来,第5自然段的排比句要读得连贯有气势。我们交换读。我读第5段,你们像我一样读1—4段。再各自读一读。

3. 讨论交流,感受1—5段表达上的婉曲、含蓄美

问题1:白鹭的美,直白一点说,是什么?答案预设:白鹭的美第一在于平凡、质朴而自然,第二在于色素配合、身段大小,都精巧、匀称而和谐。

问题2:课文说,"然而,白鹭却因为它的常见,而被人忘却了它的美。"请说说,白鹭的这种因为常见而被人忘却的美是什么样的?请大家根据课文的上下文,直白地说说好吗?预设:白鹭的美第一在于平凡、质朴而自然,第二在于色素配合、身段大小,都精巧、匀称而和谐。

问题3:作者为什么不直白地说出,而要说成"一切都很适宜""然而,白鹭却因为它的常见,而被人忘却了它的美"?预设:作者采用了婉曲、含蓄的说法,从而在表达上形成婉曲美、含蓄美。一起读读1、2、4段。

这种婉曲、含蓄的风格同样体现在第3段、第5段中。请男生读第3段,女生读第5段。全班一起读读这两段。

问题4:第5段在写法上笔法上还具有什么样的特点?预设:直接描写,是粗线条勾勒,是一个个特写镜头,写尽了白鹭无以复加的外形之美。

问题5:白鹭这样的身段,你准备用哪几个词语来形容?预设:精致玲珑。白鹭这样的颜色搭配,你打算用怎样的词语来形容?预设:素雅纯净。

4. 尝试背诵1—5段

具体过程此处从略。

第二课时

【学习要点】学习6—11段,正确、流利、有感情地读、背这6个段落,抄写6—8段,练写"哨、恩、韵"3个字。

【教学过程】

一、交代学习目标

这节课学习6—11段。继续感受白鹭如诗如画之美,感受作者对白鹭的喜爱、赞美之情,感受作者的表达之美。

二、学习6—8段

如果说第5自然段是一幅幅白鹭的外形特写画,那么6至8自然段则是三幅写意的风景,当然白鹭是画面的主角。

(一) 学习第6段

1. 朗读感受

各自先读读。注意:6—8段描绘画面,要边读边在脑海中浮现画面,因此语速慢、语气柔,要读出白鹭的悠然自得、自然和谐之韵。

2. 理解画意

这幅画具有什么特点?你是从哪些词句读出来的?清澄而精致的画。相关词句:一只两只、嵌、有心人为白鹭设计的镜匣。

(二) 细读第7段

这一段有一些新词,意思都理解吗?

预设：①绝顶。"绝"有多个意义，如"绝望"的"绝"，"穷尽"的意思；"绝大多数"的"绝"，"极"的意思。绝顶，一般指山的最高峰。杜甫："会当凌绝顶，一览众山小。"绝顶，在课文中指树的最高点。②望哨。哨，军队、民兵等为警戒、侦察等任务而设的岗位，如哨卡、放哨。"望哨"，在哨位上警戒或巡逻。这是就人类世界而言。动物世界中的望哨是动物界弱肉强食的行为反应，是紧张，是警惕，个中充满险恶与争斗的意味。课文中，白鹭似望哨，实非望哨。如果白鹭真是在望哨的话，画面就欠美伤美了。此其一。其二，这幅画面整体上给人以悠闲安适的意趣。根据文段中"悠然"一词所表达的意境来看，也应非望哨。③其实，作者故意用一种人们不准确的看法作铺垫，作对比衬托，以突出白鹭登高眺远、悠然自得、气度非凡的特点，并且引导人们通过想象来品味画面悠闲娴静、空阔辽远的美好意境——那白鹭并非在望哨，那么它在眺望什么呢？青山？碧水？蓝天？闲云？意境随人们的想象而开阔，画面因语言的含蓄而美丽。

（三）细读第8段

这一段理解上有难点吗？①这一段中的"恩惠"是什么意思？预设：联系下文，会发现，系指白鹭低飞给黄昏带来了生机与活力。②"那是清澄的形象化"一句中的"那"指代什么？这句话是什么意思？预设：联系上文，知道："那"指代黄昏的空中白鹭在低飞。这句话的意思是：这幅画面形象地再现了什么是"清澄"。清澄：清澈，澄澈，与"浑浊"相对。这一句式，比较常用。如：大熊猫是憨厚的形象化，周庄是小桥流水人家的

苏州特色的形象化。③这幅画美在哪儿？预设：美在清新、纯净、生机勃勃。

（四）给6—8段描绘的画面起名

请利用抓关键词句的方法给6—8段每幅有韵味的图画起一个名字，安上一个标题。预设：①突出动作：觅食图、栖息图、飞行图。②突出韵味：水田垂钓、闲立枝头、追逐黄昏。

（五）学习9—11段

第9—11段，重在抒发对白鹭的喜爱和赞美之情，朗读的语气和情感较为强烈。各自读读。一起读一读。

1. 细读9—10段

这两段在理解上有问题吗？作者说"白鹭是一首很优美的歌"意指白鹭具有一种怎样的美？答案预设：意指白鹭具有精巧、匀称、和谐之美。"铿锵"什么意思？"铿"，象声词。"铿锵"，形容有节奏而响亮的声音。作者说白鹭是一首"不铿锵"的优美的歌，意指白鹭具有一种什么样的美？答案预设：意指白鹭优美而不声张、不张扬，突出白鹭自然、平凡、质朴之美，内敛含蓄之美。句中的破折号有什么作用？答案预设：句中的破折号兼有转折、递进两个作用。这两段的含蓄婉曲之美，不但体现在"优美、铿锵"这些词汇的运用上，并且表现在句法的选择上。先假说，再否定，再否定，欲扬先抑，将感情推向高潮。

2. 学习第11段

这一段只有一句话：白鹭实在是一首诗，一首韵在骨子里的散文诗。这一段在理解上有问题吗？"韵"是什么意思呢？查字典词典，你会发现，"韵"字有"和谐悦耳的声音""韵母""气韵、风度、

情趣"三种意义,在本文中取第三种意义。说白鹭实在是一首诗,意指白鹭具有一种怎样的美?精巧之美。说白鹭是一首"韵在骨子里的散文诗"意指白鹭具有一种怎样的美?答案预设:指白鹭自然天成、质朴平凡、清纯自然之美,或者说指白鹭具有不声张、不张扬、自然、平凡、质朴之美,内敛含蓄之美。这一段两句之间是什么关系?预设:递进。后一句是对前一句的进一步明确和深化。

三、深入感受课文的表达之美

有人说,这篇课文在用字、造句、章法、结构上都有点意思、有点韵味,请大家再细读全文,细细品味,看看,是否也能发现一两处精妙处。预设如下:

用词有意思、有韵味、有境界,如:孤独、嗜好、绝顶、钓鱼、镜匣……,很容易令人想起"落霞与孤鹜齐飞,秋水共长天一色""孤舟蓑笠翁,独钓寒江雪"等诗句所描绘的情境。

造句上,第3段、第5段、第9—11段都很有点意思,相当精致凝练。第5段全然仿先秦大作家宋玉《登徒子好色赋》中的表达,读来别有情味。那是写美女的。原文如下:"东家之子,增之一分则太长,减之一分则太短,著粉则太白,施朱则太赤。"

章法结构上,总—分—总,首尾呼应,有情感分享,有画面描述,形象生动,饱和情思之美。篇幅上,不长不短,与文章表达的情趣嗜好相当一致、相当和谐。风格上,婉曲含蓄,与白鹭的美相辉映。

《落花生》教学设计

【教材分析】

《落花生》是现代作家许地山的一篇叙事散文。全文一共15个自然段,用字讲究,造句精美,使用了借物喻人、作比较等多种写作方法,详略得当,意蕴丰厚。

【学情分析】

据调查,五上有相当一部分学生读书不求甚解,不愿意"咬文嚼字"。因此,课文中众多生字新词、容易读错的字、容易写错的字,他们也往往不会自己自觉地去深究,课文在用字、造句、章法结构上的美,他们也一般不会自觉地欣赏。这就需要教师想办法引导。

【教学目标】

1. 理解文中父亲的话,关注身边默默无闻做贡献的人,并自觉学习他们的优良品格。

2. 了解许南英、许地山父子默默奉献的优秀事迹。明白"亩、榨"等6个生字的音、形、义,积累"居然、吩咐、播种、石榴、茅亭、浇水、榨油、爱慕"等词语。

3. 认识"亩、榨"等6个生字,练写"亩、播"等9个字,能妥善运用借物喻人与作比较两种方法完成课后小练笔,能妥善运用略写笔法说说自己当天的学习生活。

【教学重点】学习以物喻人的写法及略叙笔法。

【教学难点】真正理解文中父亲的话语,并关注身边默默无闻做贡献的人,自觉学习他们的优良品格。

第一课时

【教学要点】 生字新词与课文的意思。通过仿写第10段和第12段的方式完成课后小练笔。

【教学过程】

一、梳理故事大结构并学习生字新词

(一) 提出学习任务

今天学习一篇叙事性散文《落花生》。一般的花草瓜果，开花了以后，直接在枝头结果。而花生开花后，花柄会带着子房（长种子的器官）向下生长，落花入土而生果，所以叫"落花生"。请速读课文，梳理出故事的大结构；遇到生字，多读几遍；遇到新词与难句，力求采用合适的方法自行解决。

(二) 检测任务完成情况

1. 故事大结构

准备过收获节（1—2段）—过收获节（3—14段）—过收获节的心得体会（15段）

2. 字、词

亩，地积单位，1市亩等于60平方丈，合666.7平方米。10分等于1亩，100亩等于1顷。

吩咐：用语长辈对晚辈，上级对下级，口头指派或命令；嘱咐。

手榴弹。石榴，轻声音节。

易写错的字：浇水的浇、荒地的荒、分辨的辨。

容易读错的字：便宜、播种、吩咐、石榴。

"开辟"是什么意思？为什么不说"开发"出一块空地？答案：开辟，强调从无到有，突出荒地种植的艰难。

"居然"一词怎么理解，你能找一个和它意思相近的词吗？答案：竟然，表示不可思议，不敢相信。花生竟然能收获，说明一开始我们没抱希望，能收获是意料之外的事情，侧面烘托花生生命力强。

爱慕：因为喜欢、羡慕或敬重而乐于接近。

体面：（名）身份；体统；有失体面——丢脸、丢人。（形）光彩；光荣：体面的生活、体面的职业。（形）漂亮；大方：长得体面。穿得体面——穿得漂亮、大方。买种 zhǒng

播种 zhǒng：撒布种子：播种机，早播种，早出苗。

播种 zhòng：用播 zhǒng 的方式种植。播种花生。

买种、翻地、播种 zhǒng、浇水（买——种，翻——地，浇——水，这几个词语的构词形式都是"动词＋名词"）。

"居然"表示没想到，文中指没想到竟然能收获花生。

难理解的词语：印在我的心上的"印"。

后园的"园"：① 种蔬菜、花果、树木的地方：果园。② 供人游览娱乐的地方：花园、动物园、公园。

院：院子，某些机关和公共处所的名称（如法院、电影院、医院等）。

难句的意蕴：① 请你们的父亲也来尝尝。② 父亲也来了，实在很难得。③ 母亲也点点头（不单是赞成父亲的话，还包括对夫妻心心相印、配合默契的赞许。利用过节教育子女懂得为人处世的道理正是母亲安排过收获节的良苦用

心所在。)

二、细读第 10—14 段,学习借物喻人的表现方法

(一)学习第 10 段

各自读读第 10 段。全班齐读。讲述:花生长在地里,苹果长在枝头,这才是客观描述。然而,父亲偏说花生将果实埋在地里,苹果将果实高高地挂在枝头,这是运用拟人的手法。细读第 10 段,回答下列 6 个问题:

(1)苹果、石榴将果实高高地挂在枝头上,这种做法的实质是什么?

答案预设:苹果、石榴将果实高高地挂在枝头上,这是在高调摆成绩、在高调亮贡献、在卖弄、在炫耀。

(2)请用几个词语概括一下父亲对苹果、石榴做法所持的态度。

答案预设:嗤之以鼻、不屑一顾,贬斥态度鲜明,话语中感情强烈。

(3)如果态度平和、客观地说"不像……那样"这一句,可以怎样说?

答案预设:不像桃子、石榴、苹果那样,果实长在枝头上,让人家容易产生爱慕之心。

(4)结合下文,思考:在父亲眼中,花生哪一样最可贵?

答案预设:低调处世、不炫耀、不张扬、谦逊、含蓄,默默做贡献。

(5)那么,在父亲话语中,苹果、石榴与花生的区别主要在作风、处世态度上还是在外表上?

答案预设:两者的主要区别在于作风与处世态度。作风:(思想上、工作上、和生活上)表现出来的态度、行为。

(6)显然,父亲的观点是,在做到有用的前提下,谦逊、含蓄要比张扬、卖弄好。父亲要求孩子们为人处世要懂得含蓄、内敛。请基于如上解读成果,从苹果、石榴角度改写第 12 段。

答案预设:第 12 段中父亲借花生对孩子提出为人处世要求。这一用意如果从苹果、石榴角度切入,可以这样说:你们不要像苹果,虽然也有用,但是太招摇。

(二)学习 11—14 段

各自读读第 11—14 段,思考:在课文中,儿时的"我"真听懂了父亲的话了吗?预设:半懂。似懂非懂。父亲的意思是做有用并且谦虚、内敛、不卖弄的人。父亲提倡的是做既有用又谦虚的人,和体面关系不大。

(三)完成课后小练笔

1. 你的生活中有像花生一样的人吗?

学生回答后,老师也举出两例。

例子 1:许地山的父亲。许地山的父亲叫许南英,进士出身,是位爱国诗人,也是位颇受百姓爱戴的好官。中日甲午战争爆发后,他曾率领台湾人民苦撑危局,死守孤城台南。他将多年积蓄全部充作官饷,坚决抵抗日本鬼子的入侵。我国台湾被日本侵占后,他携家眷回到祖籍福建龙溪。后又在广州、佛山等地任职。许南英一生坎坷,却始终为人正直、作风清廉,有着极高的精神追求。课文中用"请"字,一来表示母亲对父亲的尊重,同时也说明父亲忙于公务,很少在家。

例子 2:许地山。许地山一生追求"质朴、有用"的理想信念,曾参与五四运动,倡导思想变革,还曾以"落华生"为笔名发表文章,可见其赤子之心。他说:"我要像花生一样,踏踏实实地做一个淳

朴的人,有用的人,我要为中华而生,为中华而贡献。"这就是他笔名的由来。抗日战争中,他为抗日奔波劳累过度而去世,年仅48岁,他的确是一位具有落花生精神的人。

2. 总结提升

中国传统文化崇尚含蓄内敛。譬如欧阳修《蝶恋花·越女采莲秋水畔》写越女:"窄袖轻罗,暗露双金钏。"

3. 提出小练笔任务

如果把竹子、梅花、蜜蜂、路灯都当作"人物",请"以_____的好处很多,有一样最可贵"开头,夸夸这种事物的优点,接着以"所以你们要像_____一样"领起对听众(读者)的期望语。

4. 口头交流并点评

具体过程此处从略。

5. 现场练写

具体过程此处从略。

第二课时

【教学要点】走近文中人物,解读人物的情感心理,并学习略叙笔法。
【教学过程】

一、走近文中人物

(一) 通过添加提示词语的方式走近故事中的各个人物

故事中有对话。请根据故事情境和人物角色特点及其话语,在提示语中添加提示人物说话神态和心理状态的词语。答案预设如下:

父亲慈爱地说:"你们爱吃花生吗?"
我们争着回答:"爱!"
父亲若有所思地说:"谁能把花生的好处说出来?"
姐姐兴奋地说:"花生的味道很美。"
哥哥紧接着说:"花生可以榨油。"
我也不甘示弱:"花生的价钱便宜,谁都可以买来吃,都喜欢吃。这就是它的好处。"

小结:能给这些对话加上合适的提示语,说明你们已经能想象当时的画面,并且理解故事中的情感了。读书就是要这样,不仅要能读出表面的道理,更要能读出文字背后的情感。

(二) 以关键词句为抓手,解读文中人物的品质与特点

1. 解读文中"父亲"的品质与特点

"父亲":以花生喻人,借助花生这一具体事物说明为人处世的大道理,言简意赅,用意深远。自觉教育子女,循循善诱,有担当,善包容。

读读课文中写父亲的句子:
你们爱吃花生吗?
谁能把花生的好处说出来?
花生的好处很多,有一样最可贵:它的果实埋在地里,不像桃子、石榴、苹果那样,把鲜红嫩绿的果实高高地挂在枝头上,使人一见就生爱慕之心。你们看它矮矮地长在地上,等到成熟了,也不能立刻分辨出来它有没有果实,必须挖起来才知道。所以,你们要像花生,它虽然不好看,可是很有用。
对。这是我对你们的希望。

2. 解读文中母亲的品质与特点

如果说父亲是收获节的"台上演员",那么,母亲则是收获节的"幕后人物"。母亲:理念先进(过收获节)、有主见、能干(做成好几样花生食品)、民主、

敬夫爱子(请)、热爱生活、富有生活情趣、默默奉献和付出，贤惠。

3. 解读文中几个小朋友的特点

参考答案：勤劳、天真、上进。

二、学习略叙笔法

（一）找出课文中略叙的句子

共三处：① 买种、翻地、播种、浇水，没过几个月，居然收获了。② 母亲把花生做成了好几样食品。③ 我们谈到深夜才散。

（二）讨论这些内容为什么要略叙

预设：文章旨在告诉我们一个做人的道理，所以这部分是主要内容。主要内容要写得详细、具体，而种花生、收花生、尝花生都是次要内容，所以一笔带过。这是这篇叙事散文一个很突出的特点，就是主次分明，详略得当。我们写作时也要根据表达的需要，把主要内容写详细，次要内容写简略，做到详略得当。接下来考考大家，还是以"落花生"为题，还是这四部分内容，如果我要表达"只有付出艰辛的劳动才能收获甜美的果实"，应该详写哪部分内容呢？预设：种花生。如果要说明"花生味儿美、营养价值高"，应该详写哪部分内容？预设：尝花生。

（三）运用略叙策略，以"我今日学习情况"为题目，说几段话

具体教学过程从略。

三 《鸟的天堂》教学设计

【教材分析】

《鸟的天堂》是统编本五上第七单元的一篇精读课文。第七单元的人文主题为"四时景物皆成趣"，语文要素有两个：① 初步体会课文中的静态描写和动态描写。② 学习描写景物的变化。该课课后有两道练习题：① 朗读课文。说说作者为什么感叹"那'鸟的天堂'的确是鸟的天堂啊"。② 课文分别描写了傍晚和早晨两次看到"鸟的天堂"的情景，说说它们有哪些不同的特点。用不同的语气和节奏读一读相关段落。

【学情分析】

对"那'鸟的天堂'的确是鸟的天堂啊"这句话的含义，学生往往理解不全。由于根据作者情感变化调整朗读的语气、语速与节奏的意识尚未形成，绝大多数学生都是"等速朗读"，而不会自觉地用不同的语气和节奏读本课的相关段落。

【教学目标】

1. 能认"浆、桩、暇"等3个字，会写"浆、榕"等11个字，积累"耸立、茂盛、逼近、椰枝、枝叶繁茂、展览、缝隙、翠绿、闪耀、田畔、拨进、树梢、应接不暇、看漏"等14个词语。

2. 感受青年巴金的浪漫情怀，感受其沿途所见的风景之美、鸟的居所之美以及群鸟飞鸣的奇观，感受其行文的才思之美。

【教学媒体】 下发巴金的原文，让学生读原文。

【教学课时】 2课时。

第一课时

【教学要点】

1. 概要了解作为景区的"鸟的天堂"与巴金《鸟的天堂》这篇散文的关系；粗

略了解巴金写作该散文的背景和文中的人物。

2. 学习课文1—12段。

【教学过程】

一、解题导入并介绍写作背景

今天我们一起来学一篇新的课文《鸟的天堂》。什么是天堂？请查词典。共两个义项：① 某些总结指人死后灵魂居住的永享幸福的地方（跟"地狱"相对）。② 比喻幸福美好的生活环境。这儿，显然用第二个义项。

巴金的《鸟的天堂》是一篇纪游之作，是一篇旨在和读者一起分享旅途中发现的美景奇观的散文。此文写于1933年。当时，作者巴金不满30岁。他应朋友"陈"的邀请，南下广东游历，并看看一班献身教育事业的青年朋友。

文章开头的"小学校"即朋友"陈"亲自任校长的小学。朋友"陈"和"叶"等都是朝气蓬勃、进步有为的青年，他们共同创办学校，一起当老师。大家一起学习，一起劳动，一起作息，用自己的手创造出四周美丽的环境，用年青的歌声增添了快乐的气氛。

下面我们一起来看看巴金这篇分享美景奇观的散文。

二、学习1—8段

本部分教学程序如下：① 各自轻轻朗读1—8段。② 检查生字读音掌握情况：茫、桨、律。③ 解释词语（景致：风景）。④ 朗读课文概括段意。提示：可以从美景的角度概括；也可按作者的行踪概括。⑤ 观看水阁图片，补充生活经验。⑥ 讨论问题。

问题1：找出1—8段中写美景的句子多读几遍，然后与同伴交流你的阅读心得。

问题2：周末、寒暑假我们也在家长带领下旅游过，我们也想把自己所见的美景奇观记下来和同学分享。那么，1—8段在写作上有哪些值得我们学习的地方？

问题2参考答案：按生活本来的样子写。写过程，写景致，绘声绘色，力求历历如画、逼真生动。

三、学习9—12段

本部分教学程序如下：① 各自轻轻朗读9—12段。② 检查生字读音掌握情况：榕、耀、隙。③ 解释词语：逼近、桠枝、簇、缝隙、闪耀。④ 朗读课文概括段意。提示：可以从美景的角度概括，也可按作者的行踪概括。⑤ 观看大榕树图片，补充生活经验。⑥ 讨论问题。

问题1：读了9—12段后，你想用哪些词语来形容大榕树？你用这样的词语是根据课文中的哪些语句？

问题2：9—12段在写作上有哪些值得我们学习的地方？

问题2参考答案：作者一行的交通工具是船，于是便按船行的过程，按一路所见，如实写来。空间上由远及近。这种写法被称作"由远及近的时空手法"。具体如下：

背景：大榕树后方，小塔绿树
远景：白茫茫水中的大榕树
近景：大榕树的根枝
特写镜头：闪耀着翠绿颜色的叶片

第二课时

【教学要点】学习13—19段。归纳巴金散文的特点。

【教学过程】

一、学习13—14段

本部分教学程序如下：① 各自轻轻朗读13—14段。② 检查生字读音掌握情况,如"抛"字。③ 解释词语。累累：课文中形容果子多。④ 朗读课文概括段意。提示：可以从美景的角度概括,也可按作者的行踪概括。⑤ 讨论问题。

问题1：找出13—14段中写美景的句子,在多读几遍后用洪亮的声音向同伴解析。

问题2：13—14段在写作上有哪些值得我们学习的地方？

问题2参考答案：① 写实；② 写有韵致情味的内容。

二、学习15—18段

本部分教学程序如下：① 各自轻轻朗读15—18段。② 检查生字读音掌握情况：暇。③ 解释词语。应接不暇、邂逅。④ 朗读课文概括段意。提示：可以从美景的角度概括,也可按作者的行踪概括。⑤ 观看群鸟飞鸣图片,补充生活经验。⑥ 讨论问题。

问题：品味15—18中写美景的句子,并说说自己的心得。

问题参考答案：写得既有层次感又很自然本真。有"背景"勾勒：天上、水面、树梢——这次是在早晨,阳光照在水面上,也照在树梢。有"状态"描述：起初四周非常清静——后来变得很热闹,"大的,小的,花的,黑的,有的站在枝上叫,有的飞起来,有的在扑翅膀"。有"过程"揭示：起初一声鸟叫——把手一拍,便看见一只大鸟飞起来,接着又看见第二只,第三只——继续拍掌,到处都是鸟声,到处都是鸟影。

三、学习第19段,理解其中一个难句

难句："'鸟的天堂'的确是鸟的天堂啊！"

参考答案：引号的基本作用是表示直接引用。句中前一个"鸟的天堂",加了引号,表示此处是一种特定的称谓,是当地人对大榕树的称呼。句中后一个"鸟的天堂",不带引号,联系作者此行的经历,可知它的具体含义和前一个不一样,可能包括下列含义："鸟的天堂"这个称名真是名副其实啊,不仅自然环境适合鸟儿栖息繁衍,当地人也有护鸟意识,而且鸟儿的确多、的确美。

四、总结全文,归纳巴金散文的特点

巴金在《旅途随笔》中说："南国的风物含有一种迷人的力量,在我的眼里,一切都显出一种梦境般的美丽。"本文旨在与读者交流他旅游到广东新会的一个独到的审美发现——"鸟的天堂"真的是鸟的天堂！文章具有下列特点：

1. 风格本色

文章所写的事件及过程都是真实的,"去"与"再去"都很自然。（课文删去了一些文字,乍看文字似乎更"干净"了,但带来的负面效果就是："去"和"再去"便都不怎么合行事逻辑了。）

2. 很有韵致情味

（1）"四美具,二难并"。"四美"为："良辰,美景,赏心,乐事"。"二难"为："贤主,嘉宾"。

（2）所写生活,节奏安适悠闲,有一种舒缓美。"流"字在文中多次出现,悠闲的味道十足。

（3）作者与读者情感都有起伏。对读者而言，见到标题"鸟的天堂"，好奇之心便立马被诱发。于是兴致勃勃地跟随着作者一行观赏天边晚霞与沿途风光，惊叹"独木也成林"这一大榕树奇观，耳边似乎也和作者一样"仿佛听见了几只鸟扑翅的声音"。不过如果单为"观鸟"而来，作者这次却真是来得"不早不晚"，怅惘是自然的了。因为，这儿，只有一早一晚，鸟儿才"出出进进"，才"热闹非凡"。其他时候，有的鸟已经飞出去了，有的还正在窝里睡觉呢。于是扫兴回归。归途田畔见鲜红的荔枝——品尝鲜美的荔枝，兴趣转移，获得另一种美的满足、陶醉。第二天清晨放舟意外地邂逅到"群鸟飞鸣"奇观。由于是意外的收获，所以特别的满足与陶醉，不禁由衷感叹："'鸟的天堂'的确是鸟的天堂啊！"

3. 对称式行文结构，自然天成

作者如实记录旅途所见所闻所想。巧妙的是"一地一景"确是"两日游"。行文上，前一天，侧重写见到的沿途风物美、鸟的居所美，后一天侧重写所见的群鸟飞鸣的奇观。其对称式行文结构可谓是自然天成的。

4. 情景描写特别生动逼真而又特别自然

巴金曾说："文章的最高境界是无技巧。"和他的为人一样，他的散文不穿凿，不做作，不玄谈，文字平淡自然，结构平实巧妙，却饱和着才思之美，是散文中的精品。巴金用他手中的笔，开拓了一条素朴、自然、平实的散文创作之路。

五、布置课外作业（二选一）

1. 课外阅读巴金《随想录》中的作品。
2. 运用由远及近的时空手法写一篇文章和读者分享你自己发现的一处美景，力求写出景观的层次感。

板书设计：

23　鸟的天堂

| 分享
旅途中发现的
美景奇观 | 沿途风物美
鸟的居所美
群鸟飞鸣美 |

第四节　小说名著教学示例

一、《猴王出世》教学设计[①]

【教材分析】

课文是中国古代四大名著之一《西游记》的节选。节选部分讲述的是一位特殊人物的故事，该人物的特殊性在于：第一，他的身份是民间传统文化所言的妖神；第二，该人物成王不是世袭的，而是因为他具备许多杰出领导者素质并且在立了大功后还不懈地争取才拥戴为王

---

① 本教学设计由赵年秀编写。

的。课文是五下第二单元——古典名著单元的一篇略读课文。"初步学习阅读古典名著的方法""学习写读后感"是该单元的两大语文要素。课文前的略读提示要求"读后用自己的话说一说石猴是怎么出世的,又是怎么成为猴王的。"

【学情分析】

孙悟空的故事都听过都看过,孙悟空的一般特点学生都能说出一二。但是有两点是绝大多数学生不曾做过或想过的:①《西游记》中关于"猴王出世"的原文没去细细读过。吴忠豪先生曾就小学生阅读《西游记》原著的情况做过统计:上海中心城区 3 所小学 360 名五年级学生,读过原著的仅 31 人,占 8.6%;而读过少儿版的学生超过 50%。他指出:学生不读原著的"主要原因在于原著语言与学生熟悉的现代文相去甚远。因此,可以说,如何排解语言障碍,是小学生阅读原著绕不过去的大问题。"①② 为什么孙悟空能被拥戴为"猴王",他身上具备哪些不同于一般猴子的领导者素质?对这个问题,一般的学生都没有想过。而另一方面,"少年心事当拿云",一些少年人是有当"领导"的理想的,一些家长也对孩子寄予过这样的希望。事实上,我们这个时代也需要培养一批杰出领导者接班人。

【教学目标】

1. 应用多种方法扫除字词障碍,读通读顺课文,锻炼对古代白话文的语感,激发进一步阅读《西游记》原著的兴趣。

【点评】该目标的确立紧扣了课文是"古代白话文经典名著节选"的实际,落脚点在"字词""语感"上,颇有"语文味"。

2. 把握故事的基本情节并在此基础上从领导者素质这一角度充分感受猴王形象。

【点评】显然,此目标得以确立是对教材编者的"一般化要求"做了特殊处理的结果。因为,对解读"杰出领导者素质"这一目标而言,这篇课文在小学语文课文中是相当好的课程资源了。

【教学重难点】

1. 锻炼对古代白话文的语感。

2. 把握石猴身上所蕴含的领导者素质。

【教学课时】2 课时。

第一课时

【教学要点】梳理故事基本情节;读准生字字音,明了新词词义,知晓难句句意,读通读顺课文。

【教学过程】

一、看课题,想问题

今天我们一起来学习《21 猴王出世》。爱因斯坦说:发现问题比解决问题更为重要。那么,看到这个课题,你的脑海中出现了什么问题?……谁还想到了一个不一样的问题?

【点评】以问题的形式激发阅读期待。

二、略读课文,并用短语概括故事的主要情节(10 分钟)

主要情节:降生—探源—安寨—称王。

---

① 郭利萍.略读耶? 精读耶?——关于《猴王出世》一课教学的讨论[J].课程·教材·教法,2009(1).

三、准备参加朗读和答问比赛(30分钟)

（一）抽签定任务并宣布比赛规则

全文共四个结构段。教师将全班分成 4 个小组，拿出预备的 4 个"签"（一个签对应一个结构段），请各组派一个代表以抽签的形式领取"朗读段落"，然后宣布开展小组朗读和答问比赛活动并宣布比赛规则。

比赛规则有：

1. 主评委由各组组长担任。

2. 朗读评价的关注点为：① 组员的朗读是否做到了"4 不"（不错字、不添字、不漏字、不破句）？② 语气、语调、口吻和节奏是否处置得当？

3. 朗读后是质疑与答问环节。被质疑最少的组为"朗读优秀组"。

4. 答问环节的问题由其他三组的组长现场提，提问者负责对答问情况进行评判，当然其他两个组也可发表评判意见。

5. 所提问题系与课文理解有关的问题，包括字音、词义、句意，但不限于上述三个方面，譬如：猴王与其他猴子相比，有什么独特的地方？你是从哪些文字读出来的？上述两个问题都算是很好的问题。

6. 回答问题出错最少的组为优秀组。

（二）各组根据抽签结果进行赛前准备

各组在组长的领导下开展赛前"朗读与答问"准备活动直到第一节课结束。

第二课时

【教学要点】

1. 开展朗读与答问比赛，进一步锻炼对古代白话文的语感，并加深对课文的理解。

2. 探讨石猴身上所蕴含的领导者素质。

【教学过程】

一、小组朗读与答问比赛(30分钟)

具体过程此处从略。

二、开展小型研究性学习(10分钟)

小型研究性学习的具体做法：① 提出研讨问题：为什么石猴能成为"猴王"，他身上有哪些不同的领导者素质？（参考答案：神通广大、勇敢机智、主动担当、努力进取。）② 带着问题阅读课文边读边做批注。③ 自愿报告交流。④ 教师总结评估。

三、布置课后作业(5分钟)

请课后阅读古代经典白话小说《西游记》原著中的其他章节，选择感兴趣的章节多读几遍，一周后的课外阅读课举办《西游记》故事演讲大比拼活动。

二 《两茎灯草》教学设计①

【教材分析】

《两茎灯草》是统编本五年级下册第五单元"人物描写一组"中的课文,突出地运用了抓住动作神态表现人物情意的写法,篇幅虽短,但所写人物个个栩栩如生。该文节选自我国古典讽刺小说《儒林外史》,作者吴敬梓。课文所在单元的语文要素主要有两点:"学习描写人物的基本方法""初步运用描写人物的基本方法,具体地表现一个人的特点"。根据教材编者的意图和课文本身的特点,可以推出:"品味抓住动作神态表现人物情意的写法"正是本文一个有价值的教学点。

【学情分析】

准确品出"这篇"课文人物动作神态背后的情意需要阅读者对节选部分前后情节、对节选部分出现的人物的一贯做派及思想情感、相互之间的关系都有比较准确的把握,还需要阅读者形成联系上下文和自己的积累推想课文词句意思的良好习惯。课前谈话发现由于存在古白话这一语言障碍,被问及的学生普遍没有通读过《儒林外史》,因而对相关情节和人物都缺乏了解;但是,他们都知晓联系上下文和自己的积累推想课文难词难句的意思这一课标要求掌握的方法。

【教学目标】

领会课文内容。感受文中人物形象。能用恰当的语气语调朗读四次发话。品味抓住动作神态描写人物的写法。

【教学重点】 品味抓住动作神态表现人物情意的写法。

【教学难点】 联系上下文和自己的积累,推想节选部分人物言行背后的心理状态。

【教学课时】 2课时。

第一课时

【教学要点】

1. 梳理节选部分相关情节,介绍课文中主要人物之间的关系及其各自一贯的做派及思想情感。

2. 认识生字,理解难词,读通课文。

【教学过程】

一、解题导入,做足教学铺垫

严监生(边称说边板书)是吴敬梓讽刺小说《儒林外史》中的一个人物。他很有钱。当时受聘至人家坐馆授徒的作馆先生一年的馆金从十几两到几十两不等,便都可养活一家人。而严监生家有十多万银子,单是典铺一年的利钱,便有300两。不过,他虽然很有钱,但是,家里人丁萧条,只有正妻王氏、妾赵氏及妾生的仅3岁大的儿子。而且一家四口在家度日,猪肉也舍不得买一斤。

相反,严监生的哥哥严大严贡生却生养了五个"就像生狼一般"的儿子。

所以,在宗法社会中,论功名,还是论儿子,严监生与严大比,都处于弱势地位。

那严大一家,海吃海喝,从不节制;坐吃山空后,便总打严监生财产的主意;犯了官司,自己一走了之,逼迫严监生替他

---

① 本教学方案由赵年秀设计。

买单。

为保家产不被严大霸占,严监生在正妻王氏病重期间,用银子笼络两个妻舅王德王仁,征得他们同意扶正赵氏,从而使赵氏年仅3岁的小儿子继承家产合法化。

因为这件事赵氏心存感谢,田上的各项收成都不忘给两位舅爷各备一份,还劝说严监生送给两位舅爷应试盘缠。当赵氏劝说时,"桌子底下一个猫,就扒在他腿上,严监生一靴头子踢开了。"可见对赵氏的大手大脚,严监生不耐烦,有担心。

家产和子嗣是严监生的命根子,他生前最忧心的也是这两样。严监生死后,严贡生果然霸占了他的过半家产,还曾威胁要发卖遗孀赵氏。那两个妻舅王德王仁虽然得了严监生和赵氏诸多好处但面对严大的霸道欺弱却并不援手。

严监生这个人在古典文学中赫赫有名,出名就出在他临死前的表现。(完成标题书写)

二、初读课文,把握词意,读通句子

1. 带着任务自学课文

这是一篇古白话文。腔调、用词与现在有些不一样。请自学课文,完成下列两项任务:

(1)各人读各人的,大声朗读,让我听得见,把每个句子读正确。

(2)圈出文言词汇,借助注释、字典、词典或联系上下文理解意思。

2. 读准字音、分辨字形与把握词意

课文读完了,检查一下对字音、字形与词语意思的掌握情况。

(1)读准加点字的字音:诸亲六眷、监生、穿梭 suō、挑 tiāo 掉一茎 jīng 灯草、痰 tán、一声不倒 dǎo 一声。正确读音依次为:juàn、jiàn、suō、tiǎo、jīng、tán、dǎo。

(2)说说"临"和"监"的区别。预设答案:"临"是左右结构;"监"字是上下结构,下面是两竖,而且最后一横笔是通的。

(3)说说下列词语的意思。

眷:亲属。诸亲六眷:文中泛指所有的家眷、亲戚。

穿梭:形容来往频繁。

滴溜:形容很圆。

茎:量词,根。

挑:在文中指用细长的东西挑掉一根灯草。

登时:立刻、立即、马上、顿时。

不曾见面:没有见到。

"哥子":文中指严监生唯一的一个儿子,三岁,赵氏所生。

赵氏:严监生的妾,此时,他的发妻王氏去世,赵氏已被扶正。

两位舅爷:指严监生发妻王氏的两位兄弟王德王仁。

字词方面,还有不懂的可以提出来。没有了?那接下来就带着问题研读课文。

第二课时

【教学要点】

领会各出场人物言行背后的真实的心理状态并读准四次发话的口吻与语气。

【教学过程】

一、研读课文,领会文中各出场人物言行背后的真实的心理状态

1. 提出研讨问题

一共5个问题,请看PPT。

2. 带着问题研读课文

提示：每次阅读只带着一个问题。可根据背景知识、生活经验与上下文推断答案。

3. 汇报交流研讨结果

（1）赵妾扶正的时候，诸亲六眷都应邀来贺喜，但严贡生一家硬是不来。而当"严监生的病一日重似一日，再不回头"时，严大的"五个侄子穿梭的过来陪郎中弄药"。试判断：这五个侄子是在为了严监生的病尽心尽力还是别有用心？

预设答案：别有用心。在盼着严监生早死，从此只面对孤儿寡母，更好霸占他的产业。

（2）"把两眼睁得滴溜圆"这种特殊表情会是什么样的内心活动造成的？

预设答案：发怒的表情。因为二侄子所问直接关乎银子，让严监生再次强烈感到严大一家图谋其家产的危险，所以勃然发怒，表情上便是"两眼睁得滴溜圆"。"狠狠摇了几摇"，则是表示坚决否定。

（3）文中统共四次发话。后两次发话的提示语中特别附加了形态动作。在作者，这是一般的描写，还是别有用意？

预设答案：①"娘亲舅大"，抱着哥子的奶妈是在借机抬出二位舅爷用以与严大抗衡，借此打压严大一家企图霸占家产的野心。②"揩揩眼泪"说明赵氏处在悲伤之中；"慌忙"表明赵氏感觉到严监生生命将衰竭的信息。作为严监生身后的第一家人，她这时才发声，承继了严监生一生卑微低调的作风。③"插口""走近"二个词语显示，在空间上、感情上最亲近的赵氏及被奶妈抱着的"哥子"都被严大一家给边缘化，这显示了严

大一家的越位、强势与霸道，情节上这是在为严监生身后严大一家种种霸占家产的行为伏笔，暗示了严监生家人之后的可悲命运。

（4）联系语境说说文中省略号的作用。

预设答案：表示赵氏在公布谜底前语音上有停顿，这是她内心感觉不便将这家庭隐私公之于众的反应，表明心理上赵氏对严监生操纵的"过于节俭的生活"的否定。在情节安排上，这是作者在为赵氏以后过"享福"生活做铺垫。

（5）严监生是个有十多万银子的财主，临死前却因为灯盏里点着两茎灯草而不肯断气。你怎么看这一现象？（温馨提示：① 一般情况下，煤油灯点一茎灯草可将室内照明。②"吝啬"一词，《现代汉语词典》的解释为："过分爱惜自己的财物，当用不用。"）

预设答案：① 严监生虽然很有钱，但对待自家生活一贯苛刻，临死前因为灯盏里点着两茎灯草而不肯断气，这实在是他本性的自然流露。② 家产和子嗣才是严监生的命根子，为保"命根子"，严监生一直不遗余力，一直在做长远布局。临终时"指着不动"，这是在借机最后一次告诫赵氏遵守他一贯的敛财习惯。

4. 点评并拓展，深化认识

这次研究性学习，同学们读得认真、想得正确、说得透彻，希望发扬光大。（转）我甚至发现，严监生借机最后一次告诫赵氏遵守他一贯的敛财习惯的做法与大文学家巴尔扎克笔下的吝啬鬼典型老葛朗台的做法惊人一致。请看《欧也妮·葛朗台》中的相关片段：

然而，老头儿虽然身板还硬朗，也感到需要让女儿学点持家的诀窍了。接连两年，他让欧也妮当着他的面吩咐家常菜单，结收债款。他慢慢地、逐步地告诉她葡萄园和农庄的名字和经营内容。到第三年，他已经让女儿习惯他的全部理财方法，他让这些方法深入到女儿的内心，成为她的习惯，他总算可以不必担心地把伙食库的钥匙交到她的手里，让她正式当家。

二、用恰当的口吻与语气朗读全文，增进对文章内容与表达形式的理解

课文内容理解了，接下来咱们一起来琢磨琢磨一下四次发话的口气与口吻。预设答案：大侄子、二侄子的口吻应是装出的关心、亲切与殷勤。奶妈地位低、关系疏，通过插口的形式参与竞猜行列，就只能声音比较大了。而赵氏，第一句话是抢说的，是说给大家伙听的，所以发音应该突兀急速并且大，第二三句是为了安抚严监生一个人说的，声音应该缓和、温顺且略低。

四次发话的口气与口吻明白了，接下来就请各自练练。嗯，练得都很认真，接下来，请6人为一小组，分角色练读。嗯，各小组都练得认真。哪一组愿意和大家分享练读的结果？哪一组还愿意来试试？

三、结课

《儒林外史》中耐人寻味的情节和人物比比皆是，课后读一读原著中感兴趣的章节。下周周一课外阅读课上分享这次课外阅读成果。现在下课！

《祖父的园子》教学实录及评析[①]

一、认真观察，写好汉字

师：今天我们学习一篇课文，题目是《祖父的园子》。抬起右手和老师一起写课题："父"，捺要有脚。"的"，左边小一点，右边大一点。"园"，最后一笔横，略微向上一点收笔。我们一齐读课题。

生：(齐)祖父的园子。

师：轻轻读，要像说话那样自然地读。

生：(齐)祖父的园子。

师：书都读了吧？(生：读了)课后有7个生字，练写了吗？(生：没有)打开书，请你认真观察这7个生字，看怎么写才能写得规范。(生观察)下面，我们来听写其中的几个生字。

(生在黑板上听写：帽、韭、抛)

师：我们先来看"帽"字，最后一个同学写错了。错在哪儿呢？请大家仔细观察：右边的上半部分，是个"冃"。最初"帽子"的"帽"就是这样写的。"冃"，是个象形字。(画图)"冃"下面，是个"目"。可以看出"帽子"是戴在眼睛上方的，也可以说是戴在头上的。这个字是会意字。为什么加个"巾"旁？因为在古代，男人和女人都喜欢扎头巾。抬起手来，和老师一起写。注意"冒"字上边的最后两横不能沾到两边的竖。下边的"目"要写得窄一

[①] 于永正，孙庆博.《祖父的园子》教学实录及评析[J].小学教学·语文版，2014(1)：15－17.

些。拿起笔来,再写一遍。(生写)

师:你看,这个同学写的"韭"字,是不是写得太胖了?估计"韭菜"施的化肥太多了。(生笑)"韭",第一竖要略短一些,第二竖略长,注意两竖之间的距离,这样看起来才苗条。最后一笔横要长。现在,拿起你的笔把这个字重写两遍。(生写)

师:"抛"字更难写。这个字要注意横和竖的起笔。左边的横略高。右上最后一撇,要略高于左边。请大家把这个字对照例字重写两遍。(师范写,生临写)

评析:一个汉字就是一幅画、一首诗、一个耐人寻味的故事。汉字,展现的不仅是民族的向心力,还有文化的聚合力,这是其他文字所不及的。于老师既是在教写字,也是在传承中国的文化。

二、走进课文,指导朗读

师:请大家默读课文。当你再次走进祖父园子的时候,你都看到些什么?把你看到的,迅速地用笔做上记号。(板书:看)读书,要学会捕捉重要的信息。(生边读边画)

师:同学们都长着一双善于发现的眼睛。当你用心发现的时候,你都看到了什么?下面,我们就来交流一下,把你看到的写在黑板上。

生:我看到了蜂子、蝴蝶、蚂蚱和蜻蜓。

生:我看到了祖父和"我"。

师:如果要把"我"写到黑板上,需要加什么标点符号?

生:双引号。

师:为什么?

生:因为这个"我"代表作者。

生:我看到了小白菜、韭菜和狗尾草。

生:我看到了黄瓜、倭瓜和玉米。

生:我看到了谷子。

生:我看到了小鸟、虫子。

生:我看到了太阳和花。

生:我看到了祖父和"我"在种菜、浇菜、铲地。

师:我们先来看字写得怎么样。我很欣赏同学们写的"鸟""谷""草"等字。写字,就要认真、规范。当我们走进祖父园子的时候,用心看,说说你看到什么。不用心的同学,肯定会站起来把写在黑板上的词语念一遍。动脑筋的同学能够用几个词语来概括。

生:我看到两个人、蔬菜、昆虫和动作。

师:再仔细地思考。比如,看到的狗尾草是蔬菜吗?

生:(恍然大悟地)是植物。

师:你很聪明,掌声响起。(生鼓掌)还看到了什么?

生:我还看到许多动物和一些事情。

师:谁连起来说说?

生:走进祖父的园子,我看到了许多植物、动物,还有两个人和他们做的一些事。

师:这就叫会看、会想和会说。如果只用两句话来概括,该怎样说?

生:走进祖父的园子,我看到了许多事物。

师:下面,我找一个同学到台前和老师对话。(一生走上去)我要求先总说,再具体地说,清楚了吗?(生点头)走进祖父的园子,你都看到了什么?

生:我看到了许多事物。

师:你都看到了哪些事物?

生:有植物、动物和两个人,还有他们做的一些事。

师：此处有掌声。（生鼓掌）请你再告诉我，你都看到了哪些动物。

生：我看到了蜂子、蝴蝶、蚂蚱、蜻蜓，还有虫子和鸟。（师插话：只说三四个，后边加上一个字就行了）我看到了蜂子、蝴蝶、蚂蚱等。

师：走进祖父的园子，你都看到了哪些植物？

生：走进祖父的园子，我看到小白菜、谷子、狗尾草等。

师：看来，学会说话真的很重要。

评析：语文课应当教什么？于老师的课给了我们很大的启发，就是要教会学生学会读书，学会表达。

师：同学们，让我们再次走进课文。用心看，看看透过这些文字，作者想告诉我们什么，我们从中能读懂什么。把你读懂的写在相关的文字旁边。（生读、思、写）

师：走进祖父的园子，从中你读懂了什么？

生：自由自在、无忧无虑、丰富多彩、充满生机。

生：快乐、包容、宽容、疼爱、宠爱、有趣、仁慈、天真、淘气……

师：读书，就要能读出文字背后的意思。这是读书的本领，而且是一种重要的本领。

评析：前一个环节，于老师引导学生读懂文字字面的意思，是在"循文明像"；这一个环节，引导学生读懂文字背后的意思，是在"体情悟道"。

师：由于作者有一个能够包容、宽容、疼爱和宠爱她的祖父，才有了她自由自在、无忧无虑的童年，才有了她童年的一些充满天真、淘气的趣事。请大家默读课文，看看在这些趣事里，作者把哪一件事写得最具体。

生：我认为作者把"铲地"这件事写得最具体，最有趣。

师：从这件事也能看出祖父对作者的包容、宽容和宠爱。下面，我们就来读一读，看看作者是怎样来写这件事的。（生自读）

师：我想请一位同学和我比赛朗读。（一生站起来）

师：你先来，还是我先来？

生：老师，您先来。

师：（笑着）我相信你有些地方读得比我好。（生读描写"铲地"的段落）

师：你读得很好，没有一点错误。这一点，我肯定比不过你，但从人物说话的语气上我能比过你。下面，你看我是怎么通过人物说话的语气来表现祖父的包容、宽容和宠爱的，又是怎样通过语气来展现"我"的天真、淘气和固执的。（师范读）

师：读书时注意人物说话的语气，祖父的包容、宽容和宠爱才能表现出来。注意了人物说话的语气，"我"的天真、淘气和固执才能展现出来。请同学们再好好地练习读这几段文字。（生练读）

师：下面，我找一位同学一起表演"铲地"。（一女生上台）你选哪个角色？（生：祖父）你一上来就想当长辈。（生大笑）这样吧，你先当文中的"我"，演好了，我再让你当长辈，好不好？（师生表演）

评析：于老师的课常常寓庄于谐，寓教于嬉。孩子在嬉笑间习得了语文知识，提升了语文能力，还得到了艺术的享受。这也许是孩子们喜欢于老师课的原因之一。

三、聚焦事件，指导表达

师：文中的"我"是作家萧红，她的

《呼兰河传》写了自己的童年趣事。有的事,她写得很短,只写了几行,如园中浇水;有的事,她写得很长,写了几段文字,如园中铲地。其实,每一个人都有自己的童年,也都有自己的童年趣事。请同学们回忆一下,从童年记事的那天起,你有哪些趣事,选择一件写下来。在写之前,我们再来迅速默读课文,看看作者是如何来写"铲地"这件事的。(生读、悟)

生:是通过我与祖父的对话来写的。

师:看来,趣在语言里,趣在对话中。因此,第一要关注语言,关注对话。那么作者又是怎样来写对话的呢?

生:是分段来写的。

师:你说的话为一个自然段,我说的话也为一个自然段。这样写,看起来是多么清晰、清爽。第二要关注细节。你看,课文的第4自然段,有一个字把祖父对"我"的宠爱淋漓尽致地写出来了。哪个字?

生:"拔"字。

师:是呀,把锄杆"拔"下来让自己的孙女铲,哪有这样的祖父?多么宽容的祖父!接着作者又写了一个细节,她把谷穗铲掉了,祖父不但不生气,反而怎样?(生:笑)你看,这是多么宠爱她的祖父!当她把狗尾草抛给祖父的时候,祖父是怎样把她叫到自己跟前的?(生:是慢慢地)这就是作者描写的一个重要细节。你看,多么慈爱的祖父呀!下面,拿起你的笔,像作者那样写一件你童年的趣事。老师也写了自己的童年趣事,等会儿你读给我听,我读给你听,我们来比赛一下。(生写)

评析:始终关注学生的言语表达,注重读写结合。

师:你来读一读你的习作。(生读)

送 书

在我4岁的时候,妈妈让我把一本书送给邻居。到了邻居家,叔叔拿出红通通的大苹果热情地招待。

看着苹果,我的口水都快要流下来了。我忍不住吃了一个。吃完后,我对叔叔说了声"再见",就一蹦一跳地跑回了家。到家后,妈妈笑眯眯地问我:"你把书交给叔叔了吗?"我一拍自己的脑袋:"妈妈,我忘记了。"

"唉!你这孩子。"妈妈摇了摇头对我说。

我不好意思地笑了。

师:下面,看于老师写的。请一位同学替我来读。(屏幕显示)

礼 物

这是发生在小学四年级的事。我的同桌叫蔡华。女的。她人倒是挺好,就是爱管我。上课偷看小人书,管我。和别人讲话,管我。偷着画画,也管我。我稍有不满,她就威胁我:"不听话,告老师去。"

我心里想,得治治她。

一天,早自习,我送给她一个小盒子,悄悄地说:"这是我送给你的礼物,请收下。"

她接着问:"这里面装的是什么礼物呀?"

"小小的礼物,但千万不要现在打开。"

她说:"越不让我现在打开,我越得现在打开。"她打开盒子,里面有一个小纸包。她把小纸包打开,里面又是一个小纸包。她再把小纸包打开,里面还是一个纸包。

我赶紧说:"最后一个纸包别打开了,再打开礼物就跑了。"

她越发要打开。最后一个小纸包一打开,她吓得尖叫一声,把纸包扔在地上,大声骂道:"你这个大坏蛋!你别叫于永正,叫于永歪算了!"

原来,纸包里包的是一条毛毛虫!

师:我还写了一篇文章——(屏幕显示)

欢 欢

欢欢是我的小孙女,3岁半了。一天早上,她拿着我的剃须刀对我说:"爷爷,剃须刀饿了。"

"是吗?"我笑了,"那喂它什么呀?"

"喂胡子呀,它把你的胡子吃到肚子里就不饿了。"

说着,她推了一下开关,剃须刀立刻叫了起来。她认真地说:"看,它饿了吧?肚子咕咕叫了吧?"

我刮完胡子,欢欢抢过剃须刀放在嘴巴下面,来回蹭着,说:"它还没吃饱呢,我再喂它一点。"

我哈哈大笑,说:"小心,别刮破了皮。"

(生笑)

师:同学们看于老师是怎样写这件趣事的——一是关注对话,对话要分段写;二是关注细节,尤其是通过动作来表现人物。

课后,请大家读《呼兰河传》,里面还有一些童年的趣事。把这些童年趣事找出来,画下来,在班里开个朗读会。书读多了,你自己的童年趣事也就会写了。(下课)

评析:于老师的课堂是民主的、平等的,更是一个对话的课堂。他在用自己的下水文给孩子示范,与孩子对话。

【总评】于老师的课轻松、风趣、睿智,然而给我最大的感受还是他的"大道至简"。综观整个课堂,教学目标是那样简约。教师没有平均用力,而是聚焦主要事件"铲地",引导学生扎扎实实地"学语言、练表达"。教学环节是那样简明。整节课,按照"写好字、读好书、说好话、写好文"展开语用训练,使学生的思维、语言、能力、情感得到了很好训练和提升。教学手段和方法也是那样简单。于老师没有过多地依赖电教媒体,而是用一支笔、一张嘴给孩子示范读、示范写,为学生树立了学习的榜样。

第五节 其他文体阅读与鉴赏指导示例

《七律·长征》教学设计[①]

【教材分析】

《七律·长征》是统编本六年级上册第二单元的第一篇课文。本诗作者是伟大领袖毛泽东主席。"朗读课文,说说诗句的意思和表达的情感,试着读出磅礴的气势,并背诵课文",这些都是编者对该文学习的要求。该单元的人文主题是"革命岁月"。语文要素为:① 了解文章是怎样点面结合写场面的;② 尝试运用点面结合的写法记一次活动。

【学情分析】

学生对长征岁月,有所了解,但知之不多,体验与感受欠深刻。

【教学目标】

1. 认识"崖、渡"2 个生字,理解由生字组成的词语,把握各句诗的基本意思。

---

① 本教案由赵年秀设计。

2. 正确、流利、有感情地朗诵这一首诗歌,试着读出磅礴的气势。

3. 体会长征精神,把握作者的思想感情。

【教学重点】体会长征精神,把握作者的思想感情。

【教学难点】体会长征精神。

【教学过程】

一、讲长征故事,走近长征

1934年10月,为粉碎国民党反动派的围剿,保存自己的实力,也为了北上抗日,红军从江西瑞金出发,跋山涉水,开始长征。国民党反动派一路围追堵截。但英勇的红军战胜了千难万险,于1936年10月到达陕北。二万五千里长征成为人类史上一个伟大的事件,其间涌现了许多可歌可泣的故事。下面以小组为单位,分享各自准备的长征小故事并推选一名讲得最生动最感人的同学在全班讲。

二、听读诗朗诵《七律·长征》,解决生字、新词和难句问题,把握各句诗的意思

（一）生字、新词和难句

难:艰难险阻。等闲:平常,不放在眼里。五岭:绵延于湖南、江西、广东、广西四省的五座山岭。逶迤:形容道路、山脉、河流等弯弯曲曲,延续不绝的样子。乌蒙:山名,绵延在贵州、云南两省之间。1935年4月,红军长征经此。磅礴,形容山势高大、险峻。金沙:指金沙江,是长江上游的一段河流。云崖:高耸入云的山崖。大渡:指大渡河。铁索(寒):红军过大渡河上的泸定桥时,桥只剩下几根铁索。岷山:在四川和甘肃边界,海拔四千米左右。三军:"三"在此处是虚指,泛指红一方面军的多个军团。

（二）各句诗的意思

生字、新词的意思都明白了。谁来讲讲各句诗的意思? 谁还有补充意见? 谁再来讲讲?

三、读出作者的情感、思想与精神

（1）朗读比赛:哪一个读得最传神。

各自读一读;分小组互相读一读,听一听,比一比;各小组互比。

（2）议一议:你读出了一个怎样的毛泽东。

板书设计:

七律·长征

毛泽东

不怕

万水　　千山

《春夜喜雨》教学设计[①]

【教材分析】

课标要求第三学段学生"阅读诗歌,大体把握诗意,想象诗歌描述的情境,体会作品的情感。"《春夜喜雨》是唐代诗圣杜甫的一首脍炙人口的五言律诗。其取象与造境、用字造句与章法、

---

① 本教案由赵年秀设计。

结构都极为精致。统编本六下"古诗词诵读"模块中入选了这首诗并配了必要的注释。

【教学目标】

1. 感受杜甫春夜逢雨的喜悦的思想感情。

2. 感受这首诗的表达之美。

3. 能正确、流利、有感情地诵读这首诗。

【教学过程】

一、复习导入

我们学过许多首杜甫的诗歌,谁能背?(《春望》《绝句》)今天一起学习他的《春夜喜雨》。(板书课题)

二、学习各句诗的意思

1. 根据教材注释自行阅读全诗,有不懂的地方可以提出来

课标要求学生"能对课文中不理解的地方提出疑问",所以,课堂中得特别鼓励学生质疑问难。

2. 试讲各句诗的意思

本课是文言诗文,读懂课文是本课教学重点所在,所以,课堂中拟让学生多次试讲并展开讨论。教学中,教师将先后使用下列语句推动课堂进程:① 谁能讲讲这首诗? ② 能讲下来很好,谁还有什么意见吗? ③ 讲得好,谁能再讲讲?

三、深入体会诗人的思想感情

1. 写作背景介绍

春天是农作物下种与生长的季节,非常需要雨水,"春雨贵如油";而成都气候温暖,冬天很少下雪,因此,在成都农人眼中,春雨就比油更贵了。

本诗写于杜甫生活的第四个时期,49岁后,到达成都的第三年。这一时期,大诗人杜甫亲自种菜培药,和劳动人民往来较密切,与劳动人民有了一致的思想感情,这从他这一时期所写的诗歌也可看出来:

只要对生产有利,即使是大雨,茅屋漏了,他照样喜悦:"敢辞茅苇漏,已喜禾黍高。"(《大雨》)

久雨成灾,他遏制不住内心的愤怒:"吁嗟乎苍生,稼穑不可救!安得诛云师?畴能补天漏?"(畴:谁)

2. 写作目的追寻

以问题探讨为契机推进教学流程。研讨问题为:诗人写这首诗的目的是什么?你是从哪些词句中体会出来的?

参考答案:表达春夜逢雨的喜悦的思想感情。"好、乃、润、火、红、重"等都是体会这一思想感情的关键词句。

四、品味本诗的用语之美

具体流程为:从"独自品味"走向"交流分享"。

教师是平等对话的首席。学生独自品味前教师得加以启发点拨,告诉学生:全诗有景有情,有声有色,画面明亮,喜悦与赞美之情贯串全诗,但又不失含蓄蕴藉,用字上尤为考究。要求学生再出声读读,然后说说自己对本诗用语之美的感受和发现。

交流分享阶段应落实下列知识点:

首联使用农民视点与拟人手法赞美及时而降的春雨,写得生动而有情趣,逢雨的喜悦之情溢于言表,极富感染力。

颔联从听觉方面写:上句写雨下,下句写润物。

颔联从视觉方面用反衬手法描绘春郊夜雨图,照应第三句之"夜"字。野径,指田野,火,灯光。细雨蒙蒙,乌云笼罩四野,一片漆黑之中,只有远处江中的渔火在闪耀,显得格外明亮。

尾联是想象中的雨后景,着力写一夜春雨之后,百花怒放,但湿而重的状态,以见春雨润物之功,照应首联之"好雨"及颔联之"润物细无声"。是特写镜头,使用了"借一斑以窥全豹"的借代手法;也是唐诗常用的由远及近的时空手法。成都旧有大城、少城,少城为管织锦的官员所住的地方。后统称成都为锦官城。

全诗实景与虚境结合,以画面和镜头收尾,言虽尽而意无穷,感到诗人当时似乎不仅沉浸在作物可以下种的大喜之中,还在想象着作物丰收的喜悦呢。

五、正确、流利、有感情地诵读全诗

本环节具体操作步骤如下:① 划分节奏;② 示范朗诵;③ 自行朗诵;④ 比赛诵读。

本课的教学难点为:理解诗中体现的杜甫的思想感情并感受这首诗的表达之美。而用字之美是本诗表达之美的重要方面。有韵有节地诵读这首诗是感受其表达之美的重要途径。因此,从突破本课教学难点处切入可设计如下板书。

春夜/喜雨//

好雨/知-时节//,当春/乃-发生//。
随风/潜-入夜//,润物/细-无声//。
野径/云-俱-黑//,江船/火-独-明//。
晓看/红-湿-处//,花-重/锦官城//。

三 《长相思》教学设计①

【教材分析】

《长相思》是纳兰性德随康熙出关东巡奉天祖陵时所作,表达了浓浓的思乡之情。词的上阕写将士们翻山越岭,蹚江过河,朝着山海关进发;天色已晚,宿营地上亮着灯火的帐篷有如天上的繁星,特别壮观。词的下阕写长夜无梦,苦等天明,风雪嘈杂,思乡之情在心中魂牵梦萦,挥之不去。统编本五上第七单元入选了这首诗歌。

【学情分析】

五年级学生已形成借助注释理解词意的习惯。但纳兰性德的相思之深、相思之苦,是学生难以充分理解与感受出来的。

【教学目标】

1. 明了"榆、畔、更、聒"4个生字的音、形和义,读准多音字"更",掌握"畔"字的间架结构和书写要领;

2. 能借助注释理解全词意思;能有感情地朗读课文,并背诵;

3. 体会词人身在征途、心系故园的矛盾内心,培植家国情怀。

【教学重点】

借助注释理解全词意思,体会情感。

【教学难点】体会词人身在征途、心系故园的矛盾内心,培植家国情怀。

---

① 本教案由赵年秀设计。

【教学过程】

一、背诵《泊船瓜洲》并介绍词人纳兰性德

"春风又绿江南岸,明月何时照我还。"这是王安石的乡愁。在词人纳兰性德那儿,乡愁又是什么?今天我们一起走进纳兰性德的《长相思》。

纳兰性德是清代最为著名的词人之一。他的父亲是康熙年间的权倾一时的首辅之臣纳兰明珠。纳兰性德自小擅骑射,好读书,深受康熙的喜爱,年纪轻轻便晋升为一等侍卫。本词写于他随康熙出关东巡、告祭奉天祖陵时。

二、借助注释,读懂词意

本部分教学程序:读读—质疑—试问—讲讲这首词。

请大家各自读词,力求把字音读准确。不懂的字词可以借助注释或工具书,也可以和同桌讨论。

【教师试问】本词写了一件什么事?什么时间?什么地点?怎样的环境?

预设1:本词写的是词人随康熙出关东巡祭拜奉天祖陵这件事。

预设2:时间是一个风雪夜。【追问】你是从哪句读出的?预设答案:"风一更,雪一更。"【讲述】这是互文——上下文义互相交错,互相渗透,互相补充。言整夜风雪交加。更:古代夜间的计时单位,一夜分为五更,每更大约两小时。【追问】本词中还有一句运用到了互文的写法,是哪一句?预设答案:山一程,水一程。【讲述】就是山长水远的意思。似乎这山、这水永远也走不完,趟不尽似的。

预设3:地点是军队露营地。【追问】你从哪句读出来的?预设:"夜深千帐灯"。【讲述】"帐"是"军营的帐篷"。"千帐"言军营之多。

预设4:环境特别嘈杂。【追问】你是从哪句感受到的?预设:"聒碎乡心梦不成,故园无此声"。"碎"的主体是什么呢?预设:梦碎。

【教师发问】现在,谁来讲讲各句词的意思?

预设答案:我随着康熙皇帝出关东巡祭拜奉天祖陵,千军万马一路上跋山涉水,向着山海关那边行进。夜深宿营,只见无数行帐中都亮着灯火。这哪里是地上的灯火,这简直好比天上的繁星。长夜漫漫,苦等天明,挨过了一更又一更,这风雪声吵得我心烦意乱,乡梦难圆,家乡没有这样的声音。

三、展开想象,读出词情

(一)读上阕,回答问题

【发问】读上阕,你觉得词人的"身"在哪些地方?

预设:崇山峻岭中、水中、桥上、结冰的路上、关外、白雪皑皑的山上……

【小结】如你们所说,这就是一条行军路线:经过崇山峻岭,经过大河小川,经过一座座窄窄的桥,经过一条条崎岖的覆盖冰雪的小路,最后在深夜到达宿营地。用原词中的话来说就是——

【朗读】山一程,水一程,身向榆关那畔行,夜深千帐灯。

(二)读下阕,回答问题

【发问】读下阕,你们觉得词人的"心"在哪里?做的是一个什么样的"梦"?

预设1:心在故园。是从"聒碎乡心梦不成,故园无此声"读出来的。

预设2：词人有可能梦回家中，一家人围坐在一起，喝着茶，唠着家常。【教师评】这是一个团圆梦。

预设3：词人有可能梦到妻子含情脉脉的眼睛。【教师评】这是一个含情脉脉的梦。

预设4：词人有可能梦到老母一针一线为他缝制冬衣的场景。【教师评】这是一个慈母梦。

预设5：词人有可能梦到一家人去郊外踏青的场景。【教师评】这是一个踏青梦。

【讲述】纳兰性德是北京人，难道北京就没有风雪声吗？为什么词人说"故园无此声"？

预设：因为在家中有亲人的陪伴与安慰，风雪声都显得平静。

【讲述】京城并非没有风雪，只是"月是故乡明"。

【补充资料】纳兰性德17岁入宫学习，自他入官以后，就很少有时间回家和家人团圆，而是常年陪伴在皇帝的身边。康熙二十一年（1682年）春，他自己长期患病不见好转，老母亲又十分思念儿子，希望儿子陪在身边。但即便是在这种情况下，纳兰性德却只能再次离开家乡，离开亲人，随皇帝出关东巡……

【发问】通过想象画面，补充资料，你们体会到词人怎样的情感？

预设：我们感受到词人绵长的相思，深厚的相思。

【讲述】就这样，词人将自己对故园无限的思念与依赖写进了这感人肺腑的《长相思》中，谁来读读这首词？

四、感受"夜深千帐灯"所传达出的意境

读懂了意思，感悟了词情，接下来，我们感受本词的意境。我的问题是"夜深千帐灯"描绘出一种什么样的意境？

预设：有个词语叫"夜深人静"，而夜深了，行军队伍才到宿营地扎营，风雪夜，夜半时，宿营地亮起了千万盏灯，这是一种盛大、壮观的景。

教师小结：千山万水，千军万马，一路东进。风雪夜，无数的帐篷亮起灯火。这哪里是地上的灯火，这简直可与天上的繁星相媲美。这种境界，为王国维先生非常看好，认为可与"大漠孤烟直，长河落日圆"相媲美，是千古奇观。

长相思

［清］纳兰性德

身：山一程，水一程
　　　　　　　夜深千帐灯
心：梦不成　故园无此声

四　《太阳》教学设计[①]

【教材分析】

五年级上册第五单元是说明文单元，该单元的语文要素为："阅读简单的说明性文章，了解基本的说明方法；搜集资料，用恰当的说明方法，把某一种事物介绍清楚。"《太阳》是该单元的第一篇课文。编者给该篇课文下达了两方面的学习任务：①"想一想：课文从哪几个方面

---

① 本教学方案由赵年秀设计。

介绍了太阳？太阳对人类有哪些作用？"②"结合课文内容，说说作者是运用哪些说明方法介绍太阳的。"

【学情分析】

学生一般不太会自觉地去学习准确、贴切并且简洁的说明性语言。而将事物说得准确、贴切并且简洁，又恰恰是大多数学生的难点。

【教学目标】

1. 会认"摄、殖、炭、疗"等4个生字，知晓"差不多、抵得上、比较"等16个词语的意思，读懂文中的难句；体会分号在文中的用法。

2. 尝试运用略读法粗知文章大意。

3. 明了课文是怎样介绍太阳的特点的、又是怎样介绍太阳和人类的密切关系的。

【教学重点】

会认"摄、殖、炭、疗"等4个生字，知晓"差不多、抵得上、比较"等10个词语的意思，读懂课文。

【教学难点】

明了课文是怎样介绍太阳的特点的、又是怎样介绍太阳和人类的密切关系的。

【教学课时】2课时。

第一课时

【教学要点】会认"摄、殖、炭、疗"等4个生字，知晓"差不多、抵得上、比较"等10个词语的意思，读懂文中的难句，明了课文的主要内容。

【教学过程】

一、猜谜语导入

一位老公公，面孔红彤彤，晴天早早起，按时来上工。（打一物：太阳）今天咱们一起来学习第15课《太阳》。这是一篇说明文。

二、学习生字、新词，读懂难句

1. 读准字音，弄清生词与难句的意思

（1）自学课文，标出生字新词，通过查字典解决新词的意思。部分新词解释如下：

差(chà)不多：(在程度、时间、距离等方面)相差有限；相近。

抵(dǐ)得上：相当，能代替。

摄氏度：摄氏温标的单位。摄氏温标是瑞典天文学家摄尔修斯制定的。他规定：纯水的冰点为0度，沸点为100度。0度和100度之间均分为100份，每份表示1度。

估计：根据某些情况，对事物的性质、数量、变化等做大概的推断。

繁殖：生物产生新的个体，以传代。

凝成：在课文中指水蒸气变成小水滴。(凝结：由气体变成液体或由液体变成固体：池面上凝结了一层薄薄的冰。)

漂浮：停留在液体表面不下沉。在课文中指水蒸气遇冷凝成无数小水滴，这些小水滴停留在空中不下沉，变成云。

比较：①就两种或两种以上同类的事物辨别异同或高下：这样比较的好处。②副词，表示具有一定程度：比较热。

菌：低等植物的一大类。

治疗：医治。

（2）认读课文中的生字新词，检查生词与难句意思的掌握情况。生字会读

了,这些词语的意思都知道了? 这些难句你都会读吗? (难句此处从略)

2. 正确、流利地朗读课文

本环节教学程序:① 各自朗读。注意朗读的语调、口吻、语速与重音。② 分组派代表读段落,看哪一组读得最好。③ 课堂检测:包含分号的这些句子,读懂了吗?

【讲述】分号是一种介于逗号和句号之间的标点符号,主要用以分隔存在一定关系的两个分句。被分隔的分句或并列关系,或转折、承接与因果等其他关系,通常以并列关系居多。

第二课时

【教学要点】运用略读法概括第二部分各段的内容;以科普讲解员的角色朗读全文并探讨课文是怎样介绍太阳的特点的、又是怎样介绍太阳和人类的密切关系的。

【教学过程】

一、快速读课文,回答课文前3段分别介绍了太阳的哪些特点

教师提示:运用抓关键词这一略读方法找寻答案。参考答案:远、大、热。

二、快速读课文,回答问题"如果把课文分成两个部分,怎么分呢?"

教师提示:运用抓关键句段法这一略读法解答。抓手:第4段第一句这一个承上启下的过渡句。参考答案:前3段为第一部分,介绍太阳的特点。后5段为第二部分,介绍太阳和人类的密切关系。

三、继续运用略读法把握第二部分各段的主要内容,运用联系上下文法理解课文最末一句话的意思

(1) 运用抓关键词句法概括第二部分各段的主要内容。

参考答案:5段——我们吃的、穿的和用的都离不开太阳。6段——雨与雪的形成离不开太阳。7段——风的形成离不开太阳。8段——地球上的光明和温暖都是太阳送来的。

(2) 联系上文并运用"因为……所以……"这一句式说说课文最末一句话的意思。

参考答案:因为地球上的风雪雨露的形成离不开太阳,地球上的光明和温暖都是太阳送来的,地球上人类吃的、穿的和用的都离不开太阳;所以,完全可以说,没有太阳,就没有我们这个美丽可爱的世界。

四、以科普讲解员的角色朗读全文

本部分教学程序:① 各自读读。② 抽学生朗读自己读起来比较有把握的段落。抽多个学生读。如果前一两个学生都读同样的段落,就说:"第××段谁愿意读?"务必让每个段落都有人读。③ 点评。点评时特别关注是否使用了与科普讲解员的角色相称的口吻与语调。④ 请小老师示范读。⑤ 各自再朗读与背诵。

课文精彩的段落多,可选自己喜欢的段落读读背背,并交流选择读背这一段的原因。教师随机点拨段落内的句间关系,如最后一段三句话就是典型的总—分—总的关系。

五、探讨课文是怎样介绍太阳的特点的、又是怎样介绍太阳和人类的密切关系的

本步骤分两个环节进行。各环节都按"略读—讨论—小结"这一程序推进。

环节一:探讨课文是怎样介绍太阳特点的

参考答案:分类别、举例子、作比较、列数字、正误解、正错觉。

环节二:探讨课文是怎样介绍太阳和人类的密切关系的

参考答案:总分法、分类别法、纠错法、因果联系法、多角度阐释法。

课程思政

第三学段阅读教材内容丰富,有的讲述历史人文,渗透传统文化;有的反映社会生活,赞美风土人情;有的描绘自然景物,讴歌祖国山河;有的诉说传奇故事,阐明深刻道理;有的追忆革命先烈,赞颂革命精神;还有的描写榜样人物,激励奋发向上。篇篇都是文质兼美、内涵丰富的课文。教学时要找准人文主题与思政教育的融合点,将语文要素、人文主题和思政目标三者有机结合,真正践行学科融合的大语文观。

项目实践

1. 五上《将相和》一课的教学重难点分别是什么?
2. 六下《鲁滨逊漂流记(节选)》一课的教学程序可以怎么安排?

第九章 口头表达与交流教学的理论与实践

"运用国家通用语言文字进行交流沟通"是对现代社会公民的基本要求,包括运用口头语言进行的口头交流和运用"文字语言"进行的书面交流。而"文字语言"是一种等级性语言。一个人掌握的文字符号越多,等级越高,越可能建立更复杂、丰富、深刻的意义世界。[①] 实际上,口头语言,也是有等级性的。一个会说话的普通人和一个口若悬河的演说家,其口头表达能力不可同日而语。

学习目标

1. 明了课标视点下小学三个学段在口头表达学习方面的学业质量要求,知晓统编本小学语文教科书口语交际专题的类型与特点,思考统编本小学口语交际课的教学策略与评价策略。

2. 运用关于小学口头表达与交流教学的理论及关于课题计划、分课时计划方面的知识,基于统编本语文教科书,尝试设计并实施小学口语交际课。

3. 涵养基于国家课程标准、统编本教材与学生实际情况开展教学设计的意识,培养严谨、细致、规范的工作作风。

问题探究

1. 什么是口语交际?它与作文有何异同?
2. 什么是口语交际能力?判断话语是否恰当的关注点有哪些?

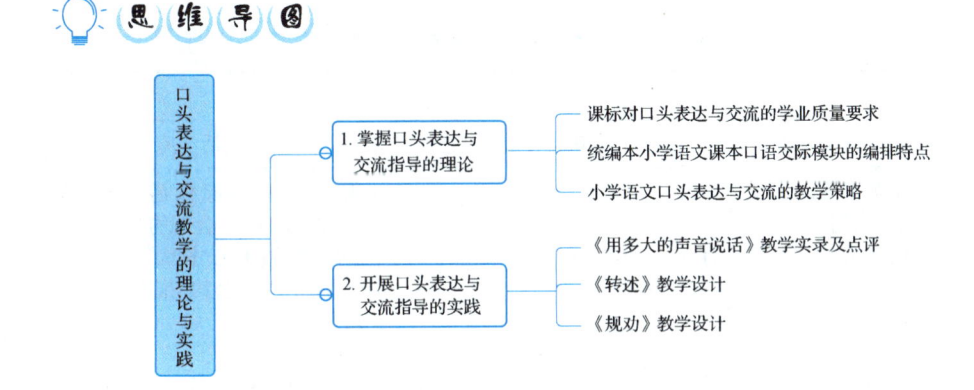

思维导图

口头表达与交流教学的理论与实践
- 1. 掌握口头表达与交流指导的理论
  - 课标对口头表达与交流的学业质量要求
  - 统编本小学语文课本口语交际模块的编排特点
  - 小学语文口头表达与交流的教学策略
- 2. 开展口头表达与交流指导的实践
  - 《用多大的声音说话》教学实录及点评
  - 《转述》教学设计
  - 《规劝》教学设计

---

① 高德胜.道德教育的时代遭遇[M].北京:教育科学出版社,2008:39.

第一节 口头表达与交流指导的理论

一、学业质量要求

课标对小学三个学段在口头表达上的要求由低到高,梯度明显。具体如下:

第一学段的要求:① 与人讨论交流,注意倾听,主动用礼貌用语回应;乐于表达自己的想法,遵守规则,主动合作,积极参与讨论,把自己的想法说清楚。② 看图说话,能描述一幅图画的主要内容,说出多幅图画之间的内容关联。

第二学段的要求:① 乐于在班级活动中交流展示,能根据需要用普通话交谈,认真倾听,把握对话的主要内容并简要转述;能按照一定的顺序讲述见闻,说出自己的感受和想法;能尝试根据语文学习经验和生活经验解决日常生活中的问题。② 乐于参与读书交流活动,能诵读学过的优秀诗文,尝试用不同的语气、语调表达自己的理解与感受。

第三学段的要求:① 乐于参与讨论,敢于发表自己的意见;能认真、耐心倾听,抓住要点,并作简要转述;能根据对象和场合,作简单的发言。② 能用准确的语言清楚地介绍、说明事物或程序。

二、统编本小学语文课本口语交际模块的编排特点

统编教材口语交际专题,分册设置,除六下只有三个外,其他各册均设 4 个,一共 47 个,具有巧设专题、内容系统、知识全面等诸多特点。

1. 巧设专题

各学段都设置了社交类专题、认知类专题、生活类专题,具体如表 9-1。

表 9-1 统编教材口语交际专题类型

年级	专题		
	社交类专题	认知类专题	其他生活类专题
1—2 年级	用多大的声音说话/我们做朋友/请你帮个忙/打电话/商量/注意说话的语气	有趣的动物	我说你做/一起做游戏/听故事,讲故事/我会想办法/看图讲故事/做手工/长大以后做什么/图书借阅公约/推荐一部动画片
3—4 年级	请教/劝告/安慰/转述/自我介绍	身边的小事(你怎么看)/该不该实行班干部轮流制/我们与环境/爱护眼睛,保护视力/朋友相处的秘诀	我的暑假生活/名字里的故事/春游去哪里玩/趣味故事会/讲历史故事/说新闻

续　表

年级	专题		
	社交类专题	认知类专题	其他生活类专题
5—6年级	我是小小讲解员/演讲/请你支持我/辩论/即兴发言	制定班级公约/父母之爱/我最喜欢的人物形象/走进他们的童年岁月/怎么表演课本剧/同读一本书/意见不同怎么办/聊聊书法	讲民间故事/我们都来讲笑话

2. 知识点全面，内容系统

统编教材口语交际模块按课标要求——配置知识点，具体如表9-2、表9-3与表9-4，内容系统、全面。

表9-2　各年级侧重"倾听"的知识点

年级	侧重倾听的知识点
1—2年级	注意听/记住主要内容
3—4年级	想想别人讲的是否有道理/尊重不同的想法/判断别人的发言是否与话题有关
5—6年级	边听边作记录/对不明白的地方提出疑问/听到不同意见换位思考/准确把握观点，不歪曲、不断章取义/分辨别人的观点是否有道理，讲的理由是否充分/听出别人讲话中的矛盾或漏洞

表9-2中，"听什么、如何听、持什么样的态度听"这三个方面的知识都有安排，其中，"理解并尊重"是重点。

表9-3　各年级侧重"表达"的知识点

年级	侧重表达的知识点	
	言语方面的知识点	肢体、姿态方面的知识点
1—2年级	根据场合大声说或小声说/大胆说出自己的想法/主动发表意见/吐字要清楚/按顺序讲清楚图意/清楚地表达想法，简单说明理由/说话速度适中	说话时，看着对方的眼睛/一边说，一边做动作，别人更明白
3—4年级	借助图片或实物讲/选择别人可能感兴趣的内容讲/对象和目的不同，介绍的内容有所不同/多从别人的角度着想/对听众可能有疑惑的地方，作些说明/连贯地讲述/有条理地汇报/围绕话题发表看法，不跑题	(说话时)注意表情变化/加上手势
5—6年级	发言时要控制时间/(讨论)态度要平和/讨论后做总结/选择恰当的材料支持自己的观点/列提纲辅助讲述/根据听众的反应，对讲解的内容作调整/避免不良的口语习惯/设想别人可能的反应，恰当应对/观点明了、表达简洁	有创意地讲故事，添加细节并配上表情、动作/利用停顿、重复或者辅助动作强调演讲要点，增强表现力

表9-3中，"言说知识与借助肢体、姿态表达的知识"兼备，"如何表达、持什么样

175

的态度言说"这两个方面的知识兼顾,其中,"言说的方法、规则"与"听众意识培养"是重点。

表 9-4 各年级侧重"应对"的知识点

年级	侧重应对的知识点
1—2年级	没听清时,可以请对方重复/有不明白的地方,要有礼貌地提问/(讨论)一个人说完,另一个再说
3—4年级	听别人讲话,要礼貌地回应/不清楚的地方及时追问/需要转述的内容没弄清楚,要想办法确认/如果有感兴趣或不理解的内容,可以向讲的人提出来/想法接近,可先表示认同,再继续补充
5—6年级	对别人的发言给予积极的回应/主持讨论,要引导每个人发表意见并且尊重大家的决定/对感兴趣的话题深入交谈/(辩论时)抓住漏洞进行反驳

表 9-4 中,"如何应对、持什么样的态度应对"这两个方面的知识都有安排,其中,"应对的方法与规则"是重点。

三、教学策略[①]

1. 借力学习任务群深度学习口语交际

统编本小学语文教科书有一些单元初具学习任务群面貌。譬如四年级下册第七单元在阅读、写作与口语交际三方面的任务相关性强。该单元阅读的任务为:从对伟大人物的语言与动作的描写中感受伟大品格。该单元习作的任务为:以《我的自画像》为题向新任班主任介绍自己,这是书面自我介绍。显然,前期阅读为后期的深度写作提供了情感触发和写作技法。该单元口语交际的任务为:选择一种情境做自我介绍,这是口头自我介绍。于是,在这样一个单元结构中,口头自我介绍与书面自我介绍两者之间的联系与区别,很自然地成为认识与体验的对象。如此,该单元的阅读、习作与口语交际,因为存在学习任务方面的正相关性都可能走向深度学习。

五年级下册第七单元选录了《威尼斯的小艇》《牧场之国》《金字塔》等"书面讲解"示范文,习作为:介绍一处"中国的世界文化遗产",口语交际题目为"我是小小讲解员",要求学生讲解校园里有代表性的地方。如此,感受与体验"书面讲解与现场口头讲解的异同"自然成为该单元的高阶性学习任务。如果任课教师将该单元的口语交际要求修改为:把自己扮成导游想象自己正在威尼斯城面向游客现场讲解"威尼斯的小艇",那么,该单元的阅读、习作与口语交际三大模块在学习任务方面的正相关性更强,更可能走向深度学习。

五年级下册第二单元,该单元的课文都是小说名著节选,口语交际模块的题目为《怎么表演课本剧》,小贴士提示的教学点落在"主持讨论的技巧"上。建议任课教师按"读名著—演名著—写读后感"这一线索关联该单元的"阅读—口语交际—习作"三大模

---

① 赵年秀.全视角深度学习视域下小学口语交际课的教学策略[J].语文建设,2020(11).

块,口语交际模块的标题改成《表演课本剧》,口语交际活动程序变成"选课文—分角色—分编剧本—分演名著",教学重心变成将小学生们自己在关于故事发生环境、情节与人物方面的体验"表演"出来,评价关注点为是否"演得像"。如此,这一单元也便初具"学习任务群"面貌,其各模块学习任务之间的正相关性与学习深度都将大大增强。

2. 紧扣各次训练难点开处方并提供配套教学条件

只有紧扣各次训练难点开处方并提供配套教学条件,每次口语交际活动的"品质"才能有保障。譬如,六年级上册第二单元选了《七律·长征》《狼牙山五壮士》《开国大典》《灯光》4篇课文,主题是"重温革命岁月";口语交际方面,该单元训练"演讲"。由于"演讲"之难,一难难在讲者自身有激情,二难难在内容有针对性,三难难在形式有感召力,因此全视角深度学习视域下,任何一次以演讲为项目的口语交际训练,都应该围绕上述"三难"展开训练,并提供相应训练条件。基于该单元选文特点,本次训练的具体配套措施应该包括:① 将教材上的演讲话题换成一个与所在单元主题"同向"的演讲话题,以便能向同一单元课文借力,依靠单元课文内容触发演讲激情。目前教材设定的演讲话题属于"科学""健康饮食"一类,与课文主题横向关联性不高。② 调整教材习作模块的任务安排。目前教材习作模块只要求运用点面结合的方法记一次活动,没将习作与口语交际栏目任务加以横向关联。建议调整成一大一小两次作文。小作文在学了《开国大典》后完成,任务为:运用点面结合的方法写一个校园生活场面。大作文为:练写以"重温革命岁月"为主题的演讲稿,教学与评价重点放在"内容有针对性与形式有感召力"上,为让演讲稿写作有样可依,还提供典范演讲稿例文。③ 模拟演讲阶段,教学点与评价点均放在"内容是否满足听众心理期待、用语是否富有鼓动性、声音与形态是否有激情"三点上。目前该单元教材演讲栏目下有多项"提示",但只有"借助生动故事增强感染力"这一项有些针对性,"观点鲜明、有事例、语调恰当、姿态大方"等其他提示项,对"演讲"这一独特口语交际项目的训练来说,不是有针对性的"处方"。

六年级上册第六单元选了《只有一个地球》《三黑和土地》《青山不老》等4篇课文,主题是"环境保护"。该单元口语交际要求学生从某一角色出发在两个与环境保护有关的问题中任选一个阐述看法。第一个问题为"春节到底该不该燃放烟花爆竹?"要求学生分别扮演普通市民、环保局局长、消防队员、眼科医生、环卫工人、鞭炮厂工人等角色讨论。第二个问题为"要路还是要树?"要求学生分别扮演司机、行人、交通局局长、道路附近居民、环保局局长等角色展开讨论。该次口语交际训练的难点有一个,疑点有一个。难点为:环保局局长、交通局局长、鞭炮厂工人等社区各色人物的实际看法与态度。解决这一难点的配套措施应为"走访社区相关人物"而不是让小学生坐在教室想当然主观臆测。目前,教材没有这一提示,建议任课教师增加这一活动步骤。疑点为:开展这次讨论活动的目的与价值究竟是什么?对应措施为:明确要求各小组在采访、报告与讨论的基础上达成既有利于环保又能最大可能地照顾各方利益的一致意见,在此基础上以小组名义撰写"倡议书"并发布在社区论坛上。而统编本语文教科书上,该单元的习作专题恰好是"学写倡议书"。如此,该单元的阅读、口语交际与习作之间的相互借力关系将大为增强。

3. 跨学科跨课堂教学口语交际

所谓"跨学科跨课堂教学口语交际",是指口语交际教学不单可以在语文课上进行,语文课下也可学习;不单语文学科应该教学口语交际,其他课程也应当把提高口语交际能力作为课程教学任务。之所以提出跨学科与跨课堂教学口语交际的主张,主要基于下列三点理由。

第一,小学口语交际如果单靠小学语文课堂学习,其学习时长与强度都远远不够。因为统编本小学语文课本每册只有4个口语交际专题;而实际上,一线教学方面,一般一个口语交际专题只用1个课时完成。

第二,小学口语交际是小学生日常生活的一个部分,利用课外生活时间来学习,不单自然便捷,更是贯彻落实"藏息相辅"教学原则的需要。《礼记·学记》强调课内要好好习"乐"、习"诗"、习"礼",而在课外必须做好这几方面的准备练习,指出:"时教必有正业,退息必学居学。不学操缦,不能安弦;不学博依,不能安诗;不学杂服,不能安礼。不兴其艺,不能乐学。故君子之于学也,藏焉脩焉,息焉游焉。"关键是课余学习怎么与课内教学匹配。举两个例子。譬如,六年级上册第六单元口语交际专题"意见不同怎么办",如果课上活动为"从某一角色出发在两个与环境保护有关的问题中任选一个阐述看法",那么,教师就必须在这次课前布置学生利用课外时间"走访社区相关人物,听取并分析他们的看法"。譬如五年级下册口语交际专题"我是小小讲解员",如果课上把自己扮成导游想象自己正在威尼斯城面向游客现场讲解"威尼斯的小艇",那么,为着让学生在这次课上习得的"现场讲解"办法获得进一步的运用并形成正向迁移能力,教师就应该布置巩固性课后练习,如要求学生在学校给低年级同学讲解校园有代表性的地方,或到社区做志愿讲解员,等等。这样做,既是学以致用,也在培养学生的热心、爱心。

第三,口语交际也是小学各门课程课堂生活的一部分。各门学科教师如果都有心引导学生提升口语交际品质,那么,各门学科的课堂都是学习口语交际的空间,各门课程的上课时间都成了学习口语交际的时间。现在有部分小学生校内与校外都不爱讲话。怎样才能改变这一局面,让我们的小学生在课堂内外都愿意说、还说得得体,甚至还说得有艺术呢? 一个简单可行的办法为:改变目前课堂上只听老师说的状态,引导学生积极倾听同伴的"说说",同时老师自己率先示范,以身作则,不仅"在意地听"学生的意见,而且还会听,能听出对方最重要最真实的意思,听出对方的话柄、话茬、话锋与话里的话,遇到"高品质"的"说说",还能及时点出其"美妙"所在并予以表扬。

有学者在研究了"百年小学语文口语教学历史"后指出:"口语交际能力本身是一个综合性的能力。我们亦可以从其他的学科来研究它,科学地分析其原理、特点和原则。"[①]不单是口语交际问题可以跨学科研究,口语交际教学空间也完全可以延伸到语文课堂外,小学生日常生活的空间有多大,其口语交际的学习空间就有多大。

---

① 刘晓,徐林祥.百年小学语文口语教学历史述评[J].语文建设,2019(11):59.

4. 有品质地开展几类口语交际实践活动

所谓"有品质地开展几类口语交际活动"是指小学生在每次口语交际活动前对活动"是什么""为什么要开展""怎么有效开展"都比较清楚,活动中能信心满满地选择比较恰当的言说内容、言说形式及交际方式,活动后都心情愉悦并感觉有收获,从而形成良性循环。

譬如"讨论",它是小学生日常生活项目。对"讨论",课标要求很低,只有"乐于"参加、"积极"参与、"敢于"发表意见这些起码要求。不过,统编本语文教科书从二年级下册到六年级下册,一共安排了 11 个讨论专题,名称分别为:"图书借阅公约""身边的小事""春游去哪儿玩""该不该实行班干部轮流制""我们与环境""爱护眼睛、保护视力""朋友相处的秘诀""制定班级公约""父母之爱""意见不同怎么办""同读一本书"。每次训练,都通过小贴士提示训练点。将这些训练点按顺序汇总如表 9-5,你将会发现,分别涵盖了活动规则、听说内容与听说技巧等多个维度,"听说技巧"方面,既包括中观层次的交际策略,也包括微观层面的交际小窍门。训练内容比较全面、比较深刻。

表 9-5 统编本小学语文教科书口语交际·讨论模块的知识点

类型	具体知识点
活动规则	发言时要控制时间;一个人说完,另一个人再说;根据讨论的目的,记录重要信息;讨论后做小结,既总结大家的共同意见,也说明不同意见
听与说的内容	说清楚想法与理由;分辨是否与话题相关、是否有道理、理由是否充分
倾听技巧	一边耐心听,一边思考、判断;尽量不打断别人的话
表达技巧	主动说;围绕话题发表看法,不跑题;选择恰当的材料支持自己的观点;注意说话的音量,避免干扰其他小组;如果想法接近,可以先表示认同,再继续补充;有条理地汇报小组意见

但若以全视角深度学习观打量,那么,任课教师在教学实践中还应该融入下列两大内容。其一,起始环节,组织学生观摩典范讨论场景,初步感受"讨论"的实质与价值:讨论的实质是以群体的方式开展学习与工作;"三个臭皮匠,赛过一个诸葛亮",讨论能提高学习与工作效率。其二,在六年级下册关于"讨论"的收束课中再次将"讨论"这一口语交际活动本身作为自觉认识对象,梳理出关于"讨论是什么""为什么要开展讨论""怎么有效开展讨论活动"这三大问题的图式,并指点今后仍需致力的方向。

在统编本语文教科书中,"讲故事"也是重点训练内容,从一年级下册到五年级上册,分五次训练;小贴士提示的知识点包括 5 项:借助图画讲、按顺序讲、运用表情与手势、用卡片提示、讲清故事的细节。实际教学中,任课教师还需增加下列两项内容:讲故事的价值与意义;为讲好故事,应该做的前期准备工作。

"劝告"是统编本三年级下册的训练专题,训练点为"从对方的角度并用商量的语气劝告"。但单凭这两招还不能高品质地完成一项"劝告"任务,教师还得引导学生认识:① 对同学与亲友的错误言行,为什么要积极劝止? ② 在给定的对象与场合下,可以启用哪些内容来规劝? 这些内容按哪种顺序来组织比较理想? 除教材给定的策略外,还要使用哪些规劝策略?

"转述"是统编本四年级下册的训练专题。对什么时候需要使用转述、转述时要点要齐全、要注意人称转换等知识,教材都有提示。但若要转述活动有效开展,任课教师还需针对给定情境引领学生领悟转述时人称与时间词语变化规律。

第二节 《用多大的声音说话》教学实录及点评[①]

《义务教育语文课程标准(2022年版)》指出:"根据具体交际情境和交流对象,清楚得体表达,有效传递信息……"教学低段口语交际可以通过语言描绘、图画录像、事先布局、现场生成、模拟表演或者代入生活的真实场景等方式创设一个真实的交际情境,激发学生的交际愿望,形成良好的交际场域。

板块一 游戏激趣,导入交际话题

师:同学们,喜欢做游戏吗?

生:(齐)喜欢!

师:(出示小游戏"大小声")在英语课堂上玩过这个游戏吗?

生:(齐)玩过!

师:我们改变一下游戏规则,我大声说,你们小声答;我小声说,你们大声答。听清楚了吗?

(师生做游戏。教师小声说"上课",学生大声答"坐端正"。教师大声说"举手",学生小声答"要积极"。教师小声说"回答",学生大声说"要响亮"。)

师:同学们反应真快!你们发现这个游戏最大的特点是什么?

生:我们说话声音跟老师相反。

生:老师声音大,我们声音小;老师声音小,我们声音大。

师:没错。游戏中我们根据情况改变音量,生活中我们也要根据不同场合调整自己的音量。今天我们一起来上一节口语交际课"用多大的声音",一起读。

【点评】游戏是创设真实课堂交际很重要的一种形式。教师用学生熟悉的课堂小游戏"大小声"导入,学生的兴趣被调动起来。在游戏过程中,学生清晰地感受到"大声"和"小声"的变化,为后续学习"大声说话"和"小声说话"预热,顺利引出本次口语交际课的话题"用多大的声音"。

板块二 试玩游戏,学会大声说话

师:还记得第一单元口语交际玩过的"我说你做"的游戏吗?我们再来玩一玩这个游戏好吗?

生:(兴奋地)好!

师:(小声)请你摸摸小鼻子。

(前排学生笑眯眯地摸鼻子,后排学生没有做动作。)

师:(问后排一生):你刚才怎么没做呢?

生:我刚才没听清楚您说了什么。

[①] 陈雪芹,何捷.注重交际环境提升交际素养——一上"用多大的声音"教学实录及点评[J].小学教学设计·语文,2023(10):25-27.

师:其他没做动作的小朋友也是因为没听清楚老师的口令是吗?

生:(多人)是。

师:抱歉,看来是我的问题。那你希望下口令的人怎么做?

生:大声说。

(教师请一名女生上台)

生:(大声)请你抬起一只手。(全班同学都抬起一只手)

师:(问刚才那位同学)这次你听清楚了吗?

生:听清楚了。

师:你满意她下的口令吗?

生:很满意。

师:满意什么?

生:她声音很大,我听清楚了。

师:(对台上女生说)你下的口令很响亮,全班同学都听见了,都能参与到游戏当中来。你看,你照顾到了每个同学,谢谢你!(板书:大声说话照顾别人的感受)

师:还有谁想来下口令?这么多同学都想玩啊!那这样,你们同桌来玩这个游戏,一个说一个做,一轮结束后就坐端正。开始吧!

(同桌间开心地玩游戏,有同学声音非常大,有同学笑得非常大声。)

【点评】第二板块,教师直接带着学生现场玩游戏是最真实的,学生在真实的情境中就能产生真切的感受。教师故意在游戏中"小声说"让学生没听清楚,感受"听不见"的烦恼,再让学生"大声说",感受"听清楚"的快乐,两相比较,学生明白了"大声说话,让别人清楚"是多么重要,也知道了说话要照顾到所有听众的感受。

板块三 体验游戏,学会小声说话

师:大家玩得很开心,(走到大声说话的学生座位边)尤其是这几位同学整个过程都能听到他们的声音。我想采访一下,你们为什么这么开心呀?

生:我说抬起右手,他抬起左手,我觉得很好笑。

生:他说得很大声,我觉得很好笑。

师:为什么他说得很大声,你会觉得很好笑呀?

生:我离他很近,他只要小声说我就能听见了,但他喊得很大声。我觉得很搞笑。(生边说边笑)

师:那我再采访下坐在周围的同学。你刚才在旁边是什么感受?

生:我刚才一直听到他在说话,听不见我同桌的口令。

生:我听到他们一直笑,我也跟着笑。

师:(面向全班)同学们,你们知道问题出在哪里了吗?

生:他说得太大声了,旁边同学听不见同桌说的了。

师:刚才我们说下口令要大声,这位同学大声下口令怎么就错了呢?

生:刚才对全班下口令,要让全班同学都听得见,当然要大声说啊,现在我们是同桌之间玩游戏,不用很大声也听得见。

师:看来,用多大的声音还要看场合,在大场合要让很多人听见,就要大声说;人数较少,距离很近,就可以小声说。(板书:小声说)

师:还存在什么问题?

生:他笑得太大声了,影响到周围同学玩游戏了。

师：对呀，我们刚才说，(指着板书)说话还得照顾到别人的感受，大声笑影响到他人就会让人不舒服。

师：四人小组再玩一次游戏，注意，说话声音不用太大，小组同学能听得清楚就可以了。开始吧！

【点评】学生的现场反应是最真实、最直接的教学资源。这一环节的难点并不是学生不懂得怎样小声说话，而是不知道什么时候要小声说、为什么要小声说。教师让学生充分体验游戏，并敏锐地捕捉现场资源——几个大声说话影响他人玩游戏的情况，通过真实的采访，让学生明白不顾及别人感受大声说话造成的影响。同时质疑："刚才说下口令要大声，为什么这位同学大声下口令是错的？"学生在自主探究分析中得出结论，从而达成教学目标。

板块四　模拟情境，学会分清场合

师：同学们，现在都会了吗？老师来考考你们，这次场合又变了。

(出示图书馆阅览区)有一位同学走进阅览区，想要找个位置坐，他应该怎么说呢？

(全班同学看书，一名男生走进来，轻声问一名女生："请问，这里有人吗？"女生轻声回答："没有，请坐。")

师：你觉得他们做得好不好？

生：(坐得远的学生)很好，他们说话都很小声，我不怎么听得见。

生：(坐得近的学生)好。他说得很小声，我虽然听得见，但不影响我。

师：(对男生)那我想采访一下你，你为什么这么小声说？

生：因为图书馆有规定，墙上写着"静"，就是安静不能说话的意思。

师：(问女生)你为什么小声回答他呢？

生：因为大家都在看书，如果大声说话就会吵到别人。

师：表扬你们懂得看环境、分场合说话，还会照顾别人的感受。

师：再看这一幅图(出示图片)。这是哪里？小男孩应该用多大的声音？

生：(小声)老师，我在教室捡到一块橡皮。

师：你为什么这么小声？

生：老师您说过进办公室说话要小声点。

生：老师在改作业，如果太大声会影响老师。

生：办公室还有其他老师在工作，如果我们大声说话就会影响到他们。

师：没错，我们说话前一定要先看清楚场合，再决定用什么样的音量。(板书：场合)

师：如果是这个情况呢？(播放视频：老师一个人在办公室擦桌子)这种情况下小男孩应该用多大的声音呢？

生：还是要小声说，因为如果太大声会吓到老师。

生：我觉得可以大声一点儿，因为老师没有在工作，办公室也没有其他老师。

师：这个情况可以用中等的音量，我们要把握住一个原则就是——(手指板书)

生：(齐)照顾别人的感受。

师：是的，在不影响他人的情况下，用对方能听得清楚的声音说话就可以。

【点评】让学生以表演体会情境，是情境教育的重要途径。在表演中，学生加入自己的思考，进一步理解交际的要义。在表演中，学生会加入自己的思考，表达自己的想法。在这一环节中教师把课堂设置成不同的场景,让学生置身其中表演。参与表演和观看表演的学生都结合自己的体验,开展互动交际,达成共识:说话前要分清楚场合,再决定用多大的声音。

板块五　联系生活,使用恰当的音量

师:现在你们知道什么时候要大声说话,什么时候要小声说话了吗?谁来举个生活中的例子?

生:图书馆要小声说话,操场可以大声说话。

生:电影院要小声说话,讲故事要大声说。

师:说得真好。再想想其他地方。

生:在公交车上要小声说话,回答问题要大声。

师:今年暑假老师看到一则新闻,你们看完可以说说自己的感受。(播放熊孩子在动车上吵闹的视频)

师:假如你就在这趟动车上,你是什么感受?

生:我会很烦躁,很想跟他们说不要再吵了。

师:如果你就是这趟动车的列车员,你会怎么做?

生:我会告诉他们,这是动车,车上有很多人,有的在睡觉,有的在看书,有的在工作,你们这样大喊大叫会影响到他们。

生:我会告诉他们,老师教过说话要看场合,像这种公共场所,说话要小声一点儿。

师:你们都是合格的列车员。老师相信,今后你们无论在什么场合,都能选择用恰当的声音说话。(板书:恰当)

【点评】口语交际的终极目标就是要让学生能在日常生活中交流沟通。在这一环节中教师链接生活,让学生切实感受到分清场合,用合适的音量说话的重要性。

【总评】

任务群视野下"表达与交流"低段口语交际应该怎么上?陈雪芹老师这堂课无疑给了我们思考和实践的方向:

1. 凸显核心教学目标

本次口语交际的表达能力点是"有时候要大声,有时候要小声","知道什么时候要大声,什么时候要小声"就是这节课的核心教学目标。纵观课堂,教师始终围绕教学目标,设置"导入交际话题、学会大声说话、学会小声说话、学会分清场合和使用恰当的音量"这五大学习任务,层层递进,一步步引导学生明确不同场合该用不同音量说话,学习根据具体情境用恰当的音量与他人交流,初步具有了场合意识和对象意识,集中精力达成学习目标。

2. 创设真实的交际情境

《义务教育语文课程标准(2022年版)》指出,"实用性阅读与交流"任务群应紧扣"实用性"特点,结合日常生活的真实情境进行教学。在教学中,教师努力为学生创设生动、活泼、有趣的交际环境,让学生产生身临其境的感觉。整堂课,交际在真实地发生,师生、生生之间都真诚地交流自己的所思所想。总之,在这堂课上,教师能准确把握低段学生的特点,树立"回归真实生活"的口语交际教学观,引导学生在真实的交际情境中学习交际,提升他们的交际能力,把口语交际教学落到了实处。

扫描目录页二维码,学习"四上《讲历史人物故事》课堂实录及评析"。

第三节 《转述》教学设计[①]

【教材分析】

转述是一项基本的生活技能。课标要求第二学段学生"听人说话时能把握主要内容,并能简要转述"。教材方面,其口语交际模块没特设这一专题。

【学情分析】

关于"转述",笔者在课前运用随机抽样法做过小范围现场测试。由于转述是日常生活中的常见行为,因而测试前所有被试都能愉快地接受任务;测试中几乎所有被试都能看着对方眼睛说话,也能主动问好并道别。但由于这方面的新课尚未开始,所以,下列两个问题几乎普遍存在:主要信息有遗漏;人称与时间词语常常出错。

【教学目标】

1. 懂得圆满完成转述任务的关键是:在转述前先琢磨在给定场合下讲述人是谁,受话人是谁,人称有哪些变化,时间有哪些变化。

2. 领悟人称变化的规律,明白讲述人称自己为"我",称受话人为"你",称其他人为"他"。

3. 练习转述,初步学会转述。

【教学重难点】

转述时用对人称与时间词语并且不遗漏主要信息。

【教学课时】 1课时

【教学过程】

一、借助课文对话玩转述游戏,领悟转述时人称与时间词语变化规律

新美南吉的童话《去年的树》我们已学过,主要人物是谁和谁?左边的同学扮树,右边的同学扮演鸟儿。我读提示语。对话开始——(指PPT)

树对鸟儿说:"明年春天请你再回来,还唱歌给我听。"

鸟儿说:"好的,我明年一定回来,给你唱歌。请等着我吧!"

(1)现在让鸟儿将树去年对他说的话转述给大家听。谁来说?

教师边用眼睛监控全场,边点拨指导:鸟儿在今年将去年发生的事讲给大家听,那么——鸟是讲述人,鸟儿称自己为"我",用第一人称;树成了第三者,该称"他"。还有,表示时间的词语也要变一变,"去年"这个词语得加进去,"明年"这个词要变为——"今年"。参考答案:鸟儿说:"树去年分手时对我说今年春天请我再回来,还唱歌给他听。"

(2)假设树对鸟儿说的话鸟儿当时没有听清楚,而旁边的小草却听清楚了,于是,小草友善地将树的话转述给鸟儿听。

教师点拨:小草是讲述人,鸟成了受话人。预设答案:小草对鸟儿说:"树说,明年春天他还请你再回来唱歌给他听。"

[①] 本教学方案由赵年秀设计。

（3）当鸟儿第二年春天飞回来的时候,树却不见了。鸟儿痛苦极了,心想,如果有朝一日还能见面,那得好好提醒他去年分别时曾经说过什么。

教师指导:在这一假设情境中,鸟是讲述人,树是受话人,时间发生了变化,从"去年"到了"今年春天"。预设答案:鸟儿(愤怒地)对树说:"分手时你对我说,今年春天请我再回来,还唱歌给你听。"

（4）当鸟儿第二年春天飞回来的时候,树却不见了。鸟儿痛苦极了,他怀疑分别时树没听清他的话,没理解他话中的意思。他在心中再次回味分别时自己对树说过的话,借此提醒树。

教师点拨:这种情况下,鸟是讲述人,树是受话人。预设答案:鸟在心中再次对树说:"树啊,去年分别时,我对你说的是,我今年一定回来,给你唱歌,请你等着我啊!（你当时听明白没有?怎么就不在原地等我呢!）"

问:玩了这么久的游戏,谁发现了圆满完成转述任务的关键?答案预设:在转述前先琢磨在给定场合下讲述人是谁,受话人是谁,人称有哪些变化,时间有哪些变化。

追问:那么,人称变化的规律谁来总结总结?答案预设:讲述人称自己为"我",称受话人为"你",称其他人为"他"。

二、巧设会话情境,身临其境学转述

1. 解题切入造情境

转述,《现代汉语词典》解释为:把别人的话说给另外的人。生活中常常需要转述话语。

【教室门外急促的敲门声响起。赶紧打开门】"张老师,您——"

"对不起,赵老师,影响您上课了。校长办通知我立刻出发去昆明参加一个会,下周的课得请刘玲老师代上;可是联系不上她……"

"我想办法转告她。"

"谢谢您。请她下周代上四（2）班的语文课。工作量算她的。我已教完第一单元。这是教本,请您转交给她。"

"行。会转告到位的。祝一路平安。"
"谢谢。再见。"

2. 巧借情境练转述

刚刚张老师对我说的话谁听得比较清楚?请举起手来。很好。小明,请你把张老师和我的对话说给全班同学听听,其他同学都请放下手。嗯,人称与时间词语都正确,不过——还有一个主要信息遗漏了,谁能补充?补充正确。小华,也请你把张老师和我的对话说给全班同学听听。预设答案为:

刚才张老师对赵老师说,校长办通知他立刻出发去昆明参加一个会。因此,他本人下周四（2）班的语文课得请刘玲老师代上,他已教完第一单元,工作量算刘玲老师的。赵老师答应帮他通知刘玲老师并转交《语文》课本。

预设评价语:主要信息点无遗漏,人称与时间词语都正确,为你点赞。变化大家都能把准,为你们点赞。

3. 再借情境完成新的转述任务

接下来,我要加大难度了。听好了,如果我派你们中的某一位在课间休息时间去把张老师的话说给刘玲老师听,又该说什么、怎么说、怎么做?

哒哒哒哒,课间休息时间到了。这儿就是办公室。【教师坐下】我就是刘玲老师。谁来向我转述张老师的请托？谁还有补充？谁来再演练一次？大家都想演练了吧？那，同桌两两相对，轮流扮角色练练。

答案预设：刘老师好！我，四（1）班学生。赵老师派我来传话，说是：张老师请您下周代上四（2）班第二单元的《语文》，工作量算您的。这是张老师临时出差前留在赵老师那儿的课本，转交给您。谢谢。再见。

主要评价点预设：① 主要信息是否齐全。② 人称与时间词语是否正确。③ 声音大小与说话场合是否相宜。④ 是否看着对方眼睛说话，表情自然大方并有礼貌。

三、联系生活，布置作业，推动学生课外积极应用转述知识

同学们，在生活中，还有哪些场合需要转述呢？课间，数学课代表去送作业了，语文老师在班上发布了一个口头通知，你是他的好朋友，你得转告他吧？如果爸爸妈妈不在家，有人打电话来，你得转述给他们听吧？所以，课后作业为：运用今天学的转述知识，每三人一小组，互相出转述题并演练。现在下课。再见。

【案例评析】

从重点研读过的童话故事切入，既是对阅读资源与前期阅读成果的充分利用；也为练习转述创设了生动亲切的教学情境。整节课都在生动的交际情境中进行；不单有明白精准的新知学习，更有对新知识的创造性运用；不单训练重点突出，还注重练习兴趣的激发。

第四节 《规劝》教学设计[①]

【教材分析】

课标要求第三学段学生"能根据对象和场合，稍作准备，作简单的发言"。根据对象和场合巧妙规劝他人，既是智慧，也是正义感与责任心的体现。教材方面，统编本语文二年级上册安排了口语交际专题《商量》、三年级上册安排了《请教》，四年级上册安排了《安慰》。根据课标要求，本次口语交际课，沿用统编本语文课本口语交际专题设置办法，以《规劝》为题，学习"根据对象和场合说话"这一口语交际策略。

【学情分析】

学生在此之前已学过《杨氏之子》《晏子使楚》《半截蜡烛》等课文，他们对这些课文的主人公"根据对象和场合"机智应对的口才非常钦佩，初步形成了应该"根据对象和场合"说话的意识。

【教学目标】

1. 以《规劝》为题学习"根据对象和场合说话"这一口语交际策略。

---

① 本教学方案由赵年秀设计。

2. 进一步增强爱鸟护鸟意识。

【教学重难点】

能根据对象和场合选择说话内容与策略。

【教学方法】

情境教学法、小组合作探究法。

【教学课时】2课时。

第一课时

【教学要点】

根据交际情境分组探讨规劝方案并两两结对演练。

【教学过程】

一、提出学习任务

同学们,最近我们读的《老人与海鸥》《最后一头战象》《金色的脚印》等课文都相当感人,有些同学甚至边读边被真情感动得泪眼婆娑。但是小明的爸爸却爱打鸟!我们今天的任务就是帮小明想办法用语言阻止住小明爸爸的打鸟行为。

二、设置交际情境分组开展规劝活动

规劝,得根据对象和场合有的放矢才起作用。现在我将全班分成五组。请各组根据我给定的情境(指PPT)探讨出规劝方案,在此基础上组内两两结对演示。

第一组的规劝情境:小明家里有一个果园,今天他爸爸又背上猎枪准备到果园去打山雀。

第二组的规劝情境:小明的爸爸爱打鸟。今天,他又背上猎枪准备出门。不过,他在家倒是挺尊老爱幼的,对小明很是疼爱。

第三组的规劝情境:小明的家安在一个有鸟语花香的地方。小时候他爸爸哄她早起上幼儿园常说:"鸟儿都起床了,咱家小明宝宝也该起床了。"但他爸爸爱打鸟。今天,他又背上猎枪准备出门。

第四组的规劝情境:小明的爸爸爱打鸟。今天,他又背上猎枪准备出门。小明挡在门口阻止。爸爸敷衍说:"乖儿子,爸只打这一次,下不为例。"

第五组的规劝情境:据说,小明的爸爸毕业于某名牌大学,文化水平高。但爱打鸟。今天,他又背上猎枪准备出门。

教师巡视课堂。各小组紧张探讨中或演练中。

第二课时

【教学要点】

分组汇报交流并总结评估。

【教学过程】

一、讨论评价关注点

嗯,各组练得都很认真。按流程,该汇报交流与总结评估了。根据给定的交际任务,大家想想,今天点评时应该关注哪些方面?

预设答案1:主要看是否针对设定的交际情境处置好了话语内容与声音大小及语气语调。教师理答语预设:规劝,就是得根据对象和场合处置好话语内容与声音大小及语气语调。所以,你这一个意见抓住了主要评价点,对极了。

预设答案2:还要关注劝说的礼仪。譬如,是否使用了表示礼貌的词汇。教师理答预设:对。规劝对象是爸爸,对长

辈,更应该讲礼貌。

预设答案3:还要关注自信这一维度。譬如,是否看着对方的眼睛说话并辅以适当手势与动作?教师理答:对。作为规劝者,能看着对方的眼睛说话,是自信的表现。只有自信,对方才会被说服。适当的手势与动作能起到辅助作用。

二、分组汇报交流与评价反馈

下面,请各组依次派一个代表队上台演示,其他同学边观摩边准备点评词句。

第一组汇报稿预设如下:

我们组采取站在对方立场规劝的策略。

小明:爸,您背着猎枪去哪儿?

爸爸:我们家果园里山雀多,个儿还大,打回来给你吃。

小明:爸,大山雀是"果园卫士"呢。听说一只大山雀一天捕食的害虫相当于自己的体重。打了山雀,咱家果子就是虫子的美食了。

爸:(大为震惊的表情)是吗?儿子,你这书没白读,爸没白疼你!(放下猎枪,拥抱儿子。)好儿子,这山雀,咱不打了啊。

第二组汇报稿预设如下:

我们组用的是将心比心策略。

小明:爸,您背着猎枪去打鸟吗?

爸爸:是的,打回来给你吃啊。

小明:爸爸您真疼我。(做拥抱状态,旋即转悲哀。)只是您这一枪打下去,会有一只老鸟丧失反哺的儿子,一只雏鸟因为失去爸爸或妈妈而活活饿死。爸爸,您还忍心举枪打鸟吗?(泪眼婆娑地)

爸爸:(感动地)孩子,你真善良。这鸟,爸再也不打了,爸不愿意让你伤心。来,爸帮你擦干眼泪。

第三组汇报稿预设如下:

我们组用的也是站在对方立场规劝的策略。

爸爸:小明,早点收拾好去上学啊。爸出门去打几只鸟给你美餐一顿。

小明:(爽快地,朗声)好咧,爸,我这就去上学!(拉住爸爸的手,亲切地)爸,您还记得您过去怎样哄我早起上幼儿园吗?您说:"鸟儿都起床了,咱家小明宝宝也该起床了。"咱们小区环境美,美就美在有鸟语有花香。可是,现在,您却经常打鸟。您想想,没有了莺歌燕舞,咱们小区的环境还美吗?

爸爸:闺女,你这学没白上,说得在理!爸不打鸟了。

第四组汇报稿预设如下:

我们组用的是归谬反驳法。

小明:(小明爸爸背着猎枪正要出门,小明紧走几步张开双臂挡在门口)爸,你不要再打鸟了!

爸爸:(敷衍地)乖儿子,爸只打这一次,下不为例。

小明:爸,您每次都是结队去打鸟吧?今天您这个队伍10个人,每人打10只,明天另一个队伍10个人,又每人打10只。这样下来,一天就要少100只,一年就要被消灭36 500只,这鸟不被灭绝才怪呢。据统计,已经有90种鸟从地球上消失。

爸爸:儿子,你这归谬反驳法用得好啊,爸被你说服了,从此不打鸟了。今天是周末,爸陪你打羽毛球。

第五组汇报稿预设如下:

我们组用的是声东击西法。

（小明爸爸背上猎枪准备出门。）

小明：爸爸，请您缓一步出门。您是名牌大学的高才生，文化水平高，我有两个简单的问题想请教您。

爸爸：哈哈，我这儿子越来越讲礼仪了。（微微一笑）请说吧。

小明："春眠不觉晓，处处闻啼鸟"是谁的诗句？

爸爸：孟浩然《春晓》啊。儿子，你是真不明白吗？

小明：真不明白。第二个问题，"莫道众生性命微，一般骨肉一般皮，劝君莫打枝头鸟，子在巢中望母归"是谁的诗句？说的是什么意思？

爸爸：（脱口而出）白居易《护生诗》啊。（恍然大悟的样子）儿子，我明白了，你哪是在问问题啊，你这是在声东击西阻止我去打鸟。哎呀，我这儿子，大气聪明有智慧。爸为你喝彩，从此金盆洗手，不仅不打鸟还要护鸟。现在，你和你妈都收拾一下，咱们一家去歌剧院。

三、总结提升

今天的规劝活动演示水平很高啊，老师为你们点赞。关于规劝的要义谁能用一句话来总结总结？预设答案：规劝，不光要有一颗正直善良的心，还要能根据对象和场合选择说话内容与策略。（教师带头鼓掌，宣布）下课！

【案例评析】

选题具有多重意义，生活技能培养与人文情怀培养兼顾。教学方式方法上，让学生"做中学""悟中学""评中学"。教学过程上，听、说、读、写、思多种活动融合进行，跨学科学习，能有效提升学生的核心素养。

课程思政

口头交流与表达中有大量的思政元素，需要教师深入挖掘与思考。譬如，在《用多大的声音》口语交际教学训练中，引导学生用合适的声音说话，既是口语交际能力的训练，也是个人修养的教育；引导学生在模拟场景中表达演练，既是口语交际能力的训练，也渗透着对老师、长辈、警察、医务人员的尊敬之情，是文明礼仪、与人交往的教育。课堂中，老师"润物无声"地引导，孩子们"口若悬河"地表达，都是口语交际教学与思政教育融合的体现。

项目实践

《意见不同怎么办》是统编本六年级上册第六单元的口语交际专题。请在教材分析与学情分析的基础上完成对该课的教学目标与教学重难点设计。

第十章 书面表达与交流教学的理论与实践

学习目标

1. 明了课标视点下小学三个学段在书面表达学习方面的学业质量要求,知晓统编本小学语文教科书在书面表达与交流方面的编排特点,思考统编本书面表达与交流课的教学策略与评价策略。

2. 运用关于小学书面表达与交流教学的理论及关于课题计划、分课时计划方面的知识,基于统编本语文教科书,尝试设计并实施小学书面表达与交流课。

3. 涵养基于国家课程标准、统编本教材与学生实际情况开展教学设计的意识,培养严谨、细致、规范的工作作风。

问题探究

1. 可以依据哪些理论设计与实施小学写话与习作教学工作?

2. 整体教学观视域下指导小学生达到各学段书面表达与交流学业质量标准的路径是什么?

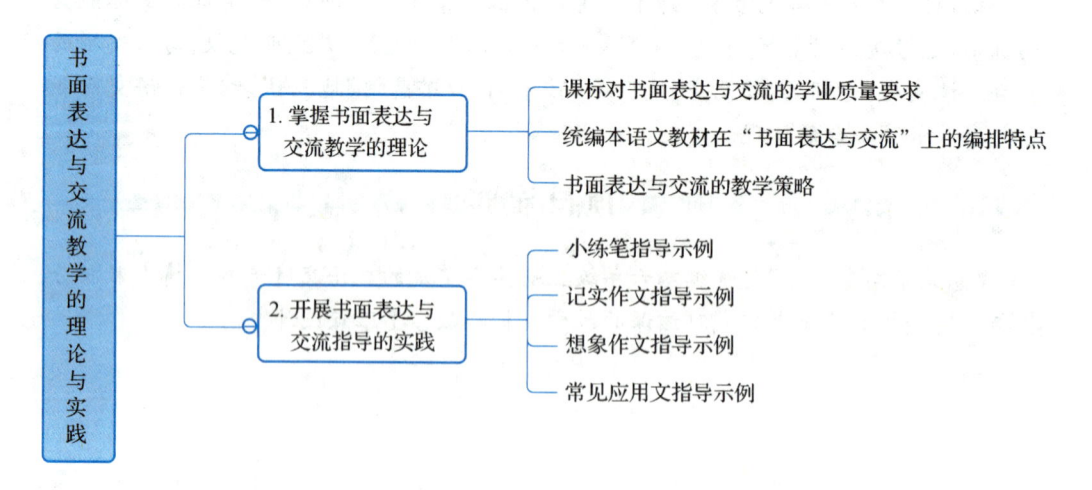

思维导图

书面表达与交流教学的理论与实践
- 1. 掌握书面表达与交流教学的理论
  - 课标对书面表达与交流的学业质量要求
  - 统编本语文教材在"书面表达与交流"上的编排特点
  - 书面表达与交流的教学策略
- 2. 开展书面表达与交流指导的实践
  - 小练笔指导示例
  - 记实作文指导示例
  - 想象作文指导示例
  - 常见应用文指导示例

第一节 书面表达与交流教学的理论

一、学业质量要求

课标对小学三个学段在书面表达上的要求由低到高，梯度明显。具体如下：

第一学段的要求：① 留心观察周围事物，对写话有兴趣。② 参加文学体验活动，能表达自己的体验、感受和发现，愿意用文字、图画等方式记录见闻、想法。

第二学段的要求：① 能用表现事物特征的词语描摹形象，用积累的语言材料，特别是有新鲜感的词句描述想象的事物或画面；乐于书面表达，观察周围世界，能把自己觉得有趣或印象深刻、受到感动的内容写清楚；能根据表达需要，正确使用句号、感叹号、问号、冒号、引号等标点符号；能选择自己感兴趣的角度主动搜集信息，尝试用流程图和文字记录学习活动的主要过程，并向他人展示学习成果。② 能用自己喜欢的形式记录阅读感受与生活体验。参加文学体验活动，能记录活动过程，表达自己的感受；能按照童话、寓言等文体样式，运用联想、想象续讲或续写故事；能用日记等方式记录个人的见闻、感受和想法；能用便条、简短的书信等与他人交流。

第三学段的要求：① 养成留心观察周围事物的习惯，有意识地丰富自己的见闻，乐于表达自己独特的感受，能用多种媒介方式表达交流。能根据表达需要，准确使用常用的标点符号。② 在活动中积累素材，写简单的记实作文，内容具体、感情真实；写想象作文，想象丰富、生动有趣；能写读书笔记、常见应用文。

二、编排特点

统编本小学语文教科书于课文后及各单元"词句段运用"栏目中安排小练笔，于各单元习作栏目安排大作文训练，每学期 8 次。

1. 突出"做中学""悟中学"，所安排的"小练笔"大多为仿说或仿写型练习

二年级下册《青蛙卖泥塘》一课，老牛或老鸭先后都采用"先肯定再提小意见"的方式给青蛙提了意见；之后，课文泡泡语要求学习者"扮演一种动物，说一说"。显然，该次扮演活动的实质是——使用老牛或老鸭提意见的方法代替小动物提意见。

二年级下册《祖先的摇篮》一课在课后安排的"小练笔"如下：

> 想象一下，在祖先的摇篮里，人们还会做什么？仿照第 2 小节或第 3 小节说一说。

二年级下册"词句段运用"栏目有一次安排的"小练笔"如下：

> 读句子,想象画面,再仿照例句写一写。
> 最后一个太阳害怕极了,慌慌张张地躲进了大海里。
> 李明杰_____,_____跑进了教室。

> 如果李明杰很着急,我会这样写……

上两题题干中都有"仿照"一词,表明这两次"小练笔"都是仿写性质。

2. 把写作看成是一种生活能力,三个学段共安排16次常见应用文写作活动

> xīn nián kuài dào le, gěi jiā rén huò péng yǒu xiě yí jù
> 新年快到了,给家人或朋友写一句
> zhù fú de huà ba
> 祝福的话吧!

一上第一册要求"写祝福的话",其实质是写明信片。从孩子写话的开始阶段便树立文体意识、格式意识与标点意识,应该是教材编者的意图所在。本次写话涉及的语文要素有:根据写作目的及表达者与接受者的特点选择信息与词语及句式,并按明信片的格式要求书写。

一下《动物王国开大会》,是一篇讲述狗熊发通知的童话故事,编者在这一课课后呈现了"通知"样例。这样的编排仿佛在说:安排学生照样子说一则通知,要求将需传递的关键信息说齐全,巩固课文学习成果,让小学生新增一项写作本领。

二上《一封信》课后要求根据课文内容,试着把那封信重写出来。该次小练笔要习得的书信写作经验为:根据写作目的及接受者的接受心理选择要传递的事实信息、思想情感信息,并按书信格式要求行文。

二上"写话"栏目有安排学生根据情境写留言条,并提供了留言条样例。

第二学段安排的实用类写作活动共6次,分别为:写购物清单(三上八单元)、写寻物启事(三下七单元)、写通知(三下二单元)、写日记(三上二单元)、写观察日记(四上三单元)、写书信(四上七单元)。

第三学段安排的实用类写作活动共6次,分别为:写读后感(五下二单元)、写简单的研究报告(五下三单元)、写倡议书(六上六单元)、修改说明书(六上七单元)、写作品梗概(六下二单元)、写策划书(六下六单元)。

3. 想象作文训练,从第一学段便开始,次数多、类别全,其中童话写作是重点

以想象中的人物故事、画面与思想情感为书写对象的作文,课标称之为想象作文。

统编语文教科书第一学段口头编故事练习主要有6次。具体如下:①《沙滩上的童话》课后要求根据开头编童话故事;②《小马过河》课后要求借助12个关键词讲讲这个故事;③《蜘蛛开店》课后要求根据示意图讲这个故事;④《青蛙卖泥塘》要求演一演这个故事;⑤《当世界年纪还小的时候》课后要求选一个开头,仿照课文接着往下讲故事;⑥《羿射九日》要求根据表格里的内容讲故事。

童话练写方面,三上第三单元,安排《我来编童话》;三上第五单元与三下第八单元,还各安排了一次,题目依次为《奇妙的想象》《这样想象真有趣》。除童话外,第二、三学段的想象作文还包括寓言改编、探险故事、科幻故事等多种类型,具体如:《我和_____过一天》(四上四单元)、《寓言故事新编》(四上第八单元)、《二十年后的家乡》(五上四单元)、《神奇的探险之旅》(五下第六单元)、《变形记》(六上一单元)、《笔尖流出的故事》(六上四单元)、《写科幻故事》(六下五单元)。

4. 记实作文,第一到第三学段都有安排

以实际存在的人物、事件、思想、情感为书写对象的作文,我们称之为记实作文,以与想象作文这一称呼相对。二上的《我最喜爱的玩具》,二下的《照样子写一写你的好朋友》《写想养小动物的理由》,三上《猜猜他是谁》,三下《身边那些有特点的人》,四上《记一次游戏》《小小"动物园"》,四下《我的"自画像"》,五上《"漫画"老师》,五下《他伤心(生气)了》《形形色色的人》,六上《有你,真好》,等等,都是记实作文。

三、教学策略

1. 强化育人导向,体现正确价值观、必备品格和关键能力的培养要求

"能把自己觉得有趣或印象深刻、受到感动的内容写清楚"是第二学段的学业质量要求之一。这一要求,说实话,不少学生都没达到;为写而写、主题不突出的毛病很突出。根本原因在于,没有真正内化"写清楚"的判别标准:支撑主题或文章写作意图的细节、过程写充分了,才叫"写清楚了"。譬如,四上课文《爬天都峰》,主题是"要善于从别人身上汲取力量",特别写清楚了的是登山前所见的陡峭景象、登上前后和老爷爷的对话、老爷爷的外貌特点,因为这些都是支撑主题的细节。而登山的具体过程则写得简略。

"崇尚写作主体人格心灵塑造"是自孟子以来一直绵延不绝的中华优秀写作文化传统。陆游曾对儿子说:"汝果欲作诗,功夫在诗外。"所以,书面表达与交流训练,应着力抓孩子们"诗外"的功夫,引导他们懂得写作是为了自我表达和与人交流,养成留心观察的习惯,形成用写作服务于生活的意识、准确使用标点符号的意识与力求用字造句妥帖、规范的态度,用心体会语言文字的特点与运用规律,并涵养创意表达的自觉性。

2. 仿写型练习按"读样例—找写作方法与策略—照样子说或写—交流与点评"这一基本程序开展教学

按施良方的学习论,学习必须是指有机体比较持久的行为变化。因此,小学生练习写作,不能一味地信手写,而应该尝试运用多种文章组织方法与表达方法。

仿写型练习的基本性质是:"照样子"写话。发现课文中典范句子或段落的写作

策略与方法是圆满解答这类题目的关键。通过经常性的"照样子"写并点评，逐渐习得多种文章组织方法与表达方法。

譬如，二年级上册《雾在哪里》课后写话题要求读句子写话。句子为"雾把大海藏了起来。无论是海水、船只，还是蓝色的远方，都看不见了。"泡泡语给的问题是"雾还会把什么藏起来呢？"按照题目要求，教学可按"一读二找三运用四点评"这四个环节进行。第一步，读题目中的样句；第二步找到样句中藏着的关键策略：按"行动—结果模式"说。第三步照样子说，如"雾把公园藏了起来。无论是花草、树木，还是那高高的尖塔，都看不见了。"第四步，照样子判优劣。可以引导学生对照下列两问自评与互评：① 是先说"行动"再说"结果"吗？② 说"结果"时，是否使用了"无论……还是……都"这一句式？

3. 常见应用文写作应基于语境、表达者、接收者与交际意图选择要传递的信息以及传递信息的模式如文体、用语风格

写作是一种交际行为，其本质在于信息的传递与交流。因此，课标明文要求应"根据具体交际情境和交流对象，清楚得体表达，有效传递信息，满足家庭生活、学校生活、社会生活交流沟通需要"。

二年级下册100页写话栏目的写话题为："如果可以养小动物，你想养什么？写写你的理由，试着多写几条。"针对现有养护条件列举自己想喂养某种小动物的理由，是喂养梦成真的重要策略。

这次写话练习，可按三个环节指导。第一个环节：根据写作目的、现有供养条件及接收者的特点选择理由，说清楚"养什么、在哪儿养、谁供养、用什么养"，力求信息齐全。第二个环节：写话。由于二上学写过留言条，二上《一封信》课后练习要求重写那封信；因此，本次写话可以要求以爸爸或妈妈为读者，采用留言条或书信的形式，理由部分采用条款式，一条理由一个自然段。第三个环节：评、改写话。评改关注点：① 格式是否正确？② 信息是否齐全？理由是否充分？③ 是否有错别字？用词造句及标点是否正确？

4. 童话、寓言这些想象类作文的写作从一开始便要求必须得体

陶者尚型，冶者尚范，重视文章规范，是绵延不绝的中华写作文化传统。"按照童话、寓言等文体样式"练写童话、寓言，是课标对第二学段学生的明确要求。给我们的启示便是：必须在孩童学写作之初，就要求按真实文体写作规范写作，培养文体意识。

写前指导学生像作家一样地读经典童话或寓言作品，感受童话故事、寓言故事各自的逻辑性与行文特点。写后，指导学生按童话或寓言的写作规范评改童话与寓言作品。

5. 开辟习作发表园地，满足孩童表现欲望

小学习作教学，还要多多开发"习作发表"园地，解决习作的发表与评价问题，让作文被发表的同学收获成就感，让想发表作文的同学获得鞭策和激励，让"后进"的同学可以观摩到大量的同伴优秀作文。

建议:创办优秀习作专刊;出版优秀习作选集;组织编辑交流《我的作文选》;举办红领巾广播站,每天定时播报学生的优秀作品;结合互联网+背景开展网上互评活动;等等。

第二节　小练笔指导示例[①]

一　第一学段小练笔指导示例

一、二下《找春天》课后写话题指导

> 选做:你找到的春天是什么样的?仿照第4～7自然段或第8自然段说一说。

第一环节:熟读课文,并找找第4—7段与第8短藏着的表达上的秘密。第4—7段在表达上的特点为:① 使用了"什么,那是什么吧?"这一句式;② 本体与喻体相似。第8段在表达上的特点为:① 一共三句话;② 使用了排比句和拟人手法。

第二环节:照第4—7段或第8短的样子说说自己发现的"春天"。

答案预设1:桃花、杏花竞相开放,那是春天的笑颜吧?杨柳轻拂,那是春天的舞蹈吧?喜鹊喳喳叫,那是春天的歌声吧?风筝在天空飞舞,那是小朋友的理想吧?

答案预设2:小鸟从南方飞回来了,那是春天的信使吧?和风拂面,那是春天的柔情与善意吧?春笋从地里冒出头来,那是春天的音符吧?细雨绵绵,那是春天带给农人的厚礼吧?

答案预设3(仿写第8段):……她在和小草嬉戏,她在伴着蝴蝶飞舞,她在金黄的油菜花香中,她在和稻秧一起成长。

第三环节:对照第4—7段或第8段的样子,评选小组"春天最美代言人"。第4—7段点评关注点:① 使用了"什么是什么"这一句式了吗? ② 前一句是在描述变化、后一句是在写想象吗? ③ 本体与喻体是否相似?第8段点评关注点:① 使用了排比句了吗? ② 使用了拟人手法了吗? ③ 所写的4种状态与上文的"看、听、闻、触"保持了呼应关系了吗?

二、二下《彩色的梦》课后写话题指导

> 你想用彩色铅笔画些什么?试着仿照第2小节或第3小节,把想画的内容用几句话写下来。

第一环节:熟读课文,并找找第2小节或第3小节藏着的表达上的秘密。第2小节的构句策略为:谓语描述主语发生的某种变化,主语与谓语之间用逗号隔开。

[①] 本节教学案例由赵年秀设计。

第二环节:照课文第 2 小节或第 3 小节的样子说说自己想画的"彩色的梦"。

答案预设 1:笔尖指向的地方,浩瀚的沙漠,绿了;令人窒息的空气,清新了;浑浊的河水,清了;清-得-透-明!

答案预设 2:脚尖滑过的地方,凛冽的寒风,柔了;厚厚的冰雪,融了;肆虐的疫情,逃了;逃-得-无-影-无-踪!

第三环节:对照第 2 小节或第 3 小节的样子,评选各小组"最优小诗人"。本次写话对照下列两个问题评选各小组"最优小诗人":① 用的句式与样例一致吗? ② 写的是人物在特定语境中希望发生的变化吗?

三、二下《青蛙卖泥塘》课后写话题指导

> 选做:青蛙最后吆喝了些什么?如果向同学推荐一样东西,如一本书、一种文具,你会说些什么?

第一环节:熟读课文,并找找青蛙最后吆喝中所藏着的表达上的秘密。青蛙最后吆喝中所藏着的关键策略与方法主要有:① 总分式结构。② 运用四个带"有"字的分句一口气列举优点。③ 站在对方立场上言说上述四大优点所带来的四大便利。④ 所列举的优点与便利之间具有呼应关系。

第二环节:照课文青蛙的最后吆喝向同学推荐一样东西。答案预设:多好的笔盒啊!有小动物图案,有密码锁,有提手,有九九乘法表。你可以启用密码锁来保管你的小秘密,优雅地提着小笔盒到户外去画写生画。你可以对照九九乘法表完成数学作业,在闲暇时静静欣赏美丽的小动物。关键是价格还便宜……

第三环节:对照课文青蛙的最后吆喝,评选各小组"巧嘴销售员"。本次写话对照下列四个问题评选各小组"巧嘴销售员":① 是先总说再分说吗? ② 使用了"有"字分说优点了吗? ③ 是站在对方立场上言说"4 优点"带来的便利吗? ④ 所列举的优点与便利之间是否具有呼应关系?

四、二下《祖先的摇篮》课后写话题指导

> 想象一下,在祖先的摇篮里,人们还会做什么?仿照第 2 小节或第 3 小节说一说。

第一环节:熟读课文,并找找第 2 小节或第 3 小节所藏着的表达上的秘密。第 2 小节或第 3 小节所藏着的关键策略与方法主要有:① 分行写。② 使用问句。③ 人物行为与自身、与环境都具有一致性、相关性。

第二环节:照第 2 小节或第 3 小节说说"在祖先的摇篮里,人们还会做什么"。答案预设:

我想——/我们的祖先,/可曾在这些大树上/听小鸟唱歌,/看松鼠嬉戏?/可曾在那片草地上/挖野菜,/采蘑菇?

那时候/孩子们也在这里/逗小猴子,/采野菊花吗?/也在这里/捉小蝌蚪,/逮小蟋蟀吗?

第三环节:对照第 2 小节或第 3 小节,评选各小组"最美小诗人"。本次写话对照下列四个问题评选各小组"最美小诗人":① 分行写了吗? ② 使用问句了吗? ③ 是否从"今人"视角写祖先的行为? ④ 人物行为与自身、与环境是否

一致？

五、二年级上册《学写留言条》写作指导

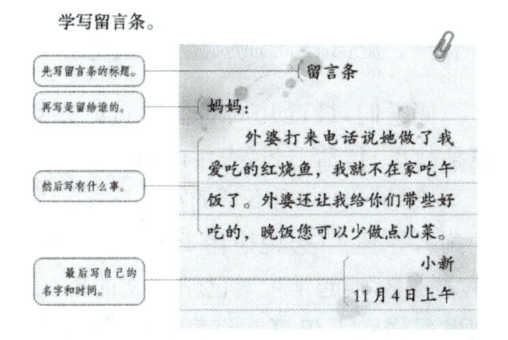

写话
学写留言条。

先写留言条的标题。
再写是留给谁的。
然后写有什么事。
最后写自己的名字和时间。

留言条

妈妈：
　　外婆打来电话说她做了我爱吃的红烧鱼，我就不在家吃午饭了。外婆还让我给您们带些好吃的，晚饭您可以少做点儿菜。

小新
11月4日上午

从下面选择一种情况，写一张留言条。

◇去办公室还(shí)书，老师不在。
◇去小红家里，通知她明天上午九点到学校参加书法小组的活动，但是她家里没有人。

通过上述四个案例，你或许已经发现了"仿写型练习指导四步骤"，即"一读二找三用四评"。显然，《学写留言条》也可以照此四个基本步骤进行。基于小朋友都希望听故事这一事实，这次写作指导拟对四个基本步骤略略变一变，具体如下：

第一环节：讲述绘本故事《我想要大蜥蜴》导入，引出写留言条的需求。《我想要大蜥蜴》这一绘本借助母子之间的留言条推动故事情节，最后主人公如愿以偿。每个小朋友都有自己想要满足的愿望。我们也使用留言条这一工具来达成自己的小心愿吧。

第二环节："感知留言条的格式与结构特点"。

第三环节："我与同桌互留留言条"。同桌之间一个扮演儿子，一个扮演妈妈。"儿子"给"妈妈"留留言条，"妈妈"读了"儿子"的留言条后再给"儿子"留"留言条"……游戏结束阶段，"儿子"通过"妈妈"留的留言条，得知心愿达成，喜极而泣。

第四环节：教师点评本次游戏活动，并晒出游戏活动中的精彩留言条。

【案例评析】

五个案例都按"一读二找三用四评"这一"仿写型练习指导四步骤"进行。读写结合，既重视语感培养，也重视语言文字运用规律探寻，还重视写作基本功培养。既符合课标精神，也充分利用了统编本语文教科书资源；既培养了学生写的能力，还培养学生评改作文的本领。

二　第二学段小练笔指导示例[①]

【教材分析】

正确使用常用标点符号，是基本的表达功夫。所以，课标要求第二学段能"根据表达的需要，正确使用冒号、引号等标点符号。"对话描写，是一项基本写作技能。统编本三年级《语文》上册要求照样子写对话。该册教材第二、四单元选录了《去年的树》《在牛肚子里旅行》《总也倒不了的小屋》《不会叫的狗》等童话，都使用了通过对话推动情节发展的手法，并且，各种类型的对话提示语在这些课文中都有使用。因此，在教完第四单元后练写提

---

① 本教案由赵年秀设计。

示语,正是充分利用课程资源的举措,不仅能夯实对话写作基本功,也能巩固冒号、引号、逗号、句号使用技能。

【学情分析】

与三年级学生谈话发现,提示语这一称名,他们之前没听过,因此,可以断定,提示语的类型与形式、提示语后标点符号的使用规律,对学生来说,都是新知识。谈话中还发现,该年级学生因为普遍喜欢编童话,所以几乎都希望能掌握对话描写技能。

【教学目标】

认识提示语,懂得提示语在内容上有简单型与复杂型之分,在摆放位置上有在前、在后、在中与隐藏等四种类型,会用提示语后面的标点符号。

【教学重点】

感受各类提示语特点与功用,用对提示语后面的标点符号。

【教学难点】

领悟到正确摆放提示语位置的重要性并能用对提示语前后的标点符号。

【教学方法】

凭借已学课文中的五个片段使用朗读法、练习法与谈话法领悟新知识、掌握新本领。

【教学课时】2课时。

【教学准备】

1. PPT呈现相关课文插图并显示五段对话。

2. 给每个同学准备并分发印有题目的练习纸。

第一课时

【教学要点】

认识提示语,懂得提示语在内容上有简单型与复杂型之分,在摆放位置上有在前、在后、在中之别,明了牵羊式提示语等三类提示语后面标点符号的使用规律。

【教学过程】

一、复习导入,唤起学习兴趣

同学们,最近几周我们学过好多篇童话故事,包括——《去年的树》《在牛肚子里旅行》《总也倒不了的小屋》《不会叫的狗》,等等。(边说边用PPT呈现相关课文插图,唤起学生对已学课文的回忆)我发现你们不仅喜欢读童话故事,还喜欢编童话故事。这节课,我们学写提示语(板书:学写提示语),相信掌握了写提示语这项新本领后,你们编写童话的本事就更大了。

二、认识"提示语"

同学们,知道什么是"提示语"吗?所谓"提示语"指的是把说话人或说话状态提出来的词句。

现在看练习纸第一题中的五段对话,各自大声读读,让老师听得见你们的读书声,边读边用红色标出提示语。(练习题第一题:标出下列各段对话中的提示语)

现在请抬头看PPT,字体加粗的就是提示语,你标对了吗?

对话一(出自《去年的树》):

"立在这儿的那棵树,到什么地方去了呀?"**鸟儿问树根**。

树根回答:"伐木人用斧子把他砍倒,拉到山谷里去了。"

对话二(出自《一块奶酪》):

蚂蚁队长生气了。**他登上一块大石板,突然下令**:"注意啦,全体都有。稍息!

立正！向后——转！齐步——走！"

对话三（出自《总也倒不了的老屋》）：

"等等，老屋！"一个小小的声音在它门前响起，"再过一个晚上，行吗？今天晚上有暴风雨，我找不到一个安心睡觉的地方。"

对话四（出自《在牛肚子里旅行》）：

"救命啊！救命啊！"红头拼命地叫起来。

"你在哪儿?"青头急忙问。

"我被牛吃了……正在它的嘴里……救命啊！救命啊！"

对话五（出自《不会叫的狗》）：

"哎呀，"狐狸说道，"原来是这样！你这是给我设了一个圈套啊！"

"一个圈套？"

"当然啦。你让我以为，是一只公鸡在树林里迷路了，而你却设下圈套想抓我。幸好我发现得及时。"

"我向你担保，我压根就没想抓你，我只是在这里练习。"

三、识别简单提示语与复杂提示语

有的"提示语"只简单地提示了说话人是谁，提示的信息简单，我们把它叫作简单式提示语；有点提示语还提示了说话人说话的动作与状态，提示的信息比较多、比较复杂，我们把它叫作复杂式提示语。请看练习纸，圈出上述五段对话中的复杂式提示语。

请看PPT，对话二、对话三、对话四中的提示语都将说话的情绪、神态、动作或表情等说话状态提示出来了，都可看做是复杂式提示语。你标对了吗？

四、认识牵羊式提示语等三类提示语，明了提示语之后的标点符号的使用规律

同学们，提示语还有位置在前、在后、在中间与隐藏等种种不同。位置在前的我们把它叫作牵羊式提示语，羊还在后面，所以用冒号提示；位置在后的就叫推车式提示语，车子都推过去了，所以用句号结束；位置在中间的，把它叫作挑担式提示语，担子太重，有时要歇一会再走，就用逗号表示句中停顿。

下面，各自看习题纸，在牵羊式提示语与后面的标点符号下加单横线，在推车式提示语与后面的标点符号下加双横线，在挑担式提示语与后面的标点符号下加波浪线。

现在同桌互换练习纸，对照PPT上的答案，互相批改。教师巡视课堂，根据学情实施个别指导。

五、小结收束

同学们，这一节课，我们增长了三项知识。第一，认识了提示语。第二，懂得提示语在内容上有简单提示语与复杂提示语之分。第三，知道提示语在摆放位置上有在前、在后、在中之别：位置在前的我们把它叫作牵羊式提示语，羊还在后面，所以用冒号提示；位置在后的就叫推车式提示语，车子都推过去了，所以用句号结束；位置在中间的，把它叫作挑担式提示语，担子太重，有时要歇一会再走，就用逗号表示句中停顿。现在下课。

第二课时

【教学要点】

明白隐藏式提示语的隐藏条件，进一步感受各类提示语特点与功用并在练习中用对提示语后面的标点符号。

【教学过程】

一、学习隐藏式提示语

1. 揪出隐藏式提示语并归纳提示语隐藏的条件

同学们，提示语是个调皮鬼，他有时和我们捉迷藏，故意躲起来，我们把这类提示语叫作隐藏式提示语。

请各自读读对话四和对话五，将故意隐藏起来的提示语一个个揪出来，写在空白位置，注意使用第三单元学过的增补符号。教师巡视课堂，根据学情实施个别指导。

现在请同桌交换习题纸，对照PPT，互相批改变脸后的对话，判别提示的说话人是否正确。

预设答案如下，加粗的为添加的提示语。

对话四（出自《在牛肚子里旅行》）：

"救命啊！救命啊！"红头拼命地叫起来。

"你在哪儿？"青头急忙问。

"我被牛吃了……正在它的嘴里……救命啊！救命啊！"**红头焦急地嚷起来。**

对话五（出自《一只不会叫的狗》）：

"哎呀，"狐狸说道，"原来是这样！你这是给我设了一个圈套啊！"

"一个圈套？"**小狗疑惑地问道。**

"当然啦。你让我以为，是一只公鸡在树林里迷路了，而你却设下圈套想抓我。幸好我发现得及时。"**狐狸恨恨地说道。**

"我向你担保，我压根就没想抓你，我只是在这里练习。"**小狗委屈地替自己辩解。**

我发现大家都很快批改完了。那么，认为揪出隐藏提示语是一件比较容易的工作的请举手？都举起手来了。接下来，请开动脑筋想想：为什么这次捉迷藏游戏，我们能这么轻易地找到躲藏者呢？请各自大声读读对话四与对话五，找找成功秘诀。

嗯，有同学找到了。对，因为这两段对话的人物、场景都清清楚楚，所以，即使提示语隐藏起来了，我们也不会混淆。也就是说，当人物、场景之前有交代并且保持不变时，读者不会混淆对话人、清楚是谁在说话，所以这种情况下不用提示语；但当人物、场景切换后就得使用提示语，只有这样，读者才会更明白。

2. 通过对比朗读，探究提示语隐藏的原因

请抬起头看PPT。第一小组分角色朗读变脸前的对话，第二小组分角色朗读变脸后的对话。其他同学想想：提示语这个调皮鬼有时躲藏起来除了好玩还为了什么呢？嗯，有同学感觉到了，当人物、场景之前有交代并且保持不变时，读者不会混淆对话人、清楚是谁在说话，所以这种情况下提示语藏起来能让场景更逼真、对话更紧凑。否则，对话会比较松散。（当然，人物、场景切换后还得使用提示语提示，读者会

更明白)

我们一起读读上面这句话。看米啊,提示语这个小朋友,具有多重性格,既调皮,也懂规矩,还很友善。

二、按要求改写对话,用对提示语后面的标点符号

接下来,我们利用提示语这个小朋友调皮的一面,带着他捣蛋,将课文中的五段对话一个个弄个大变脸。温馨提示,请务必按要求游戏。

要求:简单的将它变复杂,复杂的将它变简单;位置在前的将它挪到后面,位置在后的挪到前面,位置在中间的挪到某一边,对话四的隐藏提示语让它跳出来,安插到话语中间。将变动后的对话写在原对话后面的空白处,注意标点不要弄错了。

游戏现在开始。看谁做得又快又好。教师边巡视课堂,边收集典型作业。游戏结束。教师用幻灯投影出格式上的错例并分析并拿出红笔改过来。接着投影出几份正例。

三、比较朗读改写前后的对话,品评变化前后的不同效果

1. 品评对话一变化前后的不同效果

(1)第一小组分角色朗读原对话一,第二小组分角色朗读变脸后的对话一。

原对话一:

"立在这儿的那棵树,到什么地方去了呀?"鸟儿问树根。

树根回答:"伐木人用斧子把他砍倒,拉到山谷里去了。"

变脸后的对话一:

鸟儿(一边流泪一边焦急地)问树根:"立在这儿的那棵树,到什么地方去了呀?"

"伐木人用斧子把他砍倒,拉到山谷里去了。"树根(用沙哑的声音痛苦地)回答。

(2)品评变化前后的不同效果。

预设答案:变脸后的提示语更生动形象。但原文更简洁,给读者留下的想象空间更大。

2. 品评对话二变化前后的不同效果

(1)第三小组分角色朗读原对话二,第四小组分角色朗读变脸后的对话二。

原对话二:

蚂蚁队长生气了。他登上一块大石板,突然下令:"注意啦,全体都。稍息!立正!向后——转!齐步——走!"

变脸后的对话二:

"注意啦,全体都。稍息!立正!向后——转!齐步——走!"蚂蚁队长下令。

(2)品评变化前后的不同效果。

预设答案:变脸后的对话二变简单了。原对话二由于提示了说话前的动作与说话状态,更具体、更生动、更形象,现场感更强。

3. 品评对话三变化前后的不同效果

(1)第五小组分角色朗读原对话三,第六小组分角色朗读变脸后的对话三。

原对话三:

"等等,老屋!"一个小小的声音在它

门前响起,"再过一个晚上,行吗?今天晚上有暴风雨,我找不到一个安心睡觉的地方。"

变脸后的对话三:

"等等,老屋!再过一个晚上,行吗?今天晚上有暴风雨,我找不到一个安心睡觉的地方。"一个小小的声音在它门前响起。

(2)品评变化前后的不同效果。

预设答案:原对话三提示语在中间,能让读者感觉到小猫边说话、边向老屋靠近的过程。变脸后的提示语挪后,小猫边说话、边向老屋靠近的过程也感觉不到了。此外,由于小猫话语变得冗长,感觉有些失真。

4.品评对话四变化前后的不同效果

(1)第一小组分角色朗读原对话四,第二小组分角色朗读变脸后的对话四。

原对话四:

"救命啊!救命啊!"红头拼命地叫起来。

"你在哪儿?"青头急忙问。

"我被牛吃了……正在它的嘴里……救命啊!救命啊!"

变脸后的对话四参见下文,此处省略。

(2)品评变化前后的不同效果。

红头拼命地叫起来:"救命啊!救命啊!"(变脸后,没了原来的急迫味儿了)

青头急忙问:"你在哪儿?"(变脸后少了原来的急迫味儿了,因此感觉青头的友情也似乎变淡薄了)

"我被牛吃了……正在它的嘴里……"断断续续的声音在牛嘴里发出,

"救命啊!救命啊!"(变脸后的提示语提示的声音出处和说话状态都是重复冗余信息。原文更干净)

5.品评对话五变化前后的不同效果

(1)第三小组分角色朗读原对话五,第四小组分角色朗读变脸后的对话五。

原对话五:

"哎呀,"狐狸说道,"原来是这样!你这是给我设了一个圈套啊!"

变脸后的对话五:

狐狸失望地说道:"哎呀,原来是这样!你这是给我设了一个圈套啊!"

(2)品评变化前后的不同效果。

原对话五,提示语插在中间,特别突出了狐狸情不自禁、失声大叫的情状。变脸后的对话五,突出了狐狸的指责声,失望的尖叫声被减弱。

四、归纳总结、布置作业

1.总结

这两节课我们认识了提示语,知道了有的提示语只简单提示说话人是谁,有的还提示说话人说话的情绪、神态、动作或表情等,还知道了提示语有位置在前、在后、在中间与隐藏的不同。标点符号使用方面,我们发现:人物的话语,都用双引号;提示语在前用冒号;提示语在中间用逗号;提示语在后用句号。我们还玩了有趣的带领提示语捣蛋的游戏。

2.布置作业

下节课我们边看相声大师侯宝林相声《猜字谜》,边写对话,看谁能学以致用,做到:提示语位置摆放合适,标点符号使用也正确。现在下课。

【板书设计】

学写提示语

位置在前　　牵羊式提示语　　用冒号
位置在后　　推车式提示语　　用句号
位置在中间　挑担式提示语　　用逗号

人物、场景之前有交代并且保持不变 隐藏

第三节　记实作文指导示例

课标要求小学第三学段学生"写简单的记实作文,内容具体、感情真实;写想象作文,想象丰富、生动有趣;能写读书笔记、常见应用文。"本节依据课标,基于统编本小学语文教科书,探讨小学记实作文指导的策略与方法。

一　《记一次游戏》习作指导设计①

【教材分析】

四年级上册第六单元的人文主题为"童年",课文有《牛和鹅》《一只窝囊的大老虎》《陀螺》。"学习用批注的方法阅读""通过人物的动作、语言、神态体会人物的心情""记一次游戏,把游戏过程写清楚"是本单元的三大语文要素。本单元习作题目为《记一次游戏》,要求:把游戏写清楚;写写自己当时的心情;给习作拟一个能反映自己感受的题目。

【学情分析】

第一学段的孩子都喜欢玩游戏。但写游戏却面临很多困难,包括:不明白游戏规则的写法;没有将游戏过程梳理成几个关键阶段的习惯;没有审视并梳理自己在整个游戏过程中心情变化轨迹的习惯;一般也不会自觉去提炼自己关于本次游戏的总感受。

【教学目标】

1. 通过玩游戏、写游戏与交流、点评写游戏的作文等活动,感受生活的多姿多彩与积极美好。

2. 知晓游戏规则的写法、人物心情的写法及将"总感受"写清楚、写明白的方法。

3. 能将玩过的一次游戏写得规则清楚、过程清晰,游戏总感受自然、可信、有意义。

【教学重难点】

本次习作,注意以下四点:游戏规则清楚;游戏过程清晰;心情变化轨迹可追寻;游戏感受的生发自然可信。

【教学方法】

1. 课前组织一次班级游戏活动,并

---

① 本习作指导方案由赵年秀设计。

拍下一些有意思的镜头。

2.按"看照片—说照片故事—问照片故事"推进教学进程,优化故事内容、完善故事情节、突出主题思想。

【教学过程】

一、看照片,说、写游戏规则

提问:游戏规则如何写?

解决办法:通过读《陀螺》一课写游戏规则的文字,归纳写游戏规则的关键性写作策略与方法。明白:写游戏规则要交代游戏方法与输赢判别办法。交代游戏方法:"各站一角,奋力抽转自己的小冰凇儿,让它朝对方撞去……"输赢判别办法:"直到其中一方被撞翻才告一段落。"

二、看照片,说、写游戏过程与心情

1.发现写人物心情的策略:可以直接点出人物心情,也可通过动作、神态间接体现

《陀螺》:但我极高兴地接受了它。尤其当我看到这枚"鸭蛋"的下端已嵌上了一粒大滚珠时,更是手舞足蹈,恨不得马上在马路上一显身手!

2.发现将人物心情及心情产生的原因一并写出来的策略

《陀螺》:我从小就不甘人后,更不愿自己的陀螺像金兵见到岳家军,一战击败……然而,一个孩子是无论如何削不出高质量的陀螺的,因此,曾有很长一段时间我的世界堆满乌云,快乐像过冬的燕子一般,飞到一个谁也看不到的地方去了。

3.发现将过程与心情都清晰地写出来的策略

《陀螺》一课,不仅写了人物的心情,还交代了出现心情变化的原因。故事在发展着,伴随的人物心情也在变化:期盼取胜—因削不出高质量的陀螺而苦闷—再生期盼—得到"鸭蛋"陀螺的开心与兴奋—因遭受同伴嘲笑而生出的尴尬与沮丧—斗陀螺获得成功的自豪。

提问:怎样才能将过程与心情都清晰地写出来?

解决办法:列表法,纵列是游戏阶段,横列是心情与原因。

提问与交流:这次游戏,可以分成几个阶段?各个阶段中你的心情分别是什么样的?原因分别是什么样的?

三、看照片,说出本次游戏的总感概及其依据

回看已写文字,将支持总感概的依据插入写各阶段游戏的文字中,删掉部分不支持总感概的文字。

为什么是"部分"?明确:有些虽然无关,但若删去了,则会让故事脉络不清晰、情节不完整,因此,这类文字不能删,但需略写或简写。

四、成果固定、发布、点评与修改

1.按"背景—起因—经过—结果—总感想"这一框架誊写到作文本上

具体过程此处从略。

2.将故事发布在学习平台讨论区,并点评至少3篇同伴习作

具体过程此处从略。

这次作文评价,评价侧重点有哪些? 预设:① 关键信息要齐全,包括:所玩游戏的名称、发生背景、游戏规则、经过、结局、"我"的心情变化与变化原因、我的"感受"或"想法"。② 行文逻辑一致。即:前面写的情节、细节与篇末点出的"感受"或"想法"一致,充分支撑篇末点出的"感受"或"想法"。③ 无错别字与不通顺的句子。

《学写启示类散文》教学设计[①]

【教材分析】

课标要求"观察、感受自然与社会,表达自己独特的体验与思考,尝试创作文学作品。"钓鱼,是不少小朋友都有的经历,孩子们常常在这一经历中百感交集。而《钓鱼的启示》,是小学阶段的经典散文之一。因此,本设计以《钓鱼的启示》为范文,引导孩子们学习写启示类散文。

【学情分析】

我召集5个写作水平相对比较好的小学五年级学生要求其完成一篇启示类散文。批阅时发现存在三种情况。其一,叙事干瘪,缺少细节与情节;其二,有大量的细节描写并且也很逼真还富有感染力,但是,其中不少细节与"启示"不存在呼应关系;其三,启示不是从所叙之事中合理引出来的,而是很牵强地附加上的。

【教学目标】

1. 凭借《钓鱼的启示》这篇课文发现启示类散文言说启示的策略、展开事件的策略与选择细节的策略。

2. 运用启示类散文写作策略写作一篇启示类散文,字数不限。

【教学重难点】

所写"启示"与所叙事情之间具有一种逻辑上的呼应关系并且能做到细节生动逼真。

【教学方法】

通过已学的典范课文以问题研讨的方式发现写作秘密,通过全程指导帮助学生理解关键知识并尝试运用。

【教学课时】2课时。

第一课时

【教学要点】

1. 依据课文《钓鱼的启示》找寻写作启示类散文"启示"部分的金钥匙。

2. 仿照课文完成草稿"启示"部分并开展交流与分享活动。

【教学过程】

一、布置写作任务导入

这次习作课的任务为:选择自己的一段人生经历写一篇启示类散文。

二、回读课文《钓鱼的启示》的最末二段,找寻陈述"启示"的策略

我们学过的《钓鱼的启示》一文就是一篇典型的启示类散文。我们通过回读这篇课文的方式,一起找寻写作这类散文的金钥匙吧。请打开课本,各自大声读课文,让老师听得见你的读书声。

这篇课文由"叙事"与"启示"两个部

[①] 本教学方案由赵年秀设计。

分构成,最末二段写"启示"。作者从自身钓鱼经历中领悟到了一个什么样的道理?

预设答案:"一个人要是人们从小受到像把钓到的大鲈鱼放回湖中这样严格的教育的话,就会获得道德实践的勇气和力量。"

回答正确。那么,这一部分使用了哪些陈述启示的策略?

预设答案:用一句话明明白白地点出"启示"。

预设回应话语:了不起的发现!请读出这一句话。关于这一部分陈述启示的策略谁还有发现?

预设答案:运用比喻手法谈论"启示"。预设回应话语:也是一个了不起的发现。是的,在这一部分中,"诱惑人的鱼"与"钓到的大鲈鱼"都是比喻,比喻种种充满诱惑力但受之却不合道德要求的东西。齐读这一部分。关于这一部分陈述启示的策略谁还有发现?

预设答案:使用"转眼间三十四年过去了"这一包含时间信息的过渡句快速推进叙事进程。预设回应话语:也是一个了不起的发现。使用这一叙写策略带来两大效果:第一,拉开了文中二个"我"的差距,加大了行文的自我质疑、自我审视的意味。一个是年少仅仅11岁的我,他那时还只会从自己的角度去考虑问题,是个"沮丧的孩子";一个是作为"一位著名的建筑设计师"的我,他感恩父亲当年对自己的严格要求。第二,让读者经由这一时间词语明白:原来这一"启示",这一人生秘诀,是作者深刻反思后的结果,闪烁着理性光辉,它因沉淀了三十四年之久而弥足珍贵。事实上,这篇散文之所以成为经典名作,和他思考得

深入很有关系。请各自再读一读这一部分。

三、仿照课文完成草稿的"启示"部分

写好一篇启示类散文的诀窍很多。接下来,我们就使用我们自己找到的陈述"启示"的金钥匙来打开我们思维的大门,运用我们自己发现的要领来写作。请看白板上的题目:

《钓鱼的启示》一文的作者从自身钓鱼经历中获得人生启示……你从自己的幼年或童年经历中获得过什么样的启示?试仿照课文借助比喻手法写出"启示"部分。

四、交流与分享

转眼间十分钟过去了。大家的"启示"部分也都写完了。下面是交流与分享时间。

谁愿意和大家分享自己的作品?好,××,你来。其他同学一边听,一边想白板上的问题。

1. "启示"是用一句话明明白白地点出来的吗?

2. 谈论"启示"时使用了比喻手法吗?

3. 使用了过渡句"转眼间××年过去了"吗?

第二课时

【教学要点】

1. 继续依据课文《钓鱼的启示》找寻写作启示类散文的金钥匙。

2. 仿照课文完成草稿的"叙事"部分并开展交流与分享活动。

【教学过程】

一、探讨启示类散文的叙事策略

"通过一件事情写启示"是这篇启示类散文在谋篇布局上的鲜明特点。接下来,我们一起来考察考察,这篇散文运用了哪些具体的叙事策略?谁有发现?

预设答案如下:

(1) 使用了回溯式叙事笔法。不说"我十一岁时跟着父亲去钓鱼",而说,"那年,我刚满十一岁"跟着父亲去钓鱼。故意使用远指代词"那",有意提示时间差距,明白地显示我所写的事是多年后的回忆,让读者感到所写的"启示"是冷静思考后的结果。而且,一使用这种回忆笔法,行文的基调也舒缓起来了。而这正是散文的美之所在。预设回应话语:回答正确,体会到位。不愧是小博士。朱自清的《背影》用的也是回溯式叙事笔法。大家课外可读读。

(2) 一开头便将时间、地点、人物交代清楚,叙事紧凑,入题快。预设回应话语为:说得对。我们一起读读这篇启示类散文的第一段,进一步体会体会。

(3) 使用时间词语带动事件发展。预设回应话语为:是的。咱们一起看课文,一起将相关时间词语标出来。课文使用的时间词语主要有:"那年""有一天""那是鲈鱼捕捞开放日的前一个夜晚""不一会儿""过了好长时间""这时是晚上十点""转眼间三十四年过去了"。请各自再将课文细细阅读一遍。

二、探讨启示类散文描述细节的策略

余光中先生在《散文的知性与感性》一文中说道:"说也奇怪,知性在散文里往往要跟感性交融,才成其为'理趣'"。细节描写是增强散文"感性"的办法。这篇课文使用了这一方法,而且所写细节种类多,有景物细节、动作细节、话语细节、声响细节、情绪情感细节等等。请边标划边通过朗读体会:这篇启示类散文在细节描述上使用了哪些策略?

预设答案:主要使用了两大策略。其一,只突出与启示具有呼应关系的细节。1—3段的写良辰美景好心情的细节都是从反面衬托父亲要求的"严格"。4—9段的"盯""看了好一会儿""得""不容置疑"等细节,惟妙惟肖地显示了父亲自己思想斗争的历程。自己都经过了艰苦的思想斗争才做到的也要求儿子做到,真是要求严格。这6段是从正面写父亲对我的严格要求。其二,注重渲染与启示具有呼应关系的情绪与感受细节。这方面的细节有:"一圈圈彩色的涟漪""银光闪闪的湖面""小心翼翼地一收一放""得意地欣赏着""急切地问道""大声争辩着,哭出了声""依依不舍"等等。

预设回应话语:根据"启示"筛选人事景物细节并注重与启示具有呼应关系的情绪与感受细节的交代,是这篇课文写细节的突出策略。由于作者将自己在事件发展过程中的心理活动、喜怒哀乐、联想想象、感悟体验随同事件一并写出来,这就使文章在具有智性光芒的同时,还饱和着情感,洋溢着浓浓的情味。而"情思之美"正是散文创作的独特追求。请再次回读课文的叙事部分细细体味。

三、仿照范文完成草稿的"叙事"部分

写好一篇启示类散文的诀窍很多。接下来,我们就使用我们自己找到的"叙事"金钥匙来打开我们思维的大门,运用我们自己发现的要领来写作。请对照白板上的作文题目完成"叙事"部分的写作。温馨提示:注意使用"时间词语",注意将自己在事件发展过程中的心理活动、喜怒哀乐、联想想象、感悟体验随同事件一并写出来。

四、交流与分享

已经写了四十分钟了,应该基本上都写完了吧?下面是交流与分享时间。

谁愿意和大家分享自己的作品?好,××,你来。其他同学一边听,一边想白板上的问题。

1. 清楚明白地点出了所获得的启示了吗?

2. 文中是否有与所写启示相呼应的细节?

3. 作者在事件发展过程中的心理活动、喜怒哀乐、联想想象、感悟体验是否随同事件一并写出来了?

五、课后作业

许地山的《落花生》、林清玄的《心田上的百合花开》都可看作启示类散文,大家课外可去读一读。

【板书设计】

叙事	启示
1. 回溯:那年。	1. 用一句话点出。
2. 细节:呼应启示。	2. 使用比喻手法。
3. 突出情绪与感受。	3. 使用过渡句。

第四节 想象作文指导示例

课标要求小学第三学段"写想象作文,想象丰富、生动有趣"。统编本小学语文教科书第一学段便要求学生边看图,边编想象故事。本节依据课标与教材,精选案例,表达笔者关于想象作文指导的思想。

一 《我来编童话》教学指导方案[①]

【教材分析】

三年级上册第三单元系童话读写专题。课文主要有《去年的树》《那一定会很好》《在牛肚子里旅行》《一块奶酪》。在"感受童话丰富的想象"的基础上"试着自己编童话、写童话",是编者编辑该专题的主要意图。该专题的作文题为《我来编童话》。编者提供了三组关于人物、时间、地点的词语。

【学情分析】

编童话故事是三年级小朋友跃跃欲试的事情。但将故事想得合乎逻辑并且

---

① 本教学方案由赵年秀设计。

还有点意思的并不多。

【教学目标】

1. 在交流与分享活动中感受童话编写的乐趣，增强习作自信心并培植合理想象的自觉性。

2. 感受童话故事的基本构成及拟人体童话丰富的想象性。知晓拟人体童话的突出特点是把物当人写。明白围绕"主要人物做了什么事"发问与质疑并一一解决所提问题，是丰富故事情节的有效策略。清楚运用"故意制造麻烦并化解问题"这一技巧，能使故事变得更有意思。懂得适度写些人物语言、动作与心理活动，能使故事更丰满。

3. 能根据课本给定情境将故事说得通顺流畅并有点意思，还合乎情理。

【教学重难点】

能根据课本给定情境将故事说得通顺流畅并有点意思，还合乎情理。

【教学策略与方法】

1. 问题导向法。学生说出"做什么"后，教师围绕"主要人物做什么"引导学生发问质疑，再组织大家一一解决问题，在质疑与释疑中弄清故事逻辑，从而编成一个比较精彩的故事。

2. 读中悟写法。通过回顾三上第三单元4篇课文的方式，感受拟人体童话的拟人性、想象的丰富性与合乎情理性。

3. 先说后写法。使用此法的目的在于降低"写"这一环节的难度，增强这一环节的效度。

【教学课时】2课时。

第一课时在复习回顾和多重互动中，增强对拟人体童话的认识与体验，打开写作思路，发展故事情节，丰富想象，在想与说中形成初稿。第二课时基于第一课时的想与说成果写出书面稿子，在小组内发布，并完成同伴互评及再度修改工作。

【教学过程】

一、感受童话故事的基本构成及其编写的逻辑性

问题：回读第三单元4篇童话，说说每篇童话故事发生的时间、地点、人物、主要事件、遇到了什么麻烦以及主要故事情节。答案预设如下：

《卖火柴的小女孩》。大年夜，天快黑了。街头。一个乖巧的小女孩。事件：卖火柴。麻烦：鞋跑掉了，还没有卖掉一根火柴。主要情节：又冷又饿却不敢回家—看到种种幻象—冻死街头。

《去年的树》。寒冷的冬天前夕。树上。一棵树和一只鸟。事件：话别。麻烦：树不见了。主要情节：话别—寻找—重逢。

《那一定会很好》。人物：种子。事件：想站起来。麻烦：被泥土紧紧包裹着导致难受。主要情节：想站起来—想做一棵会跑的树—想停下来—想躺下。

《在牛肚子里旅行》。时间：早饭后。地点：草堆旁。人物：红头与青头。遇到的麻烦：被大黄牛卷到嘴里了。主要情节：捉迷藏—红头历险—好友重聚。

《一块奶酪》。大石板旁。人物：蚂蚁队长、小蚂蚁们。主要事件：搬运粮食。遇到的麻烦：掉了一点小奶酪渣。主要情节：搬运粮食，宣布纪律—拒绝诱惑—大家干活劲头更足。

小结：一个完整的故事，要有一个完整的过程，这个完整的过程往往是由起因、经过、结果构成的。咱们编故事，首

先要把大致的情节构思出来。

二、感受拟人体童话的拟人性与生动性

分角色朗读《一块奶酪》6—9段，感受拟人体童话的拟人性：把事物想象成人一样，不单会做事，能说人话，还能与人一样，有心理活动。

蚂蚁队长叼着奶酪一角往前拽着，也许是用力过猛，一下就把那个角拽(zhuài)掉了。盯着那一点掉在地上的奶酪渣，蚂蚁队长想：丢掉，实在可惜；趁机吃掉它，又要犯不许偷嘴的禁令。怎么办呢？他的心七上八下，只好下令："休息一会儿！"

听到命令，大家放下奶酪，却不走开。

"大家分散开，哪里凉快就到哪里休息。"

大家依旧不动，眼睛望着别处，心却牵挂着那一点儿奶酪渣。

问题：你觉得哪些话写得特别有意思？

预设："盯"写得有意思，写出了蚂蚁队长特别想吃的样子……

三、读习作题目，想象故事主角在给定的时间、地点干了何事，保持"四何"之间的情理一致性

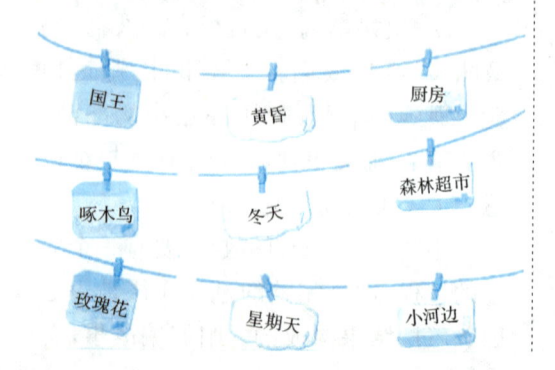

国王　黄昏　厨房
啄木鸟　冬天　森林超市
玫瑰花　星期天　小河边

三组词语都是按"人物、时间、地点"这一顺序排列。

提问：在这样的时间、地点，主人公干了一件什么事情？

预设：黄昏时分，国王哼着歌儿在厨房里做晚餐/黄昏时分，国王一个人来到厨房里偷酒。

追问：这样的时间、地点下，这样一个身份的人物为什么会干这样一件事情？他是怎样干这件事的？当时，哪些人物在场？他遇到了什么麻烦？是如何解决的？譬如，"黄昏时分，国王一个人来到厨房里偷酒。"国王为什么要"偷"？是怎样偷的？遇到了谁？出现了什么麻烦？是如何解决这一麻烦的？最后偷成功了吗？

师生在交流与讨论中推进情节、优化情节，充分感受情节构思逻辑。点评关注点：这一情节与环境、人物的身份、这个人一贯的做派一致吗？

四、以主要事件为抓手，发展、完善故事情节与细节

下达任务：故事主要情节明白了。接下来，依据故事大框架，想象故事中人物说了什么话？做了什么动作？他心里在想些什么？

相互交流与点评。在交流与点评中，发展、完善故事细节，充分感受故事中言语、行动与心理活动的想象逻辑。点评关注点：人物所说、所行、所想与情境一致吗，与人物一贯的品行风格一致吗？

五、以小组为单位，分享故事

每生分享故事后，听者都要就不明白处或者不合情理处提问质疑。

六、成果固定、发布、点评与修改

具体分三步进行。第一步,各自动笔撰写故事。写作策略:把同伴质疑处写清楚。第二步,发布故事并点评至少3篇同伴习作。点评重点:想象是否合理。判断想象是否合理的策略:所展开的想象是否都符合给定人物特点与给定情境(时间、地点)特点? 第三步,在同伴批改的基础上再度修改完善。

《奇妙的想象》习作指导方案[①]

【教材分析】

三年级下册第五单元为习作专题。"想象力比知识更重要"为该单元的人文主题。该单元的语文要素为:"走进想象的世界,感受想象的神奇""发挥想象写故事,创造自己的想象世界"。课文《宇宙的另一边》运用"反着想"的方法展开想象,《我变成了一棵树》运用"粘合法"创造新奇的形象。习作例文有"顺着想"的《一支铅笔的梦想》,有"反着想"的《尾巴它有一只猫》。章法上,《尾巴它有一只猫》,以尾巴的官宣起头,以对话推进故事情节的发展;《一支铅笔的梦想》,以第一人称叙写多个梦想,主体部分是并列式结构,每个段落都按"梦想是什么—我怎么做—我的心情"依次展开。本单元的习作题目为《奇妙的想象》。题目下给了若干选题。

【学情分析】

三年级学生积累了一批童话形象与情节,也都敢放飞想象。但既要想得奇特,还要想得合情合理,仍然是高目标、高要求,需要教师这位富有经验的伙伴带着做并进步。

【教学目标】

1. 在表达与交流活动中,培植写作的自信心与乐于分享的作风。

2. 知晓"顺着想"与"反着想"两种想象方法的各自不同的表征与具体操作办法。

3. 能根据第五单元的习作题目运用"顺着想"或"反着想"的方法完成一篇想象合理并且在章法上、段法上较之上一篇创作有创新的作文。

【教学重难点】

根据第五单元的习作题目运用"顺着想"或"反着想"的方法合理地想象。

【教学策略与方法】

问题导向法、范文引路法、发表园地激励法。

【教学课时】2课时。

【教学过程】

一、复习已学课文,感受展开奇妙想象的方法

第五单元有哪4篇课文? 预设:《宇宙的另一边》《尾巴它有一只猫》《我变成了一棵树》《一支铅笔的梦想》。想象神奇是这4篇课文的共同特点。想想,作者都运用了哪些想象方法? 预设:《宇宙的另一边》《尾巴它有一只猫》运用了反向想象法(反着想);《我变成了一棵树》《一支铅笔的梦想》运用了顺应事物的特点想象法(顺着想)。

---

① 本教案由赵年秀设计。

一起回读课文精彩段落,快速说出作者的想象方法,并再次感受作者的神奇想象。

1. 反着想

(1)《宇宙的另一边》的前三段

我趴在窗台上,看着浩瀚的星空。

星光洒进我的眼睛,在我身体里汩汩流淌,告诉我一个秘密:很远很远的地方,宇宙的另一边,是这一边的倒影。那里有座一样的城市,有条一样的街道,街角处有栋一样的房子,房子里有个一样的孩子。

那个孩子是另一个我吗?当我从书包里拿出作业本的时候,他是不是正把作业本放回书包?当我气喘吁吁爬楼梯的时候,他是不是正下楼去?当我趴在窗台看着星空的时候,他会不会也趴在窗台,看着星空,想着我呢?我们的目光会在哪里相遇?

(2)《尾巴它有一只猫》

难道只能是爸爸妈妈有小孩子,不能是小孩子有爸爸妈妈吗?猫可以有一条尾巴,为什么尾巴就不能有一只猫?

2. 顺着想

(1)《我变成了一棵树》的前四段

我在树下玩得好好的,一点儿都不想吃饭。

"英英,吃饭了!"妈妈的嗓门又大了许多。

我真希望变成一棵树,这样就没人在你玩的时候叫你吃饭了。我心里想着,就觉得身上痒痒的,低头一看,发现许多小树枝正从我身上冒出来。呀,我真的变成了一棵树!

你猜,我变的树上会长什么?当然不是苹果啦,梨也不对——对了,鸟窝!

(2)《一支铅笔的梦想》的第四段

第三个梦想,是躲到菜园里去。知道我要做什么吗?我要在青叶间,长成长长的豆角;或者,伪装成嫩嫩的丝瓜。菜园里的派对马上开始!哈,多么好玩!多么开心!

二、读习作题目,并按想象法将习作题目重新归类

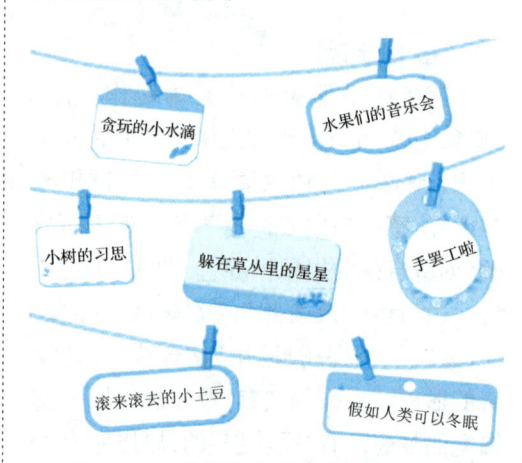

表10-1 想象作文题目归类表(预设)

习作例文	想象了什么	想象的方法	给作文题分类
一支铅笔的梦想	铅笔的不同梦想	根据特点,顺着想	《贪玩的小水滴》《滚来滚去的小土豆》……
尾巴它有一只猫	尾巴有一只猫的想法	逆反常规,反着想	《手罢工啦》《假如人类可以冬眠》……

三、运用问题导向法发展故事、触发想象,运用思维导图图解与优化故事情节

提问:土豆都滚到了哪些地方呢?为什么要滚到这些地方,是想达成怎样的心愿?它分别遭遇到了什么人物?受到了怎样不同的对待？最后的结局是什么样的？

音乐会上一般都要摆上多种水果。反着想，水果们是不是也都希望有一场属于他们的音乐会？试列一个表：纵列是香蕉、梨子、苹果、火龙果等水果；横向是他们各自关于音乐会的想象，如穿着、动作与心情。

四、以小组为单位，分享故事

每生分享故事后，听者都要就不明白处或者不合情理处提问质疑。

五、成果固定、发布、点评与修改

具体分三步进行。第一步，各自模仿所在单元某篇课文（如《铅笔的梦想》《尾巴它有一只猫》）的框架动笔撰写故事。写作策略：把同伴质疑处写清楚。第二步，发布故事并点评至少3篇同伴习作。点评重点：① 想象是否合理。判断想象是否合理的策略：所展开的想象是否都符合给定人物特点与给定情境（时间、地点）特点？② 行文框架上、段法上学本单元某篇课文是否学得"相当像"？第三步，在同伴批改的基础上再度修改完善。

扫描目录页二维码，学习《学写童话》教学设计。

第五节 常见应用文指导示例[①]

课标要求小学阶段学写日记、书信、简短的便条等常见应用文。统编本小学语文教科书在一年级上册便安排了写明信片这一写作任务。本节依据课标与统编本小学语文教科书，精选精编案例，表达笔者对常见应用文写作指导的主张。

《观察日记》习作指导方案

【教材分析】

三上第二单元习作栏目，点明日记的作用、内容后，要求学生按照日记的格式写日记。四上第三单元课文有《古诗三首》《爬山虎的脚》《蟋蟀的住宅》。该单元的人文主题为"处处留心皆学问"；语文要素为："体会文章准确生动的表达，感受作者连续细致的观察""进行连续观察，学写观察日记"。《爬山虎的脚》一课后安排了小练笔：选一种植物，观察

[①] 本节教学方案由赵年秀设计。

一段时间,试着用"资料袋"中提供的方法(图文结合法、表格法)记录它的变化。《蟋蟀的住宅》一课课后,链接了关于燕子窝的两则连续观察日记。该单元习作栏目要求写观察日记并评一评。

【学情分析】

连续观察阶段,孩子们对分成哪几类记录感到犯愁。整理观察记录写成观察日记阶段,孩子们对既要写出观察过程、事物变化,还要写出自己的想法与心情,感觉很复杂,很为难。

【教学目标】

1. 培养连续观察并用日记记录观察所得的习惯。

2. 认识图文结合式与表格式这两种观察记录方法,体验观察记录的细致性、准确性与生动性。

3. 会用图文结合式或表格式记录观察所得,能写出形式规范、记录细致并准确的观察日记。

【教学方法】

分阶段、有序达成教学目标。第一阶段,读课文,用表格记录爬山虎叶子的变化过程与爬山虎脚的变化过程,感受分类说明法带来的细致性与准确性;第二阶段,开展实践活动,进行连续观察,关注观察对象的变化,选择图文式或表格式做好观察记录;第三阶段,根据单元习作要求整理观察内容、介绍观察过程、添加观察者当时的想法与心情,形成形式规范的观察日记,并开展分享与点评活动。

【教学过程】

一、细读课文,学习分类说明法

问题1:读《爬山虎的脚》,用做表格的方式,记下爬山虎的叶子的变化过程与它的脚的变化过程;再对照笔记,并利用课文中的词句,有条理地讲述爬山虎的脚在颜色、形状上所发生的变化。

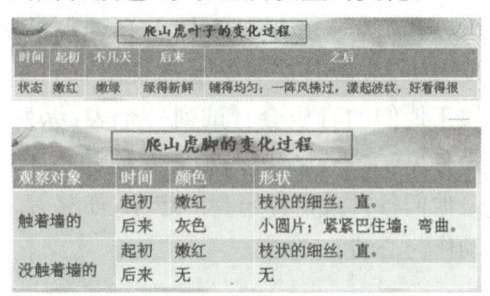

爬山虎叶子的变化过程				
时间	起初	不几天	后来	之后
状态	嫩红	嫩绿	绿得新鲜,铺得均匀	一阵风拂过,漾起波纹,好看得很

爬山虎脚的变化过程			
观察对象	时间	颜色	形状
触着墙的	起初	嫩红	枝状的细丝;直
	后来	灰色	小圆片;紧紧巴住墙;弯曲
没触着墙的	起初	嫩红	枝状的细丝;直
	后来	无	无

问题2:读《蟋蟀的住宅》,用表格形式记录蟋蟀住宅的特点及其修住宅的过程。

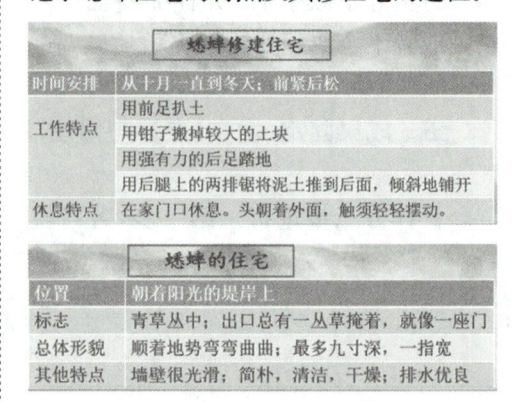

蟋蟀修建住宅	
时间安排	从十月一直到冬天;前紧后松
工作特点	用前足扒土 用钳子搬掉较大的土块 用强有力的后足踏地 用后腿上的两排锯将泥土推到后面,倾斜地铺开
休息特点	在家门口休息。头朝着外面,触须轻轻摆动。

蟋蟀的住宅	
位置	朝着阳光的堤岸上
标志	青草丛中;出口总有一丛草掩着,就像一座门
总体形貌	顺着地势弯弯曲曲;最多九寸深,一指宽
其他特点	墙壁很光滑;简朴、清洁、干燥;排水优良

总结:准确分类并描摹,是将对象说清楚、说细致的良策。

二、交流观察收获,评价前期观察情况

布置连续观察:选一种植物,观察一段时间,试着用38页"资料袋"中提供的方法(图文结合法、表格法)记录它的变化。

叶圣陶爷爷经过一段时间的观察,了解了爬山虎向上爬的秘密;法布尔观察了很久,终于看到了蟋蟀筑巢的全过程。生活中有些事物的变化,我们要观察一段时间,才会有发现。这段时间,同学们连续观察了自己感兴趣的事物,还做了观察记录。你们都观察了什么?记录了什么?用了哪些观察方法?在观察的过程中有没有让你印象深刻的事?

先小组内交流。其间，教师巡逻指导。发现典型案例后，进入全班分享并点评阶段。

小结：同学们调动起各种感官，对不同的观察对象进行了细致的、连续的观察，从形状、颜色等多个方面准确记录了事物的变化。持续观察贵在坚持，为你们的坚持、为你们的耐心鼓鼓掌。

三、品读《燕子窝》，明了观察日记的写作规范与写作方法

过渡：同学们观察细致，观察记录做得很用心。我们手中的观察记录就如同是等待下锅的丰富食材，它们需要通过巧手烹制，才可以变成美味佳肴，这就需要观察日记来帮忙了。

出示《燕子窝》。讲述：苏联著名科普作家比安基留心观察和研究自然界的各种生物，记下许多观察日记，我们看看他是怎么写观察日记的。

带着问题阅读范文。要求标出体现观察者想法与心情的文字。

依据范文探讨观察日记的写作要领。预设1：观察日记要写清楚写日记的时间。预设2：要选择观察过程中印象深的事或最感兴趣的内容来写。比如燕子窝的一边始终比另一边建得快。又如窝做好以后，雌、雄燕子有着不同表现。预设3：要写出发生的变化，如"燕子窝就成了一个有缺口的泥圈球，右上角留了一个洞口"。预设4：要写一写观察时自己的想法，如"它是不是在焦急地等待窝里的小燕子出世呢？"

归纳观察日记的内容构成：观察日记主要是记录观察对象的变化，还可以写下观察的过程，以及观察者当时的想法和心情。

探讨观察日记整理方法。提问：怎么把我们手中简洁、碎片化的观察记录变成《燕子窝》这样内容丰富、形式规范的日记？

预设1：减一减。追问：减什么？明了：不写或者略写重复部分或没有明显变化的地方。

预设2：加一加。追问：加什么？明了：把感兴趣的地方写具体。可以加上观察时的心情。

预设3：连一连。可以把一个阶段的变化串联在一起，分类别写。

预设4：美一美。附上图画或照片。

四、以《燕子窝》为范本，增减与整理材料

1. 布置任务

接下来请回读各自这段时间以来的连续性观察记录，并运用上面总结出的"加一加、减一减、改一改"等多种方法，增减与整理材料，做好批注。

2. 回读各自的"观察记录"、批注并交流点评

预设1：把两天的"种子没有动静"合在了一起。预设2：在"菊花的花瓣完全展开"处批注了"加一加"。预设3：在"小芽没有明显变化"处添加了"我很失望"。预设4："吃饱的蚕扬起上半身，展示着它们的啤酒肚。"点拨：用上恰当的修辞手法会使文章更加生动。预设5："种子足足睡了三天了"。点拨：把睡的时长说具体了。

3. 教师小结

观察记录是写日记的重要素材，我们要对素材进行加工，可以去掉或略写没有变化的部分，把自己感兴趣或事物变化大的地方作为日记的重点内容。

二 《学写竞选发言稿》教学设计

【教材分析】

竞选发言除内容上必须尽显自己的任职优势外,表达上还需使用多种修辞方法,包括:① 使用假设法与问答法,增强演讲的对象感与临场感。② 使用比喻,让解说深入浅出、生动形象;使用排比,增强语势。③ 使用民谚俗语,增强演讲的哲理性。④ 使用顺序词"首先、其次"增强谈论工作思路的条理性。

统编本小学语文教科书没有安排"学写竞选发言稿"这一任务。但是,孩子们的学校生活提出了这一任务。

【学情分析】

听孩子们竞选发言,我发现:优秀的发言稿有,但有问题的发言稿居多;实际发言时有问题的居多,愿意静下来学写竞选发言稿的少。问题出在三个方面:① 内容上,或者说参赛选手"人尽有之"的优点,不能打动听众;或者由于对自己所申报的岗位角色的理解与认识不到位,所说优势往往与所竞选岗位需求不一致。② 表达上,比较直白,不太运用假设法、问答法与比喻、排比等修辞格,甚至顺序词也不使用,总是一个劲儿地"然后"下去。③ 文面格式上常常有欠规范。

【教学目标】

1. 清楚竞选发言稿写作的基本程式、写作要点及常用的表达方法与策略。

2. 根据竞选情境准备一篇得体的能打动听众的竞选发言稿并脱稿演讲。

【教学重难点】

结合发言情境准备发言内容并讲究表达艺术。

【教学方法】

主要使用三种教学方法。一是游戏法。竞选发言稿写作必须有情境意识,所以,借助竞选闯关游戏诱发兴趣与推进教学进程。二是过程写作指导法。分步骤训练,分点学习,最后合成。三是榜样示范法与课内带动课外法。本次习作难度大、要求高,全体学生一次性学会比较难;所以,先让部分学生试水,其余学生在课内观摩的基础上结合课外的练习慢慢消化。

【教学课时】 2 课时。

【教学准备】

给每个同学准备并分发印有示范段落的练习纸。

第一课时

【教学要点】

在创设的游戏情境中阐释岗位要求、展示任职优势并介绍工作思路。

【教学过程】

一、创设情境导入

这节语文课,我们一起玩一个竞选闯关游戏。"闯关"是什么意思?答案预设:我查过词典,"冲过关口,多用于比喻。""竞选"是什么意思呢?答案预设:我也查过词典,意思是,候选人在选举前进行种种活动争取当选。今天哪些人是候选人呢?就这四位同学吧,其他同学都当评委。我任本次游戏活动的主持,同时也是班主任与语文老师。竞聘的职位有班长、体育委员、宣传委员与语文课代表。这四位同学必须成功闯过五道关口,方能聘任,否则就另选高人。我假定今天是新学期第一天。现在,我宣布游戏活动开始。

二、理解岗位要求

第一项活动,谈对自己所申报的岗位角色的理解与认识。要求使用比喻和排比两种修辞方式。我起个头,帮助打开思路。请看白板,各自轻声读一读。各位评委,你们一定也有自己心仪的竞选角色,所以,都请拿起笔来仿照样例写一写。样例如下:

我申报的职位是班长。俗话说:"鸟无头不飞。"在我看来,班长,就是能带领我们班高飞的"领头鸟"。班长,意味着一种担当,一种建设优良班风的担当;班长,意味着一种责任,一种引领班级健康发展的责任。这就是我对班长这一职位职责的理解。

比喻,让解说深入浅出、生动形象;排比,增强语势。现在,请各位候选人仿照样例谈对自己申报的岗位职责的理解。

预设引导语:"各位评委,同意××候选人闯关成功的请举手?"

预设评价语:造句合乎要求,抒写出了你们对各自所申报的角色的热爱之情,显示出了你们的角色责任感。

三、展示任职优势

但是,我现在也有疑问,在座各位并不是"完人",你们有各自的短板,有的还毫无任职经历,毫无工作经验,你们能胜任吗?所以,接下来的第二项活动为——仿照样例展示各自任职优势。

样例如下:

此时此刻,我仿佛感受到了来自四面八方的不信任眼光,似乎听到有人在问:"她能行吗?数学常常挂科呢。"对此,我的回答是:"我能行。因为,在本次竞聘者行列中,论英语口语,我名列前茅,我们英语老师常常在课堂上谦虚地说,佳佳的英语口语真是太好了,我都不能跟她比。"假如我成功当选了英语课代表,我一定会帮助那些英语基础不好的同学,借此提高全班的英语水平。

提示学生:看好了,仍然可以各自轻声读一读然后仿照样例写一写。

都写完了。四位候选人,你们谁先说?

预设引导语:"各位评委,同意××候选人第二关闯关成功的请举手?"

预设评价语:真是一群聪明的孩子。很快就学会了样例所用的问答法,增强了演讲的对象感与临场感。现在,我明白了你们各自的优长。我预感到,本学期我又将拥有一批优秀的小帮手。

四、理顺工作思路

可是,新学期已经开始了,班干部工作也得马上展开才行。你们的工作思路或者说任职打算梳理出来了吗?接下来开始活动三——理顺工作思路。思路决定出路。所以,工作思路是评判一个人能否称职的重要依据。称职是什么意思,谁知道?对,"称"读 chèn,称职指能胜任所担任的职务。各位同学,请把你们的工作思路写下来,建议使用顺序词"首先、其次"增强说理的条理性。

都写完了。四位候选人,谁先来谈谈自己的工作思路?预设引导语:"各位评委,同意××候选人第三关闯关成功的请举手?"评价语预设:都使用了顺序词语,工作思路清晰,有的还切实可行。

第二课时

【教学要点】

1. 在创设的游戏情境中完成其余各部分的写作。

2. 四位候选人尝试脱稿演讲,给其余同学提供发言示范。

3. 要求课后开展小组学习,确保每位同学都有一次脱稿发表竞聘演说的经历。

【教学过程】

一、按照竞选发言稿的写作格式完成其余各部分的写作

接下来的第四项活动为参照 PPT 上的行文要领,完善各自的竞选发言稿。竞选发言稿,或称竞聘演讲稿,是一种应用文,写法和用语上都有一定的程式性。但也允许适度突破创新,从而让听众耳目一新。

PPT 上的行文要领为竞选发言稿写作六步骤:① 问候;② 交代申报岗位;③ 发表对岗位职责的看法;④ 展示竞聘优势;⑤ 汇报工作思路;⑥ 写结语,请求支持,表示感谢。

二、四位候选人脱稿发表竞聘演说

好。写作时间到。接下来的第五项活动为:脱稿发表竞聘演说。考察指标共 6 项。请评委们擦亮眼睛,看好 PPT 上的 6 项考察指标哟。谁先演说?

6 项考察指标为:

1. 着装、表情、手势合适吗?

2. 语音语调正确吗?

3. 是否有礼貌?

4. 必要信息是否齐全?有冗余信息或负面信息吗?

5. 引起了你听的兴趣了吗?

6. 你被打动了吗?

预设评价语:符合竞选演讲词的写作要领,中规中矩。或:对固定程式有所突破,用语清新别致,诙谐幽默,好,不错。

接下来是表决时间,赞成 4 位同学全都闯关成功的请举手!哈哈,一致通过!恭喜恭喜,恭喜这四位同学学会了发言稿写作这项新本领。

三、总结学习要点并布置课后作业

请大家一齐看黑板,一起重温一下发言稿写作的基本要领。主要分四步走:① 理解岗位职责要求;② 展示竞聘优势;③ 梳理工作思路;④ 按照程式行文。今天课后作业为:以小组为单位,开展合作学习,确保每位同学都经历一次竞选发言活动。今天的语文课就上到这里。下课!

【板书设计】

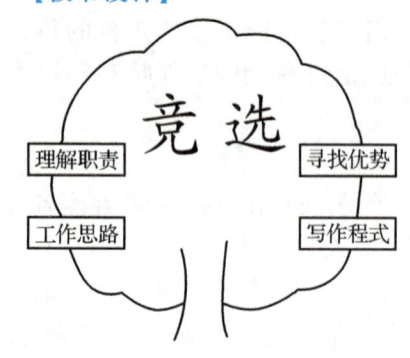

课程思政

语文课程应引导学生热爱国家通用语言文字,在真实的语言运用情境中,通过积极的语言实践,积累语言经验,体会语言文字的特点和运用规律,培养语言文字运用能力;同时,发展思维能力,提升思维品质,形成自觉的审美意识,培养高雅的审美情趣,积淀丰厚的文化底蕴,继承和弘扬中华优秀传统文化、革命文化、社会主义先进文化,增强对习近平新时代中国特色社会主义思想的理解和认识,全面提升核心素养。

项目实践

1. 二年级学生独立完成写话练习有难度,请从统编本语文教科书中选择一个你指导起来有把握的写话题目,设计一份写话指导方案,据此方案反复试讲、修改。定稿生成后从教案中截取一个内容相对完整的片段拍成讲课微视频。定稿与微讲课视频都要上传到学习平台。

2. 请各组组长组织本组成员认真阅读与所在小组号对应的练习题,按要求完成4项任务,并将答案晒到学习平台讨论区中。

练习题如下:① 二下"词句段运用"栏目中的写话题;② 二上《雾在哪里》课后写话题;③ 二下《青蛙卖泥塘》课文泡泡语中的写话题;④ 二下《彩色的梦》课后写话题;⑤ 二下《祖先的摇篮》课后写话题;⑥ 二下《找春天》课后写话题;⑦ 二下《青蛙卖泥塘》课后写话题;⑧ 二上第二次独立型写话练习题——写留言条。

4项任务为:① 发现"样子"中藏着的写作策略与方法;②"照样子"写话;③ 列出你指导小学生完成该题的基本步骤;④ 谈谈你组对这次写话作业的评价思路。

3. 基于四年级下册课本以《我的动物朋友》为题编写一个教案,然后截取其中一个你认为最有把握教好的片段拍成微教学视频。《我的动物朋友》教案与微教学视频都要上传到学习平台。

第十一章　梳理与探究教学的理论与实践

学习目标

1. 明了课标视点下小学三个学段在梳理与探究学习方面的学业质量要求，知晓统编本小学语文教科书在梳理与探究学习方面的编排特点，思考统编本梳理与探究活动部分的教学策略与评价策略。

2. 运用关于小学梳理与探究教学的理论及关于课题计划、分课时计划方面的知识，基于统编本语文教科书，尝试设计并实施小学梳理与探究课。

3. 涵养基于国家课程标准、统编本教材与学生实际情况开展教学设计的意识，培养严谨、细致、规范的工作作风。

问题探究

1. 什么是语文综合性学习？
2. 语文综合性学习的总目标是什么？
3. 综合性学习的基本流程是什么样的？

思维导图

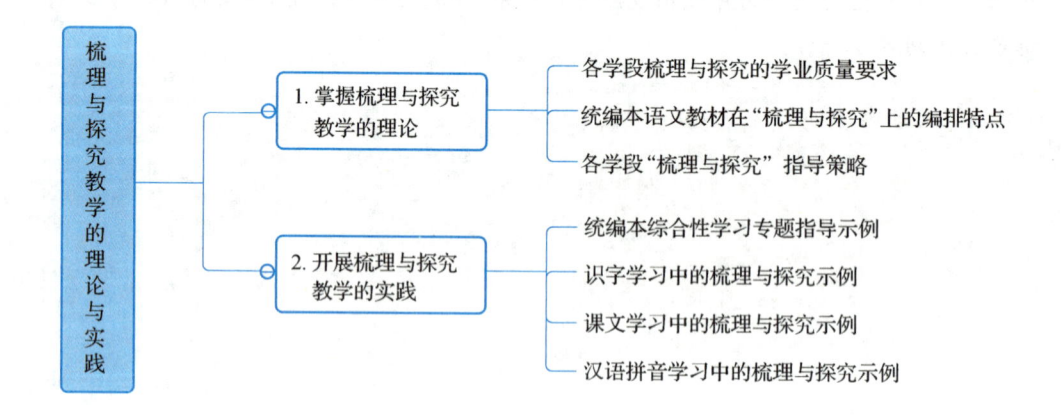

```
梳理与探究教学的理论与实践
├── 1. 掌握梳理与探究教学的理论
│   ├── 各学段梳理与探究的学业质量要求
│   ├── 统编本语文教材在"梳理与探究"上的编排特点
│   └── 各学段"梳理与探究"指导策略
└── 2. 开展梳理与探究教学的实践
    ├── 统编本综合性学习专题指导示例
    ├── 识字学习中的梳理与探究示例
    ├── 课文学习中的梳理与探究示例
    └── 汉语拼音学习中的梳理与探究示例
```

第一节　小学语文梳理与探究教学的理论

在《义务教育语文课程标准(2022年版)》"课程目标"下的"学段要求"中,"梳理与探究"是与"识字与写字""阅读与鉴赏""表达与交流"平列的语文实践活动项目。按《现代汉语词典》,"梳理"指对事物进行归类、分析,使之条理化。"探究"指探索研究,探寻追究。

一、各学段梳理与探究的学业质量要求

各学段梳理与探究的学业质量要求见于课标中的学段要求部分与各学段学业质量描述部分。整理如下：

第一学段的要求：(1)有意识地梳理在日常生活中学习的汉字、词语,并尝试进行分类;愿意整理自己的学习成果,并向他人展示。(2)在跨学科学习和探究活动中有好奇心和求知欲,喜欢观察、提问,能用自己喜欢的方式呈现学习所得。

第二学段的要求：(1)注意积累和梳理语言材料,能把具有相同或相似特征的汉字进行分类,愿意与他人交流分类的理由,感受汉字和汉语的魅力;能分类梳理日常生活中学到的词句,愿意用自己喜欢的方式整理学习成果,参加集体展示活动。(2)能选择自己感兴趣的角度主动搜集信息,尝试用流程图和文字记录学习活动的主要过程,并向他人展示学习成果。(3)参加跨学科学习活动,乐于观察、提问、交流,能参与简单的活动策划、组织工作;能根据不同学习活动主题搜集、整理信息和资料,提出自己感兴趣的问题;能用照片、图表、视频、文字等展示学习成果,并与他人分享。

第三学段的要求：(1)有自觉识字的意识,在社会生活中发现自己不认识的字,能根据字形推断字音字义,并借助语境和工具书验证自己的推断;在学习中,能发现富有表现力的词句和段落,自觉记录、整理,乐于与他人分享积累的经验,并尝试在自己的表达交流中运用。(2)能积极参与活动的策划与组织工作,围绕学习活动搜集材料,提供简单的活动设计方案;能围绕学习活动展开调查,从多方面获取活动各阶段的材料,并用多种方式有条理地记录学习活动过程,表达参与活动的感受。(3)能用文字、结构图等方式梳理作品的行文思路。(4)能主动梳理、记录可供借鉴的语言运用实例,比较其异同,积极运用于不同类型的写作实践中。(5)积极参加跨学科学习活动,能利用多种信息渠道获取资料,在简单的调查、访谈等活动中记录真实生活;能根据活动需要,结合自己的知识积累和生活经验提出要探究、解决的主要问题;能借助跨学科知识和相关材料,与同学合作探索解决问题的具体方法,运用相关知识解释自己的想法,记录探究的过程及结论,写简单的研究报告;能组织讨论和专题演讲,发表自己的观点,在交流反思中辨别是非、善恶和美丑。能根据校园、社会活动的需要,自己或与同学合作撰写活动计划、实施方案或活动总结。

二、统编本语文教材在"梳理与探究"上的编排特点

1. 第二、三学段的每一个春季学期都安排了一个综合性学习专题

在编排上,第二、三学段的每一个春季学期都安排了一个综合性学习专题。其中,第二学段是嵌入式编排,将综合性学习活动贯穿在整个单元学习中:单元导语页提出了综合性学习活动的任务;"活动提示"穿插在各课课后部分,对活动提出具体的指导;语文园地前安排"综合性学习"栏目,进行学习成果的总结和展示。第三学段是专题式编排:单元导语页提出了综合性学习活动的任务,"活动建议"对活动开展做出安排,"阅读材料"为活动开展点拨方法、提供素材与样例。

表 11 - 1 统编本小学语文教材综合性学习编排情况

册次	活动内容	学习要求	编排形式
三下	中华传统节日	了解、记录传统节日的基本情况,展示传统节日的文化。	与单元整合
四下	轻叩诗歌大门	收集诗歌、创作诗歌、制作小诗集,举办诗歌朗诵会,感受诗歌的魅力。	
五下	遨游汉字王国	初步学习查找资料的基本方法,尝试写简单的研究性报告,了解汉字文化。	专门单元
六下	难忘小学生活	制作成长纪念册,策划毕业联欢会,写毕业赠言和书信纪念小学生活。	

在难易与复杂程度上,第二学段任务轻、活动比较简单,第三学段任务重、活动比较复杂;在主体性方面,第二学段引导要多,第三学段则更多是放手让学生进行策划与活动。

2. 多途径安排"字、词、句、段"方面的梳理与探究活动

统编本语文教科书于各课课后、各单元语文园地及各册教材的附录部分安排多层次、多领域的梳理与探究活动。

譬如,一上识字课《日月水火》学习了一组"象形字",课后安排了"猜一猜、连一连"活动,拓展学习"兔鸟竹羊木网"等一批新的象形字;《日月明》一课学习了一组"会意字",课后安排"猜'泪、休、歪'这些字的意思"。

譬如,一上语文园地一"字词句运用"栏目要求"读一读,比一比""人、天""口、田""日、目"这三组汉字,语文园地六"字词句运用"栏目要求按上下结构和左右结构"连一连""星、明、叶、只、色、把、尘、地"这8个字。

词语方面,一上识字课《大小多少》课后要求"读一读,记一记""一头牛、一只猫、一群鸭子、一颗枣、一个桃、一堆杏子"等6个词语。

段落方面,五下语文园地一"词句段运用"栏目汇聚了两组表达上有鲜明特点的段落——这两个段落或运用总分式结构,或运用比较与烘托方法,要求学生在"读一

读"的基础上"照样子说一说"或"照样子写一写"。

《识字表》《写字表》是各册教材都附加的两表,一年级上册另有《常用笔画名称表》《常用偏旁名称表》,五年级下册另有《词语表》等等。

3. 重视梳理读法、作法与信息、资料整理方法

统编本语文教科书除安排专门的读法、作法单元外,在常态阅读单元中也注意读法、作法梳理、体会并运用。譬如四上第六单元。该单元有几个语文要素。其中一个为:"学习用批注的方法阅读"。另一个语文要素为:"通过人物的动作、语言、神态体会人物的心情"。其《牛和鹅》一课随文加批注,示范如何用"批注"法;《一只窝囊的大老虎》和《陀螺》二课,要求运用"批注"阅读;单元语文园地之"交流平台"栏目总结与深化对批注方法的认识。"通过人物的动作、语言、神态体会人物的心情"方面,《一只窝囊的大老虎》课后安排了一道借助表格梳理题,具体如下。

结合课文中描写"我"动作、语言、神态的语句,说说在排练节目和演出时,"我"的心情有怎样的变化,为什么会有那样的变化,并填写下面的表格。

"我"的心情	原因
期待表演	想在台上露脸,获得大家的掌声。
充满自信	
……	

《陀螺》一课课后将该课写人物心情及其变化过程的文字归总到一处,方便学生揣摩与体会:

读下面的句子,体会"我"心情变化的过程。
◇因此,曾有很长一段时间我的世界堆满乌云,快乐像过冬的燕子一般,飞到一个谁也看不到的地方去了。
◇这消息曾使我一整天处于恍惚(hū)的状态,老想象着那只陀螺英武的风姿。
◇尤其当我看到这枚"鸭蛋"的下端已嵌(qiàn)上一粒大滚珠时,更是手舞足蹈,恨不得马上在马路上一显身手!
◇这使我士气大减,只是在一旁抽打,不敢向任何人挑战。
◇这真是个辉煌(huáng)的时刻!我尝到了胜利的滋味,品到了幸运的甜头。

三、各学段"梳理与探究"指导策略

梳理与探究既是活动、行为,也是语文学习的有效方法。"梳理"是将已经学习的零散知识和积累的语言材料结构化,将言语经验转化为学习方法和策略,是经历回顾、辨析、整理和归类,由散到整、由点到类、由孤立到联系的过程。"探究"则重在发

现生活、学习中的语言文字运用问题,通过观察、比较、预测、推理、判断、合作等语文或跨学科学习手段,寻找原因,查找资料,寻求对策,最终解决问题。

小学阶段,既要重视梳理意识、探究的意识与态度培养,也要积累关于梳理与探究的方式方法,更要组织种种梳理与探究活动。既要有知识整理、活动体验,还要有问题解决。

1. 不单要分类梳理,还要推断、发现、运用并通过图表、文字、视频、照片等多种形式展示研究成果

分类梳理的对象包括具有相同或相似特征的汉字、词语、句段与行文思路、表现手法,等等。推断主要指根据字形推断字音字义,并借助语境和工具书验证自己的推断。"发现"不单是发现汉字的构形规律、用字规律,还包括发现富有表现力的词句和段落。而"尝试在自己的表达交流中运用"则应该是上述所有活动的最终目的。分享是合作,分享也是激励,所以,分类梳理、推断、发现、运用之后,还要通过图表、文字、视频、照片等多种形式展示研究成果。

2. 充分利用统编本语文教科书的编排特点,感受梳理活动带来的教学价值,强化梳理探究意识,形成勤于梳理的习惯

譬如汉字梳理。统编本一二年级集中编排了6个识字专题,每个专题都特色鲜明。据此,可以依托各识字专题的特点,设计主题探究活动,各主题分别为"象形字的构字特点""会意字的构字规律""形声字偏旁部件之间的意义联系""相同部首的书写变体""汉字的构意及其发展""会表意的声符",等等。

譬如复述故事、预测、提问、快速阅读。这是四种常用的语文技能。分别应该怎样学习呢?三至五年级相关单元的交流平台对预测、提问、快速阅读的方法都一一有梳理。五年级上册第三单元的交流平台总结了创造性复述的三种方法:变换人称、改变顺序、合理扩展内容。学习者只需理解、运用并大胆展示。

小学第二、三学段,学的古诗文多起来了,第三学段更有"古诗文诵读"板块。此时,将古诗文按照主题进行归类,如送别诗、边塞诗、咏物诗等,把具有相同特征的信息组合成一个模块,记忆效果会更好,调取也会更顺畅。

3. 针对语言文字运用规律,设计主题探究活动,帮助学生学得梳理、探究与展示的方法

针对形声字构字特点,可以设计"声符教你读什么""形符带你来归类""会表意的声符"等主题探究活动,要求学生依托语文课本后的《生字表》《常用偏旁名称表》分类、归类,并使用流程图、表格、举例、思维导图等形式展示学习成果。

譬如"搂"和"抱"两字,都是"扌"为形旁的形声字,"扌"提示了这两个字的类别都是手的动作,字义的不同是通过声旁来区别的。"娄,空也"。"包"是一个孩子在妈妈的肚子里被肚皮紧紧包裹的样子,所以"搂"是手轻轻地搭着,而"抱"是手臂紧紧地环绕。根据这两个声旁的构字特点,推断出结论:带有声旁"娄"的形声字字义大多与"空"有关,带有"包"声旁的形声字字义多包含"紧紧包裹"的意思。

第二节　统编本综合性学习专题指导示例[①]

一方面,《义务教育语文课程标准(2022年版)》将《义务教育语文课程标准(2011年版)》中的综合性学习要求基本归入"梳理与探究"板块中;另一方面,统编本小学语文第二、三学段春季学期教科书各安排了一个综合性学习专题。因此,本节依托统编本语文教科书,编写相关教案,体现笔者对综合性学习专题指导的主张。

一　三下《中华传统节日》综合性学习指导方案

【教材分析】

由于编者将《中华传统节日》这一综合性学习活动嵌在三年级下册第三单元中,从而使这一单元成了一个不同寻常的特殊单元。该单元的人文主题为:"深厚的传统文化,中国人的根。"课文有4篇,分别为:《古诗三首》《纸的发明》《赵州桥》《一幅名扬中外的画》。语文要素包括"收集传统节日的资料,交流节日的风俗习惯,写一写过节的过程"等多项。编排上,编者通过该单元第一课《古诗三首》触发本次综合性学习活动的兴趣,以《纸的发明》《一幅名扬中外的画》为学生说习俗、写过节过程作样例。

【学情分析】

对小学三年级学生来说,《中华传统节日》这一综合性学习活动系首次大型综合性学习活动。由于是首次,因此,存在不少盲区,包括:① 什么是综合性学习活动? ② 如何开展综合性学习活动? ③ 如何收集资料、记录资料与整理资料? ④ 如何做小组活动计划?

【教学目标】

1. 通过收集资料、整理资料并交流汇报等多项活动,了解春节、端午节、中秋节等中华传统节日深厚的文化内涵和独特的习俗。

2. 能根据小组选定的节日亲自通过网络、图书或其他途径查找资料;能运用表格形式记录节日习俗;能运用从课文中学到的表达方式方法写清楚过节过程;能根据记录面向小组或全班同学清楚讲解过节过程。

3. 积极参与小组讨论,主动展示自己的学习成果,对自己和同学的学习活动能给出评价或建议。

【教学过程】

一、布置开展综合性学习活动(课内)

上次课学了《元日》《清明》《九月九日忆山东兄弟》这三首古诗,加深了对元日、清明、重阳这三个传统节日的了解与感受。我国传统节日还有很多,如春节、元宵节、端午节、中秋节、乞巧节等。接

[①] 本节综合性学习指导方案由赵年秀设计。

下来分三个课外学习小组,开展一次综合性学习活动,一组了解其中一个节日。

二、初步了解节日习俗

该阶段的学习任务为:以表格的形式呈现各组所了解到的节日习俗。表格式样详见课本36页。具体步骤如下:

(1)选定研究主题。各组同学迅速集中商量:你组打算了解哪一节日。(课内)

(2)知晓了解途径。研究主题定下来了,接下来各自阅读课本36页,找找:可以通过哪些途径了解你所选择的这一节日的习俗? 对,泡泡语给出了答案:通过询问长辈和查找资料两条途径了解。(课内)

(3)明了成果记录方式。研究途径明白了,接下来想想:研究成果用什么方式记录下来呢? 对,泡泡语说清楚了:按36页提供的表格记录研究成果。(课内)

(4)各自开展研究并记录。(课外)具体过程此处从略。

(5)组长按36页表格式样汇总研究成果(课外)。汇总方法:删除重复信息,订正错误信息。

三、深入了解节日习俗

1.汇报交流上一阶段的学习成果并布置下一阶段的学习任务(课内)

听了各组的汇报交流,我们对我国的传统节日都多了一些了解。谢谢同学们。接下来,仍然以课外学习小组为单位,继续围绕你组所选定的中华传统节日开展更为深入的综合性学习。下周三上午的语文课上我们将举办我们班第一次综合性学习成果展示会。一组一个展示区,每个组展示的学习成果不能少于三项。可以写过节过程,可以讲过节的故事,可以朗诵与你组选定的节日有关的古诗,或讲讲相关传说,或编手抄报,以春节为主题的可以书写春联,以元宵节为主题的可以制作灯谜。

2.各组商定并汇报、交流研究方案(课内)

现在各组同学迅速集中商量:你组打算开展哪三项以上的活动并填写好活动计划表。活动计划表如表11-2。

表11-2 ××组第二阶段研究计划表

活动内容	信息获取途径	成果呈现形式	责任人
写过节过程		图配文	
讲过节故事或传说			
朗诵相关古诗			
……			

3.各组分头根据研究计划开展课外活动(课外)

具体过程此处从略。

四、举办中华传统节日综合性学习成果汇报会(课内)

成果形式:① 文档形式,写过节的过程;记录过节的故事或传说;仿照《元日》《清明》《九月九日忆山东兄弟》等诗歌,用诗句的形式描述过节的情景。② 音像形式,包括诵古诗、讲传说、写春联、制灯谜、编手抄报等。

这一阶段的任务包括:班委会分布展区、各组准备展品、准备节目单与主持词、公布评价方案。

表11-3 《中华传统节日》综合性学习过程性评价表

评价内容	评价标准	自评	互评
查找资料	能根据小组选定的节日亲自通过网络、图书或其他途径查找资料		
整理资料	能运用表格形式记录节日习俗；能运用从课文中学到的表达方式方法写清楚过节过程；能根据记录面向小组或全班同学清楚讲解过节过程		
小组交流	能积极参与小组讨论；能认真听同学发言，并诚恳地提出改进建议		

四下《轻叩诗歌大门》综合性学习指导方案

【教材分析】

统编本第二单元是现代诗歌单元。该单元的语文要素有三点：① 初步了解现代诗的一些特点，体会诗歌表达的情感；② 根据需要收集资料，初步学习整理资料的方法；③ 合作编小诗集，举办诗歌朗诵会。该单元第一课《短诗三首》后发起本次综合性学习活动，《白桦》一课课后安排了本次综合性学习活动的中期提示。学习品读现代诗的方法、感受现代经典诗歌的韵味，是本单元的教学重点与难点。

【学情分析】

由于嵌入式综合性学习，学生在三年级下册已经历过一次，因此，他们对围绕主题收集资料、整理资料，已具备了一些经验。现代经典诗歌解读方面，由于已学习了《短诗三首》，故而积累了一些初步的解读方法，产生了进一步阅读的兴趣。

【教学目标】

1.通过收集自己喜欢的现代经典诗歌、仿照课文创作现代诗、合作编小诗集以及举办现代诗歌朗诵会等活动，充分感受现代经典诗歌的韵味与魅力。

2.推介自己喜欢的现代诗歌，推荐点正确，理由充分；创作现代诗歌，注意分行书写，并能自觉运用从经典现代诗歌中学到的创作技巧；朗读现代经典诗歌，表情、手势要自然，要能用恰当的语气读出诗歌表达的情感。

3.在三年级的基础上学习更多的收集资料、整理资料的方式方法。

【教学步骤】

一、布置开展《轻叩诗歌大门》综合性学习活动（课内）

《短诗三首》大家都很喜欢。诗是语言的艺术。爱好文艺的孩子都喜欢。因此，这二周我们将进行一次题为《轻叩诗歌大门》综合性学习活动，综合性学习成果展览会上我们除了晒一晒各课外学习小组亲自编写的别出心裁的《现代诗集》外，还将开展多种形式的现代诗阅读活动，包括朗诵诗作，吟唱诗歌与讲诗人创作故事,等等。

二、收集、摘抄喜欢的现代诗并相互报告交流

这次综合性学习第一阶段的学习任务为:收集诗人诗作及创作故事。周三下午语文课上,我们互相晒一晒各自的摘抄本。

1. 选定研究主题(课内)

各组同学迅速集中商量:你组打算收集谁的诗歌?

2. 知晓收集途径(课内)

研究主题定下来了,接下来讨论该诗人诗作及创作故事的收集途径。(提示:你可以通过阅读报纸、杂志、书籍等方式,收集现代诗。)

3. 明了成果记录方式(课内)

研究途径明白了,接下来想想:研究成果用什么方式记录下来呢? 对,课本37页说清楚了:准备一个摘抄本,收集并摘抄喜欢的现代诗。抄写时,可以仿照课本36页,将作者和出处写在当页的左下角。

4. 各自开展研究并记录(课外)

具体过程此处从略。

5. 组长汇总研究成果

汇总表式样如表11-4。汇总时注意同类合并,并订正错误的信息。

表11-4 汇总表

诗人	诗作	收集人	喜欢原因

三、尝试写现代诗并点评、修改(课内,2课时)

具体过程从略。点评、修改关注点涉及三个方面:① 情感;② 意象、意境;③ 用字、造句、结构、章法、表现手法。

四、合作编小诗集

1. 制订编写计划并责任到人

计划内容包括:

(1)编进哪些诗歌?

(2)按一个什么样的框架编?(以诗人为轴,横向是诗人简介、诗作与推荐词。

(3)哪些人负责抄写? 谁负责美工? 谁负责装订?

2. 分头行动

具体过程此处从略。

五、《轻叩诗歌大门》综合性学习成果展览与诗歌朗诵会

这一阶段的任务包括:班委会分布展区、各组准备展品、准备节目单与主持词、公布评价方案。

三 五下《遨游汉字王国》综合性学习指导方案

【教学目标】

1. 感受汉字的趣味、了解汉字文化，增强热爱祖国语言文字的情感，并为汉字的规范使用做一些力所能及的事情。

2. 知晓字谜的特点、猜字谜的方法、歇后语的特点和类型、对联的类型与特点，明了搜集资料的三种途径，清楚活动计划的格式与内容要点，了解简单的研究报告的样式。

3. 能以组为单位多途径地搜集到必要信息，争取将所研究的问题圆满解决，将趣味汉字交流会办得趣味盎然、收获满满，还能将各组的研究报告写得结构清晰合理、研究方法可行、结论与研究的问题及支撑材料都具有一致关系、用语通顺。

【教学过程】

一、导入，明确学习任务（课内）

第三单元综合性学习从今天这二节课开始。分两个阶段开展。第一阶段的题目为"汉字真有趣"。第二阶段的题目为"我爱你，汉字"。仍以小组为单位开展活动。下周为各小组综合性学习汇报与成果展览时间，每小组汇报与交流的时间初定一节课。确定选题、制订活动计划、展示综合性学习成果，是这两周各小组都要做的工作。

二、确定小组研究主题（课内）

1. 读教材，提出个人选题意向

俗话说："题好一半文。"开展综合性学习的第一步就是拟题。

教材第三单元对本次综合性学习提出了一些建议，还安排了一些参考资料，阅读这些建议和参考资料无疑对打开大家的拟题思路有帮助。

老师受43页"活动建议1"的启示，拟定了一个拟开展的综合性学习主题："如何猜字谜"。

选定活动主题的策略：开口要小。开口小，在有限的时间内挖掘才可能深入。

现在运用略读法和浏览法快速阅读本单元所有文字，然后，提出个人选题意向。

2. 小组会议，商定小组选题

一组一个选题。各小组的选题可以不一样，但都要与汉字研究有关系。选题预设：

（1）有趣的谜语，内容为：搜集有趣的谜语，解密谜面编制技巧，解密猜谜方法，自制谜语分享。

（2）有趣的古诗，内容为：搜集有趣的回文诗、叠字诗、藏头诗、谐音诗，讲讲各句诗的意思，说说有趣点在哪儿，朗诵全诗。

（3）有趣的对联，内容为：搜集回文联、叠字联，梳理有趣的类型，讲讲上下联的意思及有趣点。

（4）有趣的歇后语，内容为：歇后语类型梳理、成果展示形式研究。

三、制订活动计划

"题好一半文"，确实，选题是很重要的；不过，活动计划是否周密可行也直接关乎活动结果。老师这儿给大家提供一个自己编写的样例,具体如表11-5。请各组参照此样例制订书面活动计划。

表11-5　××组《遨游汉字王国》综合性学习计划

计划制订时间	小组成员
一、活动主题	如何猜字谜
二、活动目的	(1) 收集各类经典字谜;(2) 归纳总结各类字谜的编法与猜法,提高字谜猜中率。
三、活动时间	第6、7周
四、活动内容、步骤与人员分工	
活动内容与步骤	人员分工
第一阶段:搜集与整理资料	××:负责网上猜字谜资料的搜集与整理 ××:负责到图书馆查阅相关纸质资料并予以整理 ××:负责收集与整理同龄同学朋友的编字谜与猜字谜经验 ××:负责收集来自老师与同社区长辈的编字谜与猜字谜经验 ××:接受以上4位同学的资料,汇总字谜、字谜的编法与猜法
第二阶段:准备参加趣味汉字交流会	××:制字谜 ××:准备主持猜字谜活动包括写作主持词 ××:撰写《编字谜和猜字谜的经验》,会上负责与同学分享编字谜和猜字谜的经验 ××:负责编印小集子——《教你猜字谜》
第三阶段:参加趣味汉字交流会	××,主持猜字谜活动;××,分享编字谜和猜字谜的经验;××,分发小集子《教你猜字谜》;全体参加其他小组的分享活动

四、各小组利用课余时间开展综合性学习活动(课外)

具体过程此处从略。

五、各小组综合性学习第一阶段成果汇报交流与点评总结

总结是积累经验的重要手段,是避免重犯错误的有效方式。教材112页给出了写活动总结的提示。老师这儿给大家提供一个自己编写的具体样例。请各小组参照此样例,做好关于第一阶段活动的书面总结。

××组《轻叩诗歌的大门》综合性学习总结(样例)

××组共有4人,分别是××、××、××和××,××是组长。第6、7周,我们组按照老师的要求分四个阶段开展了一次综合性学习活动,感觉收获很多,进步很大。现将活动的开展情况及取得的进步总结如下:

一、活动主题与目的

1. 主题:欣赏中国古诗的抓手

2. 目的

(1) 收集各类中国经典古诗(包括读过的和没读过的,不包括"词"与"曲")

(2) 归纳总结出欣赏中国古代诗歌的方法与策略,提高对民族古典诗歌的鉴赏能力

二、具体做法

1. 针对薄弱环节选题

老师说:"题好一半文"。我们组四人都喜欢读古诗,喜欢背诵古诗。但是,都不知道怎么区分古诗的高下好坏,这是我们共同的短板,我们想凭借小组的合力来个突破。

2. 研究工作:各尽其责,同心协力,

井然有序

本次综合性学习,我们组四个成员之间既有分头行动,又有意见集中;既有分工又有合作。大家都是尽心尽力,劲往一处使。具体情况如下:

……

三、主要收获

1. 分辨古诗高下的能力大有进步,更加喜欢中国古代经典诗歌了

……

2. 诗词吟诵能力大为提高

……

3. 其他组的成果展,丰富了我们的知识,拓宽了我们的视界

……

四、建议

综合性学习让我们既动脑又动手,我们得到了多方面的锻炼,感觉很有意思。希望一学期能多开展几次这样的专题研究学习。

××年××月××日

六、第二阶段综合性学习研究报告与点评总结

各小组认真阅读课本 47—52 页,完成下列任务:① 从课本 47 页中选择一项开展活动;② 仿照 51—52 页样例——《关于"李"姓的历史和现状的研究报告》撰写研究报告;③ 借助 PPT 与必要的图表或音像,完成面向全班同学的口头研究报告。

具体过程此处从略。

第三节　识字学习中的梳理与探究示例

生字学习或复习阶段,有意识地安排梳理与探究活动,有助于帮助学生体会汉字部件之间的关系,感知汉字与生活的联系,感受到汉字的理据性,从而生发对祖国通用语言文字的热爱之情。

一　斯霞老师的识字梳理课(片段)

师:(指着黑板上表示人称的字词和表示人做事的词语)你们能把谁会做什么搭配起来吗?

(学生随着教师的指示,齐读"老师会唱歌""老师会读书""老师会画画")

师:老师把"会"换成"爱"呢?

生:老师爱唱歌。

生:老师爱读书。

生:老师爱画画。

师:(又在表示动作的词语后面写了"得好"两个字)什么"得好"呢?刚才你们唱歌唱得好,谁来写"唱"字?

(学生把"唱"字写在"得好"的前面)

师:(齐读)我们唱歌唱得好。

师:同学们再挑选黑板上的词语,说说谁做什么,做得怎么样。

生:农民种地种得好。

师:你在"得好"的前面写上"种"。

生:学生写字写得好。

师:你在"得好"的前面写上"写"。

（学生一边说，一边写动词：读、做、排、画、说……）

师：大家把人称和动作连起来读一读。

生：（齐读）老师读书读得好。爸爸做工做得好。小学生排队排得好。

【点评】该教学片段以"表示人做的事"为抓手，不仅梳理复习了两组生字，进一步体悟"称呼""做事"这两个概念的内涵，进一步明白汉字与生活的联系；还习得了表示"谁做什么，做得怎么样"这一比较复杂的句式。教学效率相当高。

二 一上期末复习阶段梳理与探究活动设计（片段）[①]

【教学过程】

一、圈出表示人称的生字

任务一：这个学期我们学习了300个生字，其中有些生字表示人称，如"男、女、朋友"，等等。请打开课本后的《生字表》，将这类表示人称的生字全部圈出来。

参考答案：人、男、女、朋友、老师、哥、弟、叔、孩、爸、爷、妈、妹、奶、姐、娃、你、他。

点拨提升："妈、妹、奶、姐"都是女性，所以，都有"女字旁"。

二、画"木字旁"树

任务二：这个学期我们学习的300个生字中，有些和树木有关。请将课本后《生字表》中"木字旁"的字全部圈出来，然后画一棵"汉字树"，树干中间是个"木字旁"，分出去的枝条是含有"木字旁"的汉字，树叶是由这一汉字组成的词语。

一上课本中含"木字旁"的生字主要有：棋、桌、桥、树、杏、桃、林、森。

三 一下识字课《小青蛙》梳理与探究活动设计[②]

【教学过程】

一、圈画生字表中长得很像的生字

本环节教学任务：《小青蛙》课后生字表中，有些生字长得很像，请阅读生字表，将长得很像的生字圈画出来并多读几遍。

二、根据形旁，猜猜圈画出来的字的含义

教学任务一：圈画出来的这些生字，拥有一个共同的声旁"青"。接下来请根据形旁，猜猜这些生字的含义。

教学任务二：读读课文中这些带生字的句子。

教学任务三：这些生字因为长得很像，所以运用时很容易混淆。请编个顺口溜，帮助记忆与区分。参考答案：太阳出来天放"晴"，目光炯炯亮眼"睛"，心字在旁好心"情"，三点水儿河水"清"，有言在先把你"请"。

[①] 本案例由赵年秀设计。
[②] 本案例由赵年秀设计。

三、在新情境中运用"青字族"生字

提问:"青字族"中的生字我们认识了五个,收获真不少。接下来,进入选字填空环节。谁能都选对用准呢?

填空题如下:

(1)__山出__泉。

(2)今天天气真__朗。我们来到小河边。河里的水真__啊!突然,草丛里跳出一只小__蛙,大大的眼__。有同学跑去准备捉住它。老师对他说:"__不要捉青蛙,它能为我们做好多事__。"

四、拓展学习"包"字族生字

"青字族"的生字我们学习了五个。接下来,请打开书第63页,一起学习"包字族"中的生字。先请据拼音读读包字族儿歌。(具体过程此处从略)

四 二下识字课《"贝"的故事》梳理与探究活动设计[①]

【教学过程】

一、梳理学过的字,感知汉字与生活的联系

同学们,《"贝"的故事》告诉我们,甲骨文中的"贝"字,就像一种海贝的样子。接下来,我们来一场头脑风暴,猜一猜,我们学过的哪些汉字,在甲骨文中,也像生活中事物的样子?

本环节其他过程从略。

二、观察字形,体会汉字部件之间的关系

同学们,《"贝"的故事》还告诉我们,由于古人把贝壳当作钱币,因此,用"贝"做偏旁的字大多与钱财有关,必如,"赚、赔、购、贫、货"。接下来,请出声读一读几组汉字,仿照课文,使用"由于……因此"句式,说说你的发现。

炒 烤 烧
煎 蒸 煮

怒 恋 感
慌 惊 怕

刺 刮 剑(jiàn)
分 剪 切

我发现带"火"和"灬"的字多与"火"有关。

本环节其他过程从略。

第四节 课文学习中的梳理与探究示例[②]

【教学过程】

一、追寻笔名来历,走近"鲁迅"

师:这人是谁啊?

生:鲁迅。

师:鲁迅先生本名周树人,鲁迅是他的笔名。周先生一生用了一百四十多个笔名,"鲁迅"便是其中的一个。有谁知

---

① 本案例由赵年秀设计。
② 执教:薛法根;各板块命名与点评:赵年秀。

道这个笔名的来历?(生沉默)

师:有两种解释。其一,"鲁"是他母亲的姓。她母亲叫鲁瑞,是一个大家闺秀。"迅"呢?是鲁迅小时候的小名。小时候,人们都叫他什么?(板书:迅哥儿)念。

生:迅哥儿。

师:还有一种解释。鲁迅的好朋友问他:"你为什么用鲁迅这个笔名?"他说:"我这个人哪,比较愚鲁。"就是我这个人比较笨,但是无论做什么事都很迅速。这是一种自谦的说法,相当于我们常说的"笨鸟先飞"。除了这两种解释,可能还有其他解释,课后你们可以去查查。鲁迅用这个笔名发表了一系列的小说。1921年,他又写了一篇小说《故乡》。我们今天学的这篇课文,就是这篇小说中的一个片段。编者给它取了个题目,叫——

生:(齐)少年闰土。

师:这篇课文,回忆的是鲁迅小时候和一个少年——闰土在一起生活的经历。

二、梳理"反常"用字,扫除阅读障碍

师:课文中有很多字词和我们现在的习惯用法不一样。比如说"项带银圈",这个"带"应该是哪个字?

生:"戴"字。

师:戴在脖子上,不是带在身边的"带",现在看这肯定是个错别字。再比如说"尽力的刺去",这个"的"应该是——

生:"提土旁"的"地"。

师:在那个年代,"的、地、得"三个字是不分的。还有"检贝壳"的"检",应该

用什么旁?

生:"提手旁"的"捡"。

师:以前是这样用的,现在再写成这样就是错别字。再比如"月亮地下",应该是哪个字?

生:"底"字。

师:那个时期,"他、她、它"也不分,猹应该用哪个字?"宝盖头",它是动物,可课文里用了"单人旁"的"他"。还有"希奇"的"希",我们现在是用"禾木旁"的,课文里用的是"希望"的"希"。还有表语气的"阿"字,应该有"口字旁",但是课文中的没有。此外,课文中还有些方言。鲁迅先生是哪个地方的人?

生:浙江。

师:浙江绍兴人。他很多文章用的就是绍兴方言词。比如这个"缚",我们现在都说——

生:系。

师:"缚"也是浙江的方言。还有"日里",我们现在说——

生:白天。

师:还有一个词"便是",用我们现在的话——

生:就算是。

【点评】《少年闰土》是白话文的早期作品,文中有些用字和现在不同。这些不同,编入教材时未改动。教学时,薛老师让学生汇总这些"反常"词语,读一读,改一改,辨一辨,既明白了当代普通话语境下这些字词的正确用法,还积累了早期白话文时代的用字知识,为解读同类作品扫除了一些障碍。

三、抓住课文关键词句,探寻"我"与"闰土"的关系及其变化过程

师:小说一般不大声读,应该用眼睛

看。现在请你们默读全文,思考一个问题:课文写的人物叫——少年闰土。鲁迅当时也是一个少年。他们两个人原来是什么关系?相处了一段时间以后,两个人又是什么关系?在关键的地方可以做一点记号。

(生默读)

师:读完了吗?看一遍,一般三分钟就可以了。一开始,闰土和鲁迅是什么关系?

生:朋友关系。

师:说说依据。从哪里看出他们是朋友关系?

(生沉默)

师:读书一定要细致。请看课文第2自然段。闰土的身份是什么,鲁迅的身份是什么?

闰土的父亲是鲁迅家里的——

生:忙月。

师:忙月就是短工,打工的。鲁迅家是大户人家,有很多田产。鲁迅的祖父在朝廷里做过官,他家是官宦人家。家里有长工,还有短工。他们家有一个短工,短工的儿子叫——

生:闰土。

师:鲁迅的身份是什么?

生:少爷。

师:什么样的人才是少爷?

生:一般就是大户人家主人的儿子。

师:少爷的爸爸叫什么啊?

生:老爷。

师:鲁迅是家里的——少爷,闰土是短工的——儿子。两个人身份不同,是什么关系?

生:是主仆关系。

师:写下来。接下来是什么关系了?

生:朋友关系。

师:找到依据,他们几时成朋友了?

生:第4自然段"于是不到半日,我们便熟识了"。

师:找到一个关键词。

生:熟识。

师:来,圈出来。一般的仆人叫鲁迅为少爷,但闰土跟鲁迅熟识以后叫他什么?

生:迅哥儿。

师:他们以兄弟相称,是朋友关系。到了最后,两个人成了什么关系?

生:成了形影不离的朋友。

师:形影不离还不够,分别的时候——

生:"我急得大哭,他也躲到厨房里,哭着不肯出门。"

师:分别的时候,我哭、他也哭,说明他们是什么关系?

生:我觉得可以用难舍难分这个词来形容。

生:我觉得他们应该是手足情深的兄弟。

师:是的,感情更进一步了。把那两个"哭"画出来。之前是熟识,后来分别时两个人都哭了。小说就要这样对比着读才有意思。最后一个问题,少年闰土和少爷鲁迅熟识,用了多长时间?

生:半日。

师:不到半日,就熟识了。两个人成为难舍难分、像兄弟一样的朋友,用了多长时间?

生:一个正月。

师:正月知道是什么意思吗?就是农历大年初一开始,到过完这个月,叫正月。读小说一定要注意人物以及人物之间关系的变化。这才算有读小说的眼光。两个人相处一个月,谈的话多不多?

干的事多不多？——闰土干什么事？

生：管祭器的。

师：祭器是银的，很值钱，要看着，防止被人偷走。这些事，鲁迅先生有没有写？

生：没有。

师：他看祭器的过程，也没写。作者只写了什么呢？

生：只写了他跟闰土一起聊天。

师：听闰土给他讲——

生：故事。

师：不是故事，叫——新鲜事、稀奇事，对不对？这篇小说很奇怪啊。一般我们写小说都要写两个人去干什么事，这些事他都不写，只写闰土给他讲——

生：新鲜事。

【点评】 阅读《少年闰土》，学生会更多地关注"我"和闰土相识、相交、相别的过程，往往会忽略文中一段关于"忙月"的补叙。这段补叙看似闲笔，实则有心，点明了"我"和闰土各自的身份与关系：少爷与仆人，暗示了"我"和闰土是"主仆"关系。读小说，厘清人物之间的关系及其变化，有助于把握课文的主要内容。

四、探"趣事"之"趣"，并读准"看、奔"等多音字

师：课文讲了哪些新鲜事？

（生读第7自然段）

师：这段讲了一件什么事，用一个词概括一下。

生：捉鸟。

师：在什么地方，什么时候捉鸟？用四个字概括。

生：雪地捕鸟。

师：奖励你把这个词写在黑板上。请大家也写下来。这件事情你们干过吗？

生：读这篇课文之前，在姥爷家的时候，我就自创了这种方法。

生：我回老家的时候，爷爷教过我。

师：但是大部分同学都没干过这件事，对吧？你看，这件事对你来说新鲜吗？

生：新鲜。

师：哪儿新鲜？

生：下大雪的时候，用那种竹匾来捕鸟，我没有尝试过，觉得十分新鲜。

师：你看他捕鸟的方法新鲜不新鲜？在课文中找到相关的句子。

生："我扫出一块空地来，用短棒支起一个大竹匾，撒下秕谷。"

师：秕谷，知道是什么吗？谷有两种：一种是饱满的，可以碾成米粒；还有一种不饱满，就叫秕谷。

生："看鸟雀来吃时，我远远将缚在棒上的绳子只一拉，那鸟雀就罩在竹匾下了。"

师：请你把这里的动词圈出来，玩法很新鲜。再看，还有什么新鲜的？

生："什么都有：稻鸡，角鸡，鹁鸪，蓝背……"

师：刚才说捕过鸟的那两个同学，你们捕到过什么鸟？

生：麻雀。

师：可课文中没写麻雀，为什么？因为麻雀太常见了。他捕到的鸟，你们见过吗？

生：没有。

师：听说过吗？

生：没有。

师：这就叫新鲜。第二件事？概括一下。

（生读第10自然段）

生：海边拾贝。

师：奖励你把这四个字写到黑板上。一般的贝壳闰土不说,他说的是什么啊?"红的绿的都有。"你们有没有捡到过红的、绿的贝壳啊?

生：没有。

师：我们一般捡的都是些灰色或白色的,对吧?"鬼见怕""观音手"你们见过吗?

生：没有。

师：这就叫新鲜。说捡到一个小海螺,就不新鲜了。接下来,他又说了一件什么事?

(生读"看瓜刺猹"相关段落)

师：读得不错。有一个字要注意,请注一下音"倒奔向你"——不是"奔"来(第一声),是"奔"(第四声),冲着你冲过来。冲着你,就是有目的、有方向的意思。你看,这个猹冲着人冲过来。你怕不怕?

生：怕。

师：是的,令人害怕。这是一件什么事呢? 四个字总结。

生：看瓜刺猹。

师：来,奖励你写下来。你们干过这件事吗?

生：没有。

师：你们敢干这件事吗?

生：不敢。

师：我就知道你们胆小。(生笑)最后还有一件事?

(生读"看跳鱼儿"相关段落)

师：新鲜吗?哪儿新鲜?潮汛要来的时候,跳鱼儿还有两只脚在跳。新鲜! 这是一件什么事?

生：看跳鱼儿。

师：看跳鱼儿,不同于看(第一声)瓜刺猹,这里的"看"读第四声。写下来,"看跳鱼儿"。

少年闰土给少爷鲁迅讲了几件新鲜事啊?

生：四件。

师：是不是只有这四件?

生：第17自然段后面有一个省略号,表示后面还讲了许多有趣的事。

生：第18自然段中"阿!闰土的心里有无穷无尽的稀奇的事",从"无穷无尽"能看出闰土还知道很多稀奇的事。

生："都是我往常的朋友所不知道的",从我往常的朋友的表现也能侧面反映出闰土心里有无穷无尽的稀奇的事,都是我不知道的。

师：嗯,你还知道侧面描写,很专业啊。四件事,是不是都很新鲜?不要说作为少爷的"我"没干过,连我们也没有干过,说明闰土说的真的是新鲜事、稀奇事。课本上有幅插图,那个蹲着的是谁?

生：鲁迅。

师：他在那里听闰土讲新鲜事,他是怎么听的?(生：蹲着,托着腮听)我们来做一做这个动作,这个动作表示什么呢?

生：鲁迅听得很入迷。

师：这四件事,闰土讲到哪一件事的时候,蹲着的鲁迅可能会跳起来?

生：我觉得是看瓜刺猹。

生："你听,啦啦的响了,猹在咬瓜了……走去……"我听到这里也觉得有点紧张,急着要听闰土到底怎样刺猹。

师：讲其他三件事的时候,鲁迅有没有插嘴?

生：没有。

师：但是讲这件事情的时候,鲁迅插了几次?

生：两次。

师："晚上我和爹管西瓜去,你也

去。"鲁迅插嘴说——

生:"管贼么?"

师:"你便捏了胡叉,轻轻地走去……"然后——

生:"他不咬人吗?"

师:猹咬人,很凶猛,比狗凶多了。现在我们来读一读"刺猹"这件事。自己练习,要读出能让所有人都听着听着跳起来的感觉。

(生练习读)

生:"晚上我和爹管西瓜去,你也去。""管贼么?"

师:"管贼么?"应该怎么读?要换一个语调。再来。

(生读,集体鼓掌)

师:真好!小说写得精彩的地方,一定要这样读一读。四件事中,这件事最令少年鲁迅感觉新鲜、刺激。所以这个部分要读好!少年鲁迅听了这四件事,很是感慨,他在文章中插了几段话。他是怎么写的?

生:(读)"我那时并不知道这所谓猹的是怎么一件东西——便是现在也没有知道——只是无端的觉得状如小狗而很凶猛。"

师:小时候"我"不知道猹是什么东西,长大了知道吗?

生:不知道。

师:对,现在都不知道。

【点评】在解读四件"稀奇事"的具体内容的同时,适时积累"看、奔"等多音字在文中的正确读音与意义,语文味浓浓的。

五、细读四个"不知道",探寻作者插入议论的深意

师:讲完这件事情,他又插入了一段话,读!

生:(齐)"我素不知道天下有这许多新鲜事:海边有如许五色的贝壳;西瓜有这样危险的经历,我先前单知道它在水果店里出卖罢了。"

师:插入的这些话,就是鲁迅当时听了以后的——感慨,我们称为议论。讲完了看跳鱼儿,鲁迅又发了一段感慨。读!

生:(齐)"阿!闰土的心里有无穷无尽的稀奇的事,都是我往常的朋友所不知道的。他们不知道一些事,闰土在海边时,他们都和我一样只看见院子里高墙上的四角的天空。"

师:闰土是在海边的农村长大的孩子,而那个时候少爷鲁迅在哪里呢?

生:院子里。

师:在院子里,在三味书屋里,跟着寿镜吾先生念私塾。你们去过绍兴吗?读鲁迅的作品,一定要去绍兴看看,看看三味书屋,看看鲁迅坐过的那张桌子,看看那个院子,看看那院子上四角的天空。这篇小说有个非常有特色的地方,就是叙事之后发表一段自己的议论。这三段议论中,用得最多的一个词是什么?

生:"不知道"。

师:对,他一连用了四个"不知道"——"我并不知道""我现在不知道""我从来都不知道""我的朋友们素不知道",他到底想说什么呀?

生:他想说少年闰土的生活很新鲜。

师:这是一层意思,你读懂了。

生:我觉得是写出了作为少爷的"我"对外界的了解非常少。

生:我觉得是说闰土知道的非常多,他对闰土十分敬佩,对乡村生活十分向往。

238

师：这就是鲁迅藏在文字里、没有明确表达出来的意思，你理解得更深了。

生：四个"不知道"表达出"我"觉得自己的见识非常少。第18自然段最后说，"他们都和我一样只看见院子里高墙上的四角的天空"。我和往日的朋友就像井底之蛙一样。

师：鲁迅用四个"不知道"，告诉我们身为少年的"我"的见识就像井底之蛙，只是读了书本上的知识，而闰土就像井沿上的那只小鸟，看到的是一望无际的、无穷无尽的大千世界。你理解得很深刻，掌声鼓励！

生：我觉得，鲁迅觉得他有闰土这个朋友十分的好。

师：换成幸运，会不会更好一些？因为鲁迅经常和少爷们在一起，现在遇见一个与众不同的伙伴，觉得很幸运。

生：我觉得鲁迅写四个"不知道"是为了反衬闰土心里有无穷无尽的新鲜事。

师："反衬"这个词用得非常好。这篇小说叙事的过程中用了议论，把想说的心里话写出来，这种写法叫——夹叙夹议。我们以后也可以这样写。海边拾贝，作者议论了，但雪地捕鸟有没有议论？没有。我们来做个口头小练习：假如闰土现在和我们讲这些故事，我们要发表一段议论，要怎么议论？来，试试！

生：这事我都不知道，你可真厉害，闰土。

生：啊，原来还有捕鸟这种活动啊，而且还能用这么神奇的方法，即便用这么简陋的工具，也能捕到这么多新奇的鸟类。

生：啊，世上居然还有这样有趣的事，真幸运能交上闰土这个好朋友。

师：嗯，不错。但是到目前为止，没有一个同学能像鲁迅那样发感慨的。

生：啊，我并不知道有这样聪明的捕鸟方法，也不知道有这么多的鸟。

师：嗯，用了两个"不知道"，不错。当然，这样的感慨可以很多，可为什么这段叙述以后鲁迅没有发感慨呢？（生陷入沉思）这个问题有点难，因为在闰土没来之前，他就听说闰土会捕捉小鸟雀，他已经有了心理准备，知道他会捉小鸟。而下面讲的三件事——

生：海边拾贝，看瓜刺猹，看跳鱼儿。

师：这都是他从来都没听说过的事。

【点评】本环节的教学设计极为精妙，不仅让学生明白作者在何处插入了议论及为什么要插入这些议论，还让学生明白，何处没插入议论，以及不安插的原因；不仅理解了作者，习得了新的表达方法，还加深理解了课文在内容安排上的逻辑性。

六、赏读美丽画面，感悟表达奥秘

师：这四件事中的哪一件事，随着岁月酝酿慢慢地发酵，最后在鲁迅的心里转化成一幅奇异的画面？

生：我觉得是看瓜刺猹。

……

师：如果我这样写——天空中挂着一轮圆月，下面是海边的沙地，种着一望无际的西瓜。这幅画是什么画？（生：黑白画）现在是什么画？（生：彩色的画）所以把三个颜色词圈出来。如果把这段最后一句删去，你觉得怎样？

生：没有写出这个猹的反应，就体现不出少年闰土的英勇。

师：所以作者是用猹来反衬少年闰土的英勇。现在把这段再读一读，让这幅画面留在自己心里。

(生齐读)
……

【点评】解读课文,梳理功夫固然必不可少,探究表达奥秘的功夫更是得落到实处。因为只有如此,才能达到提高语言文字运用水平这一目标。

第五节 汉语拼音学习中的梳理与探究示例[①]

调研发现,一年级汉语拼音新课中,存在不少难点,有些字母形体易混淆,有些音节难认读。若能适时梳理难点,学得区分与辨别方法,则会事半功倍,有效达成汉语拼音学习之初衷——帮助识字、正音、学习普通话。

一 单韵母发音要领梳理

【设计思路】

新课学完后,还需复习巩固。单韵母收课阶段,让一年级小朋友熟读背诵单韵母发音儿歌,是一种省时省力的复习方式。再:因为一年级小朋友易学易忘,所以,新课《③bpmf》正式学习前,也还有必要借助已学儿歌帮助小朋友再次复习单韵母的发音要领。

下面二首单韵母复习儿歌,各有特点,可任意使用其中之一。

第一首,先提示发音要领,再一个一个练读,复习用时少、质量高:单韵母,很重要,发音口形要摆好。张大嘴巴 a a a,拢圆嘴巴 o o o,嘴巴扁扁 e e e,牙齿对齐 i i i,嘴巴小圆 u u u,撅嘴吹哨 ü ü ü。ā á ǎ à,ō ó ǒ ò,ē é ě è,ī í ǐ ì,ū ú ǔ ù,ǖ ǘ ǚ ǜ。

第二首,不仅点出了单韵母发音要领,而且还融入形状、声音以及色彩,符合儿童接受心理:a 是姐姐梳辫子,张口歌唱 aaa;o 是公鸡早上起,嘴巴圆圆 ooo;e 是白鹅水面游,嘴巴扁扁 eee;i 是大头娃娃立,穿件衣服 iii;u 是小鸟树上窝,小小乌鸦 uuu。

【教学过程】

一、个别背诵

单韵母复习歌谁记得?请你背给大家听。嗯,不单声音好听,还背得完全正确。单韵母复习歌谁还记得,并且还能一边背儿歌一边做动作?好,请你背给大家听、做给大家看。

二、全班齐声背诵

背得流利,动作做得很到位,真是一位好小老师。请全班同学向她学习,边做动作边齐声背诵。

三、总结并提出新课学习任务

背得真整齐。接下来,学习声母,请打开书第 24 页,一起看这一页上的插图。

[①] 本节教案由赵年秀设计。

区分"b-d""p-q"二组易混淆字母

【设计思路】

研究表明,汉语拼音学习,小朋友常常混淆"b-d""p-q"这二组字母。又:统编本一年级语文上册第二单元第3课课题《bpmf》,第4课《dtnl》,第6课《jqx》。因此,按照遗忘规律,当在一学完第6课之q后便组织"b-d""p-q"两组声母的辨析与巩固活动,方为教得适时。方法方面,基于一年级小朋友的接受特点,主要使用游戏法、活动法、看图读音节法,确保课堂节奏张弛有致,活动性、游戏性、形象性、趣味感都具备。

【教学过程】

一、检查"b-d""p-q"认读情况

这四个拼音宝宝长得有点像,谁有火眼金睛,分得清、念得准?

二、玩"摆字母、念儿歌"游戏

这几天很多小朋友表现都不错,为奖励大家,我们一起玩"猜字母、念儿歌"游戏。先猜字母。

1. 猜字母

我摆字母的样子,你们猜字母。【教师背对儿童站着,伸出左拳,拇指向上,演示出b字母的形体,要求学生猜对应字母;再伸出右拳,拇指向上,演示出d字母的形体,要求学生猜对应字母。】

2. 跟着老师做与念

请全体出位,照我的样子做与念。【教师背对儿童站着边演示边念:"左拳b来右拳d,两拳相对念bd,左竖朝上就念b,播音的b;右竖朝上就念d,马蹄踏地嘚嘚响的d。"】

3. 同桌出位两两相对站立边做边念

请同桌两两相对站立,大声念并做给对方看。比比谁做得更到位。教师巡视并个别指导。

4. 摆字母,区分"p"和"q"两个字母的形体

提出任务:b和d两个字母的形体我们能通过动作区分了。下面,一起想想,如果是"p"和"q"该怎么通过动作区分呢?同桌互相议论,想好了就做一做。

参考答案:将两拳相对后,向下翻,大拇指朝下,演示出pq字母的形体。边演示边说:"左下p来右下q,两拳相对念pq;左拳朝下就是p,泼水的p;右拳朝下就是q,七八九十的q。"

教师巡视课堂,发现好摆法,就让全体同学观摩,集体学做。

三、看图读音节,巩固强化

小朋友们,游戏就玩到这里。接下来,我们看图读音节。【说明:教师出示的第一组音节中都有字母b与d。第二组音节中都有字母p与q。两组音节此处从略。】先各自读读,念准后读给同桌听。谁能都读准?谁还能都读准?请当小老师领着全班一起读。全班齐读。谁能边读音节、边想词语并且还能用音节编个小故事呢?

【点评】第三步"看图读音节,巩固强化"最是必要。这是在借助小学生生活经验、生活情境与日常口语词汇,使音

节与意义关联,增强拼音学习的意义感,维持学习汉语拼音的兴趣。同时也有利于记忆所学音节。

三 区分"ie-ei""iu-ui"二组易混淆复韵母

【设计思路】

研究表明,汉语拼音学习,小朋友常常混淆"ie-ei""iu-ui"这二组字母。又:统编本一年级语文上册第三单元第 10 课课题《ai ei ui》,第 11 课《ao ou iu》,第 12 课《ie üi er》。因此,按照遗忘规律,当在一学完第 11 课后便组织"ie-ei""iu-ui"两组复韵母的辨析与巩固活动,方为教得适时。

【教学过程】

一、检查"ie-ei""iu-ui"认读情况

这两组拼音宝宝长得有点像,谁有火眼金睛,分得清、念得准?

二、用摆首字母口形的方法辨析

这两组拼音宝宝因为长得有点像,所以,很容易混淆。老师找到了一个区分方法,这方法叫"摆首字母口形法"。教师示范。学生练读。

三、看图读音节,巩固强化

音节:"diū le""shuǐ bēi""dǎ léi""liè rén"。

【点评】 主要使用了讲解法、示范法、练习运用法。教学方法丰富、可行、有效。教学步骤方面,按"复习—新课—巩固运用"这一路径进行,步骤分明且合理。

四 区分五组难认读音节

【设计思路】

研究表明,"jū-qū-xū""jué-quē-xué""juān-quān-xuān""jūn-qún-xún""yu-yuan-yun"这五组音节一年级上册的小朋友常常读错。因此,有必要针对出错原因,找寻突破对策,帮助学生高效走出这一拼音学习的困境。经调研,出错原因为:没有掌握"ü 与 j、q、x 及 y 相拼 ü 上两点要去掉"这一规则。本次课的每一环节都具有相对独立性,可根据实际嵌入一年级上册第二、三单元的相关新课的间隙中。当然,本次课也可看作一堂专题复习课,在学完一年级上册第二、三、四单元之后立马开始。

【教学过程】

一、复读 jū-qū-xū 三个音节,初识规则

同学们,j q x 是三个淘气鬼,它们从不和 ü 在一起;见了小 ü 更淘气,吹走小 ü 的圆泡泡。看黑板,一起读读这三个音节。(在教材第 34 页)

三个音节都会读了,接下来一起用

这三个音节组词说话。谁会？（预设：居住、居民、马驹、鞠躬、拘礼、拘束、狙击手、苴麻/曲线、曲棍球、区分、驱赶、屈服、蛆虫、祛除、趋势、觑觑眼/须知、虚假、需要、嘘寒问暖、黑魆魆）

二、复习 jué-quē-xué 这三个音节，在新情境中运用规则

一起读读 jué-quē-xué 这三个音节（在教材第49页）并谈谈你的发现：j q x 是三个淘气鬼，它们从不和 ü 在一起；见了小 ü 更淘气，吹走小 ü 的圆泡泡。

这三个音节也都会读了，接下来谁会用这三个音节组词说话？（预设：决定、决赛、诀窍、抉择、角色、觉察、公爵、镢头、攫取、一蹶不振/缺嘴、缺点、缺勤、缺德、缺损/穴位、学会、学期、学堂、摆噱头）

三、复习 juān-quān-xuān 这三个音节，再次在新情境中运用规则

一起读读 juān-quān-xuān 这三个音节（在教材第51页）并谈谈你的发现：j q x 是三个淘气鬼，它们从不和 ü 在一起；见了小 ü 更淘气，吹走小 ü 的圆泡泡。

这三个音节也都会读了，接下来谁会用这三个音节组词说话？（预设：捐款、我最怕被妈妈圈 juān 起来、寺庙柱子上镌刻着一副对联/妈妈喜欢边读书边圈点、圈套、圈椅/宣布、宣纸、宣传、喧闹）

四、复习 jūn-qún-xún 这三个音节，第三次在新情境中运用规则

一起读读 jūn-qún-xún（在教材第52页）并谈谈你的发现：j q x 是三个淘气鬼，它们从不和 ü 在一起；见了小 ü 更淘气，吹走小 ü 的圆泡泡。

这三个音节也都会读了，接下来谁会用这三个音节组词说话？

预设：军队、军训、均匀、龟裂、君主/裙子、群众/上旬、下旬、寻常、寻死觅活、寻找、巡夜、询问、循序渐进、遵循、鲟鱼。

五、复习 yu-yuan-yun 这三个整体认读音节，提升认识

一起读读 yu-yuan-yun 这三个音节（在教材第51页）并谈谈你的发现：y 是个淘气鬼，见了小 ü 总要吹走它的圆泡泡。（或者说：小 ü 遇上大 y 哥，擦掉眼泪笑呵呵。）

这三个整体音节也都会读了，接下来谁会用这三个整体认读音节组词说话？预设：迂腐、淤泥、草鱼、余地、于是、安度余生、余音绕梁、痰盂、娱乐场所、愚钝、舆论、岛屿、宇宙、下雨、语调、玉米、教育、预备、欲望、相遇、比喻、寓言、富裕/鸳鸯鸟、冤枉、老师学问渊博、金元宝、元旦、菜园子、党员、原因、原来、圆满、救援、缘分、远近、怨恨、院子、愿意/晕头转向、晕头晕脑、云彩、云雾、匀称、耕耘、允许、孕妇、运动、运送、韵味、熨斗。

这一节课，复习了15个音节，并发现了它们的形体变化规则，这规则就是：ü 与 j、q、x 及 y 相拼 ü 上两点要去掉。请再一次齐声读读它们。

课程思政

教师应利用无时不有、无处不在的语文学习资源与实践机会,引导学生关注家庭生活、校园生活、社会生活等相关经验,增强在各种场合学语文、用语文的意识,建设开放的语文学习空间,激发学生探究问题、解决问题的兴趣和热情,引导学生在多样的日常生活场景和社会实践活动中学习语言文字运用。

项目实践

基于统编本小学语文四年级下册课本以小组为单位开展一次题为《轻叩诗歌大门》的综合性实践活动。要求:

(1)从诗人、内容、形式等角度中选一个角度编现代诗诗集,注意三点:其一,各组所编的现代诗分类依据尽量避免雷同;其二,必须收录本组同学仿四下第三单元课文而写的仿诗;其三,必须有"讲"与"赏"部分,用自己的话讲讲词意、句意、整首诗的意思并赏析诗的形式美、画面美、情感美、节奏美和韵味美。

(2)拍摄关于你组现代诗朗诵、现代诗赏析环节的微视频并上传到学习平台。

第十二章 小学语文教学研究简论

学习目标

1. 知晓本国语文教育的嬗变历程,学习本国语文教育的宝贵经验,了解国际母语教育态势,清楚语文教育研究的基本方法。

2. 运用关于小学语文教学研究的基本理论,尝试开展小学语文教学研究活动并撰写关于小学语文教育的小论文。

3. 在尝试进行小学语文教育研究的活动中培植从事小学语文教育教学的情怀。

问题探究

1. 什么是"八面受敌法"?
2. "读文四看法"是哪"四看"?
3. "阅读与反应"是一种什么样的教学方法?

思维导图

小学语文教学研究简论
- 1. 知晓本国语文教育史
  - 积极承传古代语文教育的优秀传统
  - 知晓现代语文教育的发展历程及主要成果
- 2. 了解国际母语教育态势
  - 美国语文教育概况
  - 英国语文教育概况
  - 法国语文教育概况
  - 德国语文教育概况
  - 俄罗斯语文教育概况
- 3. 懂得如何基于教学岗位开展教学研究
  - 从自我困惑中找研究项目
  - 带着问题读经典论著、优质期刊和权威报纸,夯实理论基础
  - 带着问题与课例对话
- 4. 掌握语文教育方向毕业论文的写作方法
  - 定选题
  - 确定研究方案并扎实开展调研
  - 拟初稿、成定稿并准备论文答辩

语文教育研究有广义和狭义两种。小学语文教师的日常教学工作中已经包含许多"研究"的因素，如观摩与评课、钻研语文教材、了解学生、制订语文教学计划、安排语文教学过程、选择语文教学策略，等等，这些都可以称为广义的语文教学研究。一个语文教师如果没有做广义的语文教学研究，他的语文教学工作是断然做不好的。狭义的语文教学研究，是一种以小学语文教育问题为对象，以科学方法为依托，以探索小学语文教育规律、指导小学语文教育实践为目的的创造性的认识活动。

这里的所谓"小学语文教育问题"，是指小学语文教育领域客观存在的、需要探明和解决的种种矛盾和疑难。譬如：小学语文期末命卷怎样才能做到既能有效引导平时的学习又不至于给教师"增负"呢？再如："互联网＋"背景下小学语文教学怎样开展线上线下相结合的混合式教学？等等。

科学方法的内涵是比较广泛的。我们在教育科研中所运用的研究方法，如文献法、历史法、观察法、实验法、调查法、比较法、预测法、统计法等，均具有科学方法的性质。

当然，进行教育科研需要一定的知识基础与研究背景。狭隘的知识视野会限制教师研究的广度与深度，而宽广的知识背景则可以为教师的教学研究提供平台。

第一节 知晓本国语文教育史

坚持创新导向是义务教育课程标准修订完善的一大原则，"既注重继承我国课程建设的成功经验，也充分借鉴国际先进教育理念，进一步深化课程改革"是课程标准修订的共同要求。语文教育研究专家周庆元先生也曾谆谆告诫我们：创新立足承传。应既"总结我国语文教育的成败得失"，又"借鉴各国母语教育改革的经验"，而且相比之下，积极"承传"本国语文教育的优秀传统和宝贵的现实经验显得尤为重要。"因为它更加直接，更加切实，更有本土特色，更加便于承传、改造与创新；而且，'越是民族的，才越是世界的'，只有承传好自己的优秀传统和现实经验，才有可能使我们的创新独具民族特点与中国特色，使我们的母语教育自立于世界民族之林。"

本节基于基础教育课程改革总要求及周先生的论述，从本国语文教育史长河中撷取几朵精美的浪花共同分享，希望诸位能从此开始深入研究下去，从而使我们的小学语文教育研究更具历史眼光和民族文化底蕴。

一、古代语文教育回眸

中国古代教育中，并无独立的语文课程，但语文教育早在远古时代就开始了。西周时代面向贵族的"六艺"教育——"礼""乐""射""御""书""数"，就有语文教育的成分，"乐"包括音乐、诗歌、舞蹈，"书"，包括识字、写字。

春秋时候，私学兴起。为了教育弟子，孔子删《诗》《书》，定《礼》《乐》，赞《周易》，修《春秋》，并以之为基本教材。《诗经》居于《六经》之首，是孔子非常重视"诗教"的体现。他说："小子何莫学乎《诗》？诗，可以兴，可以观，可以群，可以怨。迩之事父，远之事君。多识于鸟兽草木之名。"(《论语·阳货》)孔子的上述言论，后人称之为"兴观群怨"说，该学说指出了诗歌的7大教育作用，用今天的话翻译，即① 感发志趣；② 考见得失；③ 教人团结和睦；④ 陶冶性情，使人怨而不怒；⑤ 孝顺父母；⑥ 报效国家；⑦ 增长百科知识。孔子还把诗歌学习看做是提高外交能力的途径，他说："不学诗，无以言。"(《论语·季氏》)意思是，要学会说话、办外交，就要学诗。

战国时代，出现了世界上最早的教学论著作——《学记》，比捷克大教育家夸美纽斯《大教学论》的问世，还要早1800多年。该著作言简意赅，提出了"教学相长"、善喻善教等著名的教学原则。什么是"善喻善教"呢？原文为："道而弗牵，强而弗抑，开而弗达。道而弗牵则和，强而弗抑则易，开而弗达则思。和、易以思，可谓善喻也。"意思是：要疏导，而不要强迫；要激励，而不要压制；要开通其思路，但不径直告诉其结论。做到这三点，那么师生之间就关系和谐，学习就变成容易的事，学生也能形成独立思考的好习惯。"和""易""思"三者都做到了，就算"善喻""善教"了。由此可见，启发式教学、重视思维能力培养等都是我国源远流长的教育传统。

"以学生为主体"的思想在《学记》中也有明确表述，原文为："必也，其听语乎。力不能问，然后语之。语之而不知，虽舍之可也。"意思是：为人师，一定要先听学生发言与质疑。只有当学生发现了问题而又凭一己之力解答不了时，教师才加以讲解；假如讲了还不明白，就不必再讲下去，留待以后再因势利导。

识字写字教学在中国古代一直受重视。课本方面，秦代的《仓颉篇》是丞相李斯作的；汉代的《凡将篇》作者是大文学家司马相如，《劝学篇》的作者是当时的一流学者蔡邕；南朝梁代的《千字文》是皇帝亲召周兴嗣编写的，这些识字写字课本大多具有集中识字、易学易记等诸多优点。《太公家教》是中唐到北宋初普遍流行的一本童蒙课本，是当时"一部格言谚语汇海"。如："款客不贫，古今实语。""凡人不可貌相，海水不可斗量。"后来的蒙学书《增广贤文》沿用了《太公家教》的编写思路。

"三、百、千、千"是《三字经》《百家姓》《千字文》《千家诗》这四部蒙学课本的统称。其中的《三字经》全书千余字，被誉为"袖里通鉴纲目""千古一奇书"。

《弟子规》是清朝中期以后流行最广、影响最大的三言课本，共1 080字，是对《论语》中"弟子入则孝，出则弟，谨而信，泛爱众而亲仁，行有余力，则以学文"这句话的通俗解说。在当时，比原《三字经》还要受欢迎。其中解释"泛爱众而亲仁"时，说道："凡是人，皆须爱，天同覆，地同载。""和而不同"的中华文化种子借助和谐悦耳的朗读与背诵在孩童的心中轻轻松松地传播并生根发芽。

《幼学琼林》也是清代出现的一本曾风靡全国的幼学用书。琼林，比喻美好如玉的书库。人们常说："读了《增广》会说话，读了《幼学》会看书。"其中的"求士莫求全，毋以二卵弃干城之将；用人如用木，毋以寸朽弃连抱之材"可以看作对"治国理政"的大胸襟、大格局的启蒙。由此可见，中国古代的这些蒙学经典，能引起今天的我们多方面的思考，给今天的语文教育研究者带来多方面的启迪。

发蒙之后，就开始读书了。应该读哪些书？应该按怎样的顺序读这些书？《三字经》有清楚的表述："为学者，必有初。小学终，至四书。……孝经通，四书熟，如六经，始可读。……经既明，方读子，撮其要，记其事。……经子通，读诸史，考世系，知终始。"

那么应该怎样读这些经典书籍呢？

南宋史学家、教育家吕祖谦在《古文关键》中提出了"读文四看法"，即"第一看大概主张；第二看文势规模；第三看纲目关键；第四看警策句法"。

大才子、大文豪苏东坡认为"书富如入海，百货皆有，人之精力，不能兼收尽取，但得其所欲求者耳。故愿学者每次作一意求之，勿生余念。又别作一次，求事迹、故实、典章、文物之类。亦如之，它皆仿此。此虽迂钝，而他日学成，八面受敌，与涉猎者不可同日而语也。"苏轼这一读书方法后世称之为"八面受敌"法。

朱熹的弟子们把朱熹要求的读书方法概括为"朱子读书六法"："曰循序渐进，曰熟读精思，曰虚心涵泳，曰切己体察，曰着紧用力，曰居敬持志。"

"循序渐进"，指读书必须按照次序，逐步推进。"熟读精思"指读书既要读得熟，又要精于思考。"虚心涵泳"指读书时要虚怀若谷，反复咀嚼，不能穿凿附会。"切己体察"指读书穷理，当体之于身。就是说，读书穷理，要体现在自身的修养之上，要用切身的体会去读所有的书。"着紧用力"这一条指读书要抓紧时间，不能松垮。"居敬持志"这一条指读书要专静纯一，全神贯注，同时要有远大志向，不能瞎读书。所谓居敬，就是收放心，精神专一。朱子说："收敛此心，这便是敬。"

曾国藩在《家书》中说："读书之法，看、读、写、作四者不可缺一。"其中的"读"是"高声朗诵"的意思；"写"就是练毛笔字；"作"与今天的作文有区别，是指读史书的同时作史论或作咏史诗。

那中国古代是否有作文教育呢？有的。韩愈在《进学解》里，给作文树立了一个理想的标准，叫"闳中肆外"。"闳中"就是思想内容博大丰富，"肆外"就是语言表达汪洋恣肆。怎样做到"闳中"？在韩愈看来，这就要学儒家经典中的"道"。他谈自己学文的经验说："行之乎仁义之途，游之乎《诗》《书》之源，无迷其途，无绝其源，终吾身而已矣"(《答李翊书》)。韩愈的这一写作思想上承孟子，下启叶燮、王国维，形成连绵不断的崇尚写作主体人格心灵塑造的中华写作文化精神。

二、现代语文教育概览

1904年，语文开始独立设科，对应课程有"读经讲经""中国文学"两门课程。这一时期的"中国文学"课程开设的主要目的，用今天的话来说，就是"会写公务文书"，"浅显书信、记事、文法"是该课程的主要内容。1906年起统称"国文"。1920年北洋军阀政府通令全国，小学开设"国语"，主要教白话文；中学开设"国文"，仍然教文言文。在中国教育史上这是现代文第一次进入语文教材，在语文教学中取得了合法地位。20世纪30年代，中学的"国文"里也编进了一些现代文，使现代文在语文教学中的地位逐步提高。随着现代文进入语文教材，也开始了对现代文教学的研究。但是，从严格意义上说,文言文是古人的书面语,白话文是今人的书面语,这时的"国文""国语"教学总体上仍是注重书面语。

1950年6月,"国文""国语"的学科名称被取消,代之以新建的学科名称——"语文"。叶圣陶在20世纪60年代回顾这一学科名称改变的往事时曾进一步解释道:"平常说的话叫口头语言,写到纸面上叫书面语言。语就是口头语言,文就是书面语言。把口头语言和书面语言连在一起说,就叫语文。"他在当时统编的中学语文课本《编辑大意》中指出:"语文教学应该包括听、说、读、写四项,不可偏轻偏重。"

正如叶至善所指出的:"以'语文'取代先前的'国语'和'国文',应该说是一次划时代的实质性改革,决不能看作仅仅是名称的变动或统一。"

1956年—1958年,汉语与文学分科教学。1958年至今,学科名称为语文。

现代以来,语文教育改革与实验层出不穷,诞生了梁启超、黎锦熙、朱自清、叶圣陶、夏丏尊、斯霞、袁瑢、霍懋征等众多名家大师,限于篇幅,本节暂列下列5项成果,其他更多的精彩留待大家自行去发掘与领略。

(1) 霍懋征老师的小学语文教育改革成果。霍老师认为语文教学是塑造人类灵魂最有力的工具;而解决"灵魂"问题,最关键的就是让孩子们多读书,读好书。于是她提出了"速度要快,数量要多,质量要高,负担要轻"的16字改革方针。第一个学期,教材里的文章只有24篇,而她却教了学生95篇优秀范文。学生的作业都在课堂上完成。三年实践后,全班的作文人人字迹工整,卷面干净,无错别字,全班平均成绩达到98.7分。

(2) 黎锦熙先生提出的"预习""整理""练习""发展"四段法。"预习"段包括"指示目的,唤起学习动机—预备的指导—预习(并欣赏)"等步骤。"整理"段包括"学生问疑—教师试问—学生发表"等步骤。该讲读教学程序具有注重发挥学生学习主动性和积极性的突出特点。

(3) 朱自清先生提出的语文教学四步教段:① 学生报告预习的结果;② 学生分析段意、篇意;③ 师生研究课文情思与文笔;④ 口试或笔试。

(4) 20世纪80年代育才中学各门学科普遍施行的"读读、议议、练练、讲讲""八字教学法"。这是育才人奉献给我国基础教育改革的一笔宝贵财富。"读读"是指在课堂上引导学生阅读教科书(不是指课前),让学生主动地从课本中吸取知识。"议议"指学生在读的过程中产生了疑难,教师因势利导,引导学生通过相互议论去寻求答案。"练练"指学生在联系中既动脑、动手,还动口,基本上做到当堂理解、当堂消化、当堂巩固。"讲讲"指教师可以主动地在学生读之前或议之前,提出一些启发性的问题与思考性的题目,引导学生去读去议;在学生议论时,教师要有重点地到一两个组去听听,并对学生及时进行启发和点拨式的讲解;学生议论后教师要进行总结,总结要承前启后,要言不烦。总之,"讲"的作用在于对学生的引导、解惑和对教学的总结,而不是灌输。

(5) 20世纪90年代李白坚教授的"题型写作教学法"实验。该实验在国内引起很大反响。他上的第一堂小学作文课的题目是《猜硬币》。下面是他对这堂课的回忆:

我把从国外带回来的稀奇古怪的硬币给孩子们每人发一枚,请他们在稿纸上记录自己手上这枚硬币正、反面的图案、颜色、硬度、直径、厚度等。一边观察一边记录。这一写,就写了两三百字!

然后,我由大到小选出5枚硬币,将它们一一抛起来任其自由落地,让孩子们仔细记录从"老大"到"老五"落地时发出的声音,并且记录时要运用一个恰当的比喻。孩子们还真行。我至今记得,有个小姑娘把一枚"小弟弟"落地的声音比喻为"像两个小朋友在说悄悄话"。"多美的比喻啊!"我不禁赞叹起来。

等到听硬币落地声音的过程完毕,孩子们又写了近两百字。

这时我要求大家伏在课桌上,不许偷看。然后将五枚硬币打乱顺序抛起,让他们根据落地的声音判断抛出的是哪一枚硬币,并记录在案。最后,我再公布答案。然后再对照他们的猜测,请他们写这次"猜硬币"中对或者错的感想。

小朋友们几乎是在"耶!耶!"的欢呼声中结束了这两节作文课。他们平均写了六百多字,而且都是生动活泼的真情流露,没有丝毫的做作。

第二节　了解国际母语教育态势

本节对美国、英国、法国、德国和俄罗斯这五个国家的语文教育情况和教育改革经验做些粗浅的介绍。诸位可从此开始做更深入的研究,从而使自己的语文教育研究既有历史眼光,更具国际视野。

一、美国的语文教育

美国的语文教学是注重"实用"的。20世纪初,他们把报纸、杂志、各种单行本作为重要的教学资料,甚至把路标、图表、时间表、新闻栏目等都作为教材。他们强调培养实际有用的读书能力,教师以一定的生活需要为主题组织单元教学,进行听说读写的训练,简称"单元学习"。有人将它与学科单元相区分,称之为"生活单元"。

但是,美国的语文教学并没有放弃文学教育。1982年10月,"美国全国英语教师理事会"通过一份题为《英语的要素》的文件。该文件认为:"学习英语包括语言知识本身、作为基本的交际手段的语言应用的发展以及对在文学中所表现出来的语言艺术的欣赏。"可见,文学教育仍是美国语文教育的重要一环。

美国中小学语文课程的名称在不同时期、不同地区、不同学校是不统一的。有的统称为"英语"或"语言",有的分称为"阅读""写作""文学"等,有的合称为"语言艺术"。"英语"课程内容包括语法、阅读、写字和作文等项。"语言艺术",内容一般包括阅读、书写、拼音、语言、文学、文艺创作等。"文学"包括美国文学、英国文学、世界文学、比较文学等。

二、英国的语文教育

英国语文教学注重戏剧表演活动。在小学,儿童们亲手制作木偶,演木偶戏;进入中学,首先是即席表演和朗读台词;到高年级,就排演剧本,主要是莎士比亚戏剧。在演剧中磨炼学生口头言语和发音、语调以及手势和姿态表情。他们认为表演能够帮助儿童显示他们"想象力的潜在生活"。而且,在戏剧中表现愤怒、憎恶、恐惧、爱情和快乐的时候,不仅仅是流露学生潜在的感情,而且可以帮助他们在现实环境中更好地进行活动。

英国语文教学还注重"阅读与反应"的教学方法。这种教学方法强调学生的个人发展及学生的参与意识,要求学生在阅读与反应中感受、体验、理解人物的思想、性格和人际关系。如把小说改写成诗歌或戏剧,并组织、指导学生排演戏剧;从小说中某句关键的话展开一段情节;等等。如要求按《威尼斯商人》提供的情景编一期报纸,设想该报出版于当时的威尼斯,尽量模拟当时的口吻,把莎剧所表现的风土人情、社会风貌、尤其是主要剧情,都当作真人真事反映出来,形式可以有社论、短评、新闻报道、庭辩纪实、轶闻琐事、星象算命、插图漫画,甚至添字游戏等,并要求用电子计算机编辑排版。

在英国,有一种被称作"课桌上的研究"的语文考查方法也很有特点。"课桌上的研究"的考查目的是检测学生理解和应用语文的实际能力,方法是在考前48小时将材料发给学生,让考生搜寻资料,仔细研读,带着已经准备好或基本上准备好的答案到考场作答。这种考查方法能够真正考查出学生的语文能力而不会因为其他因素影响学生能力的正常发挥。同时,英国的语文教师可以参与对本校学生的考评,即便是大规模的考试,教师也可以参与对本校学生的考评而不用回避,因为人们普遍认为本校教师最了解自己的学生,对学生最有发言权,不让教师参与评阅不公平,也不利于检测学生的真实水平。

三、法国的语文教育

在法国人看来,阅读不仅是使学生获得学业成功的重要手段,还是学生认识世界和接受新信息的主要渠道。法国政府1990年为小学制定的新政策中,明确规定了各学习阶段有关阅读的不同目标:2至5岁阶段不要求儿童具体学习阅读,但要求儿童对语言文字产生敏感。5至8岁阶段是系统学习阅读的重要阶段,在该阶段末,要求学生初步学会,并对读物的含义有初步、直接和概括的了解。8至11岁阶段要求学生掌握三方面的阅读:各种文章的阅读,包括文学和诗歌;各门课程的学习和班级活动所必须的阅读;对各种资料的阅读,包括独立学习中对课外参考书、字典、卡片、语法书等工具书籍的阅读和使用。学生在该阶段结束时即小学毕业时,应当能够较全面地掌握阅读,并且培养起阅读的兴趣。在中学阶段,学生的阅读水平将提高到一个新的更高水平,它不仅要求学生掌握精读、泛读、速读、浏览等阅读方法,还要求学生进行评价性、批判性阅读。

为了切实提高小学生的阅读水平,培养阅读兴趣,法国国民教育部于1990年推出了一项全国性的小学生课外阅读计划,要求每所小学必须建立资料图书中心,必须为每个学生提供书籍,并配有专门的图书管理人员指导学生个人或小组的课外阅读。为此,国家和市镇政府均拨出专款用于装备小学的资料图书中心。政府还提倡每个班级建立班级图书馆,并鼓励学生充分利用家庭所在社区的市镇图书馆。另外,办校报既能激发学生的参与意识、创作热情,又是鼓励学生阅读和接受新信息的一种好方法。现在,越来越多的小学都办起了由学生自己投稿、编辑和出版的校报。

四、德国的语文教育

德国的语文教育也很有特色。在德国,小学的德文课与其他课程的关系最为密切。小学教学大纲规定,语文贯穿于每一节课中。语言的掌握不能依靠规定的课时,而应当充分利用所有有助于语言发展的情景、方式和方法。掌握语言是学习其他学科的基础。从这一意义上讲,所有学科对帮助学生掌握语言都负有义不容辞的责任。

1—2年级,语文课与常识、数学、图画和音乐课合上,由一位教师担任授课任务。上德语课时,教师用单词编成歌曲,用同一曲调反复轮唱,然后讲解新词和课文,当堂就所学的内容进行练习。图画课上,在学生们画了约半小时后,教师会读一篇童话。已画完的学生可专心听讲,未画完的学生可以边画边听。童话里的人物、花鸟和各种景物不仅能丰富孩子们作画时的想象力,还能启发他们和教师一起构思。在2—4年级的语文课堂上,教师有时会弹起吉他和孩子们一起放声歌唱,唱完了再继续学习。

五、俄罗斯的语文教育

俄罗斯的语文分为两个教学科目,"俄语"从1年级开到9年级,"语言和文学"则从1年级开到11年级。

俄罗斯在语文课程中辟有专门时间用于指导和交流课外阅读,称作课外阅读课。他们课外阅读课的课型很多。有一种被称之为现代诗评论课的课外阅读课。课前,教师要求学生从所推荐的诗集中挑选二至三首诗,把它们编进该班级的"诗选",并说明自己挑选的理由。课堂上分五步展开教学过程:

第一步,教师讲述。讲述内容包括诗人生平、创作道路、风格、代表作及课前布置让学生阅读的诗集。

第二步,学生进行关于"诗选"的谈话。由学生逐个提出所选的诗并朗读(背诵或朗读),之后,解释选这首诗的理由。该步骤中,教师不断用提问的方式来鼓励和肯定发言者的意见,同时,针对学生没有涉及的内容予以多方启发、引导和开掘。

第三步,全班讨论,表明意见。

第四步,教师补充评论,以减少和避免在编"诗选"的谈话中可能出现的偶然性和表面化的见解。教师的一般做法是,读一首诗,说说自己的意见,同时,援引评论家和读者的有关评价,讲解为何这首诗引起人们的注意,并指出这首诗之所以成为诗人艺术成就最高峰的原因。

第五步,进行总结并布置新的课外阅读任务。

第三节　基于教学岗位开展教学研究

培养研究型教师是社会发展的需要,也是世界教育发展的共同趋势。实践证明,只有做语文教育研究的语文教师,他的语文教学工作才会不断进步、不断出新;有教育科研的教师,他的语文教学才越来越精彩。

一、从自我困惑中找研究项目

确定研究课题,既是教育科研的起步环节,也是决定科研成果的大小和研究成败的关键环节。所谓课题,就是研究项目的意思,也可以理解为研究的问题。关于课题选择,前人有不少经验,不妨学习并借鉴。

有的说,课题选择要坚持四条基本原则:① 需要原则。选题要从最急需解决的问题入手。② 创新原则。研究的目的是有所发现、有所前进,创新则是它的灵魂。③ 科学原则。选题只有符合教育科学的基本原理和基本规律,才能使研究有正确的方向和路线。④ 可能原则。选题要考虑到现实的可能性,顾及资料、经费、设备等客观条件,量力而行。

有的说,选题的窍门就是紧扣"三点":① 热点,即当下最吸引眼球的问题。② 难点,需要解决但长期悬置一直没被解决的问题。③ 创新点,从新的角度、使用新的仪器设备或研究新内容,等等。

俗话说,教无止境。笔者从教三十多年,对语文教学尚存诸多困惑,新手教师初任教职,自我困惑更多。于是,笔者发现了一个新手教师找选题的捷径——从自我困惑中找研究项目。当前,"学习范式""学习方式变革""立德树人"都是热词。那么,"学习范式"如何在小学语文教学中应用呢?"立德树人"语境下小学语文教学应该如何进行? 如果你对此困惑,就可以将之作为你研究的选题。当然,你是新手教师,按照上文提到的"可能原则",建议你先选择一个相对比较小的范围研究。譬如,"学习范式视域下新手教师阅读教学的问题与思考""立德树人语境下小学阅读教学的思考"。

小学语文教学涉及语文课本、语文课堂、语文活动、学生、教师自身等多个方面,这许多方面都可以成为选题的视点。其中课堂教学是教师成长的基点,最值得关注。教学中遇到的主要矛盾和必须解决的重要问题优先选择。

二、带着问题读经典论著、优质期刊与权威报纸,夯实理论基础

做研究工作,立点宜高。这就需要与多种经典论著与优质期刊对话。做小学语文教学研究,必须懂方法,所以,裴娣娜的《教育研究方法导论》应该读读。做小学语文教学研究,不能偏离方向,教育部颁布的《义务教育语文课程标准》无疑是必须

阅读的经典文献。好的课堂教学，必定建立在优质的教学设计的基础上，所以苏霍姆林斯基的《给教师的一百条建议》、加涅的《教学设计原理》、叶澜的《教育学》、叶圣陶的《文心》等经典作品都需读读。

如果你研究的课题为"吕祖谦'读文四看法'与小学第三学段阅读教学"，那么，吕祖谦的《古文关键》中的相关章节是你必须阅读的原典。如果你研究的课题为"语境在小学语文课文解读中的作用与启示"，那么，索振宇的《语用学教程》则是必须阅读的原典。

语文教师还应该经常阅读一些教育教学方面的期刊，如《教育研究》《课程·教材·教法》《人民教育》《语文建设》《语文学习》《语文教学通讯》《小学语文教学》等。报纸方面，如《人民日报》《光明日报》《中国教育报》等。如前所述，假如你的课题为"立德树人语境下小学阅读教学的思考"，那么，载于《人民日报》上的习近平总书记的《青年要自觉践行社会主义核心价值观——在北京大学师生座谈会上的讲话》建议一读；载于《人民教育》上的田慧生的《深化育人方式改革 落实立德树人根本任务》也建议一读。

三、带着问题与课例对话

本文的观点是"基于教学岗位开展教学研究"，力求"教"与"研"一体化，研究的目的是解决我们自身教学工作中的困惑，提高自身小学语文教育教学的水平。所以，带着问题与课例对话就成了我们开展研究的重要策略。斯霞、袁瑢、霍懋征、李吉林、贾志敏、于永正、王崧舟、李卫东等优秀教师的优秀小学语文教学课例都可反复观摩与研读。

在上文中我提到一个课题——"学习范式视域下新手教师阅读教学的问题与思考"。假如通过与经典理论对话，你取得了两大阶段性成果。其一，捕捉到了学习范式不同于传统"授受范式"的三大特点。其二，对"学习范式"视域下，以学习者为中心的阅读课堂应该具有的特点也有了清晰的认识：① 以发展学生的语感与语用能力作为语文课堂的教学宗旨。② 给足学习者与文本对话的时间，把发展语感、锻炼语用能力的主动权还给学生。③ 给足学生充分交流与发表读后感受的时间……接下来，你要做的工作就是找寻课例。著名的特级教师王崧舟上过《孔子游春》一课，很有名，那么，在学习范式视域下他这堂课还能成为经典吗？如果是新手教师上这一课会怎么教呢？他们上的课与王崧舟的这一课的本质差距在哪儿？改进方向在哪儿？

在上文中我还提到一个选题——"立德树人语境下小学阅读教学的思考"。假如通过与经典理论对话，你也取得了两大阶段性成果。其一，比较透彻地把握了"立德树人"这一概念的来龙去脉及其古今涵义。其二，认识到立德树人语境下小学语文阅读教学不仅要树有"德"之人，还要树有"才"之人及有"审美情怀"之人。接下来，你要做的工作是要带着"立德树人语境下小学语文阅读课究竟应该怎么上"这一问题与《圆明园的毁灭》《慈母情深》《窃读记》《去年的树》《观潮》《鲸》等具体的课文与课例对话。

经过上述二重对话后,相信你已经形成了自己的行动策略。但行动策略只是我们关于实践的一种假设,还需要我们将其应用于教学实践中,并对其效果进行评估与检验。行动—反思—行动,直到问题最终解决。

第四节 语文教育方向毕业论文的写作

语文教育方向的毕业论文探讨的是关于语文课程与教学方面的问题。笔者认为毕业论文写作中比较关键的几个环节有:

一、定选题

选题质量是影响一篇毕业论文质量的首要因素。确定选题的原则有二。其一,有条件;其二,有意义。结合近几年笔者指导的几篇毕业论文做一具体说明。

1.《小学语文第二学段朗读教学的现状及对策研究——基于对S小学的调研数据》

选题原因之一,课标要求第二学段学生"用普通话正确、流利、有感情地朗读课文"。

选题原因之二,该生普通话等级为一乙,对朗读多有研究,加之她教育实习的年级就是小学四年级,便于开展观察与调研活动。

2.《〈弟子规〉进小学校园的思考与建议》

选题原因之一,通过语文教育弘扬中华优秀文化传统是课标的主要精神之一。

选题原因之二,该生实习的小学正在开展《弟子规》等经典诵读活动。

3.《基于语境理论的小学习作教学策略探讨》

选题原因之一:该生在教育实习时批阅了好几次作文,还观摩了该校的几堂小学作文课,感觉小学习作教学必须有一个大的改革才可。

选题原因之二:受任课教师的影响,该生对语境理论有比较深入的了解。

二、确定研究方案并根据研究方案扎扎实实开展调研工作

正确的研究方案是有效研究的前提条件之一。选定题目后,接下来的一个步骤就是在指导老师的指导下制定切实可行的研究方案。

笔者给上述第一位同学的研究意见于下:

(1)研读《义务教育语文课程标准(2022年版)》《叶圣陶语文教育论集》等参考文献,把握关于小学朗读教学的基本理论。

(2)朗读的定义建议采用著名节目主持人陆澄先生的说法,将之归入"非艺术性朗诵"类。

（3）调研方法方面，建议采用现场测量法、问卷调查法、课堂观察法、访谈法等多种方法。用现场测量法从是否读正确并读得有感情两个方面施测。"读正确与否"的施测点包括"音准、归音清晰度、节奏"；音准情况从"一、不、啊、上声相连、儿化音、轻声、句子助词、感叹词"等多个方面考察；材料用课文中的文句。"读得是否有感情"从"是否有表情、表情是否正确、语调是否丰富、语调是否正确"等四个方面考察。

（4）根据问题产生的原因逐一提出建议。

（5）按"一、研究设计；二、调研结果与分析；三、研究结论与建议"这一框架行文。"研究设计"部分要求逐一说清楚各种调研方法的使用缘由及其具体操作方案。"调研结果与分析"部分要求按"调研结果"与"产生原因"两部分展开。"调研结果"从被测学生是否读正确并读得有感情两个方面分开说明，最后做出一个总体上的质性评价。"产生原因"从教师自身是否具有朗读示范能力（即教师自身是否能读正确并有感情，用课堂观察法结合案例说明）、教师是否具有较强的朗读指导能力、朗读后是否有评价、评价关注点是否正确等四个方面找原因。

笔者给上述第二位同学的研究意见于下：

（1）研读《弟子规》及《21世纪学生发展核心素养研究》等参考文献，探讨《弟子规》于当代小学教育的多重价值及指导当代小学生学习《弟子规》的有效策略。

（2）按"一、《弟子规》的历史溯源；二、《弟子规》于当代小学教育的多重价值；三、指导当代小学生学习《弟子规》的建议"这一框架行文。

笔者给上述第三位同学的研究意见于下：

（1）研读《义务教育语文课程标准（2022年版）》《小学语文课设计要诀》等参考文献，把准关于小学习作教学的目标要求，依据索振宇《语用学教程》把握语境理论。

（2）基于小学习作教学目标要求依据语境理论考察小学习作教学现状并预测其不良影响。

（3）依据语境理论针对小学习作教学存在问题探讨提高小学习作教学效率的策略，确保"对策"与"问题"之间对应清晰。

三、拟初稿、成定稿、编辑打印并准备论文答辩

无论是研究阶段还是写作阶段，指导老师都会"在场"或"在线"指导。写作者只要虚心学习、勤于钻研，完成毕业论文写作也不难。

（一）拟定标题

论文标题有论题式标题、论点式标题、论题与论点结合的标题三大类型。

（1）论题式标题。该类标题对文章的内容范围进行了限定。如：《略论统编本小学语文教材习作编排的特点》《基于统编本小学语文教材的考试评价研究》《小学语文作文教学仿写训练探析》《基于统编本小学语文教材的汉字教育探究》《小学语文部首教学现状与问题》等。学术型教育论文的标题，大多是论题式标题。

（2）论点式标题，即把文章中的中心论点概括出来作为标题。如《要重视语文学

科的交际性》《作文评分要注重实效》《作文评改也要树立科学发展观》等。

(3) 论题与论点结合的标题一般为正副双标题。正标题为论点式标题,副标题为论题式,或点明研究内容、研究对象或研究目的,这样,论点和论题都在标题中体现。如:《合宜的教学内容是一堂好课的最低标准——以〈竹影〉的教学为例》《朗读就是理解,朗读更是发现——以〈林冲棒打洪教头〉教学为例》。

上引标题中有的包含"略论""研究""探析""探究"一类词,这类词被称为标题特征词。标题特征词要与研究的范围和深度相一致,不能胡乱使用。文章的理论性较强、篇幅较长,对问题研究较深入,就用特征词"论"。如果篇幅较短,问题阐述不是很细,说理不是十分全面,论据材料也不是很翔实,只能用特征词"略论"或"简论"。

标题用特征词"研究"的文章主要有三类:一是作者对教育教学某一问题做了深入的研究,论文的材料相当翔实,论文的理论性很强,篇幅较大,即为实实在在的花功夫较大的课题研究的成果表达;二是作者进行了实验、实践的探索,取得了较好的效果,即为实验、实践成果的表达;三是作者将两个或两个以上相似的问题进行分析比较,即为比较研究的成果表达。

新颖的标题对编辑、对读者都会有吸引力。如果文章是从新的角度去分析"老问题",建议直接将新的角度嵌入标题,如《基于语境理论的小学认字学词策略探讨》。

(二) 搭好行文框架

合理的行文框架是毕业论文质量的保障。所以,有经验的写作者不惜在谋篇布局方面反复斟酌。下面是笔者指导的几篇毕业论文的框架,供大家参考。

1.《小学语文第二学段朗读教学的现状及对策研究——基于对S小学的调研数据》

该文的基本框架为:"一、研究设计;二、调研结果与分析;三、思考与建议"。调研方法方面,采用现场测量法、课堂观察法、访谈法这三种方法。所以,研究设计部分,以方法为纵线组织材料。现场测量法部分从测量对象、测量材料、施测点与等级认定标准、施测员四个方面一一说明。

2.《〈弟子规〉进小学校园的思考与建议》

该文的基本框架为:"一、《弟子规》的历史溯源;二、《弟子规》于当代小学教育的多重价值;三、《弟子规》进小学校园的构想"。采用的是纵向递进式结构,层层深入,具有比较强的思辨性。

3.《立德树人语境下小学语文阅读教学的思考》

该文的基本框架为:"一、立德树人的内涵;二、立德树人语境下小学语文阅读教学的任务;三、阅读教学的现状;四、优化对策"。采用的是也是纵向递进式结构。论文立点高,概念清楚,还使用了实证方法,内容充实,思辨性相当强。

4.《基于语境理论的小学习作教学策略探讨》

该文采用的是一种思辨性比较强的行文框架:"一、小学习作现状分析;二、以语境理论指导小学习作教学的可行性分析;三、对策"。

(三) 写好摘要

时间上通常正文先写,"摘要"后写。但是,位置上,"摘要"却是"后来居上"者。内容上,摘要主要是说明研究工作的目的、方法、结果和结论。可以以问题提出的背景或原文论证要依赖的理论作为引语。一般使用第三人称,字数200字以内。

以下是笔者指导的两篇毕业论文的《摘要》,供大家参考。

1.《学习范式视域下新手教师阅读教学的问题与思考》一文的摘要

依据学习范式理论,使用课堂观察法和对比研究法对新手教师与知名特级教师的阅读教学情况进行比较研究。在找准新手教师阅读教学存在的问题的基础上,提出三条改进建议:① 依据课程标准与学情确定探究问题;② 给足学生自主与文本对话时间,以读为本;③ 组织时间宽裕的读后交流活动,在多元互动中综合发展语文能力。

2.《〈弟子规〉进小学校园的思考与建议》一文的摘要

《弟子规》是一部成书于清朝并广为流传的儿童启蒙读物,拥有"童蒙养正宝典"之称誉。其对当今小学教育仍具有"以孝悌之德立身""以谨信之规处事""以知行合一之势学文"以及"认字学词,为尽早阅读夯实基础"等多重价值。建议小学校园积极开发《弟子规》校本课程,开展《弟子规》诵读活动,课上课下双轨并行践行《弟子规》,并于小学校园内形成学习《弟子规》的小气候。

答辩是检查和评估毕业论文质量的重要手段。高质量的毕业论文既是扎实研究的结果,也是写后从内容到形式反复打磨的结果。为顺利通过论文答辩,毕业生还应该了解答辩程序,预想可能被问及的问题,并为自己的论点准备方方面面的辩护词。

课程思政

语文教师要勇于面对课程实施过程中遇到的新问题和新挑战,紧紧围绕课程标准实施和教材使用过程中出现的突出问题,立足学情,因地制宜,以研究的态度探索问题的解决办法,提高教学研究水平。要注意收集、借鉴优秀课例,在观摩和反思中增强自己的实践智慧,提高教学能力。

项目实践

基于本学年的语文模拟教学经历,提出一个令你和同伴都感到困惑的问题,并围绕该问题开展多方面的调研活动,直到问题解决。在此基础上,撰写一篇交流论文,在全班宣读。温馨提示:在查阅纸质资料的同时,别忘了利用中国知网、万方数字化期刊数据库(核心期刊、权威期刊)与一站式文献检索平台——超星发现系统等。

附录一 理论课系列视频清单（共 42 堂）

视频形式	主讲人	课题
沙龙深度对话式（共 12 堂）	赵年秀（扮演资深教学法教授）、梅鸿飞（扮演博学善思的大四学长）、甘玉婷（扮演一腔热血准备去扶贫点执教的大一学妹）	《基于课标:让设计语文味十足》《分析教材:寻找独特教学价值》《调研学情:使教学更有针对性》《小学识字教学主要任务与策略》《小学写字教学主要任务与策略》《小学汉语拼音教学主要任务与策略》《小学阅读课的主要任务》《小学阅读课课题计划的内容与方法》《小学阅读课分课时计划的内容与方法》《小学写话设计概说》《小学习作课主要任务与完成策略》《小学口语交际课主要任务与完成策略》
实体课堂深度对话式（1 堂）	赵年秀＋2017 级小教 401 班全体学生	《中年级阅读课的设计与实施——以〈去年的树〉为例》
后期加工制作式（1 堂）	赵年秀及本课程教学团队其他主要成员	《小学语文教学设计课程概说》
专题讲座式（人物不出镜）（7 组共 24 堂）	赵年秀	《解答课前的两个疑问》/《什么是课题计划》《设计教学目标的策略》《设计语文课教学方法的策略》《设计教学重点的策略》《设计教学难点的策略》《设计语文课教学程序的策略》《设计语文课主板书的策略》/《教案的特点与结构》《详案编写诀窍:内容要全面》《支持教案可行性的两项对策》《写好教案的教学过程部分》/《节选式片段课与专题式微型课的设计》/《模拟课与全虚拟课的设计》/《研究讲述与讲解行为的意义》《讲述与讲解的用语艺术》《讲述与讲解时巧搭多种方法》《把好讲述与讲解定位》《把好讲述与讲解时机》/《小学语文课堂提问设计艺术》《小学语文课堂追问设计艺术》/《小学语文课堂异样应答的处置策略》《小学语文课堂意外质疑的理答策略》《小学语文课堂其他意外情况的应对策略》
专题讲座式（人物出镜，共 4 堂）	吴忠豪	《从"教课文"到"教语文"——语文课程改革之路径》
	王崧舟	《语文教师如何把握教材语境》《语文教师如何分析课堂学情》
	王荣生	《语文课教学内容的选择与教学环节的组织》《语文课例研究及其方法》
	崔琪	《新任语文教师的备课》

附录二　实践示范课视频清单（共 24 堂）

视频形式	主讲人	课题
真实小学课堂课	吴琳	《姓氏歌》（片段课，识字指导）
	张敏华	《人之初》（片段课，写字指导）
	王崧舟	《望月》（片段课，高年级阅读指导）、《与象共舞》（片段课，高年级阅读指导）
	郭启蒙	《我有一盒彩笔》（片段课，低年级阅读指导）
	雨露	《上天的蚂蚁》（片段课，低年级阅读指导）
	李鑫	《少年闰土》（第二课时，2022年湖南省中小学教师在线备课大赛一等奖）
模拟课	赵年秀	《学写启示类散文》《学写竞选发言稿》
	李楠	《学写"睁挣净"》（荣获"语文报杯"全国微课大赛特等奖）、《学习 ie》
	韦颖	《学习音序查字法》（荣获"语文报杯"全国微课大赛一等奖）
	张淑连	《乌鸦喝水》（第一课时）
	尚秀娟	《雪地里的小画家》（片段课，低年级阅读指导，荣获2022年度"华文"全国师范生教学技能现场测试一等奖）
	李芳	《两茎灯草》（第一课时）
	彭锦怡	《草船借箭》（高年级片段课，荣获湖南省第八届师范生教学技能大赛三等奖）、《军神》（高年级片段课，荣获2022年度"华文"全国师范生教学技能现场测试一等奖）
	肖庆	《学写提示语》（荣获"语文报杯"全国微课大赛特等奖）
	武辉宇	《学写童话》（习作指导课）、《转述》（口语交际专题指导课，荣获"语文报杯"全国微课大赛特等奖）
	刘珍	《规劝》（口语交际专题指导课，荣获"语文报杯"全国微课大赛特等奖）
模拟+现场点评课	赵年秀等	《细读〈去年的树〉1—5段》《细读〈去年的树〉14—19段》
全虚拟课	李鑫	《示儿》（阅读课，荣获2022年全国师范生微课比赛一等奖）
	李燕婷	《珍珠鸟》（片段课，高年级阅读指导，荣获2022年全国师范生微课比赛一等奖）
综合性学习视频演示	20小教401班1组	《中华传统节日习俗演示》